Par l'abbé de Lignac.

R 2444.
✠ J.

LETTRES

A

UN MATERIALISTE

ELEMENS
DE
METAPHYSIQUE

Tirés de l'expérience:

OU

LETTRES A UN MATERIALISTE
sur la nature de l'Ame.

A PARIS,

Chez DESAINT & SAILLANT,
rue S. Jean de Beauvais, vis-à-vis
le College.

───────────

M. DCCLIII.
Avec Approbation, & Privilege du Roi.

ELEMENS
DE
METAPHYSIQUE
Tirés de l'expérience.

Lettres a un Matérialiste sur la nature de l'Ame.

PREMIERE LETTRE.

E ne ferai pas à vos invitations, Monsieur, un accueïl pareil à celui que leur ont fait plusieurs Théologiens ausquels vous vous êtes adressé. Ils n'ont pas crû devoir interrompre leurs études ordinaires pour s'occuper à résoudre des difficultés qu'un inconnu paroissoit leur proposer, plûtôt dans la vue de s'amuser, qu'avec

A

le desir sincere de chercher quelque éclaircissement à ses doutes. Je ne blâme point leur conduite, elle peut être sage : cependant je me détermine à en prendre une contraire, parce que je veux juger plus favorablement de vos dispositions. Soyez anonyme ou non, pourvû que les difficultés que vous me proposerez en vaillent la peine, (& j'ai tout lieu de le présumer) peu m'importe, je tâcherai d'y répondre d'une maniere satisfaisante. La confiance que m'inspire la cause que j'ai l'honneur de soutenir, la bonne opinion que vous voulez bien avoir de ma maniere de philosopher, l'idée que votre lettre m'a donnée de vos connoissances, de votre pénétration, de votre goût pour le vrai, me font naître de la hardiesse, & même l'espérance de vous ramener au christianisme.

Il est vrai, M. que je suis très persuadé, comme vous l'avez entrevu dans le petit ouvrage dont la lecture vous a fait quelque plaisir, que la Métaphysique est la physique des esprits ; elle doit être traitée comme la science de la Nature : les observations & les expériences que tout homme peut faire sur soi-même, en sont les seuls & les vrais principes. Vous vous engagez, M. à suivre cette méthode: pesez-bien, s'il vous plaît, la valeur de cet engagement; car je vous en avertis, cette même méthode, si propre selon vous à me guérir de ce que vous appellez les préjugés & la superstition, vous conduira insensiblement & malgré vous à distinguer votre ame de votre corps.

Vous vous êtes trompé, M. si vous avez crû flatter les Théologiens que vous avez consultés, en leur avouant que » l'espérance que vous aviez con- » çue de trouver quelque ressource » pour lever vos difficultés contre la » spiritualité de l'ame dans les écrits » que tant d'hommes célébres ont mul- » tipliés avec tant de profusion, ayant » été si souvent trompée, vous prenez » la résolution de proposer aux Sçavants » qui passent pour les plus éclairés, ces » mêmes difficultés; parce qu'au moins » vous ne pourrez pas imputer à la » foiblesse de vos organes, le parti » que vous avez pris de céder à des rai- » sonnemens, auxquels les meilleurs » esprits n'ont rien de solide à opposer ». Voilà le motif par lequel vous espérez me déterminer à faire diversion à mes études, pour discuter vos difficultés. Je sens comme je le dois la politesse dont vous l'assaisonnez, quoique je dusse être plutôt rebuté qu'encouragé par la préférence dont vous m'honorez: mais cette confiance dont vous paroissez rempli, & que vous fondez sur l'insolubilité de vos difficultés, est-elle bien appuyée ? Vous persuadez-vous donc, M. qu'une difficulté devienne une démonstration, parce qu'on n'y trouve point de solution satisfaisante ? Combien en oppose-t-on à certaines vérités mathématiques, qu'on se sent dans l'impuissance de résoudre ? L'Evêque de Sloane, M. Berkley, a fait un livre pour prouver que la matiere étoit impossible : de mille personnes qui le lisent, il n'en est peut-être pas trois qui puissent se flatter de saisir le faux de ses raisonnemens, de se débarrasser du labyrinthe de ses sophismes : aucun d'eux cependant ne formera le moindre doute sur la possibilité, ni même sur l'existence de la matiere. Ainsi votre confiance fût-elle fondée, fût-il vrai que je ne pusse répondre à vos difficultés, il s'enfuivroit seulement que vous vous êtes mépris en me prenant pour tout autre que je ne suis, & non pas que le dogme de la spiritualité de l'ame est *une très fausse imagination.*

Quant à l'opinion que vous avez de

ma bonne foi, j'en suis flatté, parce que je la crois fondée. La vérité fut l'objet de mes recherches, dès que j'eus quitté les études ordinaires: mais j'ai toujours été plus jaloux d'éviter une erreur, que je n'ai craint d'ignorer une vérité. Cette sincérité qu'il semble que vous reconnoissez en moi, & dont vous faites tant d'estime, vous en projettez la ruine, vous en triomphez déja, vous vous félicitez des avantages que je dois tirer de votre victoire sur moi. ˮTrop
ˮ heureux, dites-vous, si je puis vous
ˮ dégager des liens de la supersti-
ˮ tion, vous rendre la liberté de pen-
ˮ ser, si propre à développer vos talens,
ˮ vous débarrasser de tant d'idées som-
ˮ bres qui vous empêchent de goûter
ˮ paisiblement les dons du Créateur.
ˮ Vous sçaurez toujours assez ménager
ˮ les égards que l'on doit au culte pu-
ˮ blic, & leur donner des dehors con-
ˮ venables.

Je n'entrevois qu'horreur, où vous croyez, M. me presenter le point de vue le plus séduisant. Quoi donc, enflé du succès de vos tentatives ou de celles de quelques-uns des vôtres contre la foi de tant de personnes peu affermies, vous me voyez déja dans le précipice où vous les avez pouſſées ? Vous n'êtes occupé que du ſoin de prévenir les inquiétudes que pourroit me cauſer la néceſſité d'abandonner une ſituation heureuſement incompatible avec l'irréligion : vous m'inſinuez que je pourrois la conſerver en couvrant ma déſertion du maſque du Chriſtianiſme. Il faudroit donc la ſacrifier cette ſincérité que vous eſtimez en moi, qui m'eſt ſi précieuſe, & qui fait mon unique mérite. Dès que j'aurois goûté votre doctrine, il faudroit renoncer à la candeur, pour profeſſer extérieurement une religion que je déteſterois au fond du cœur. Si la liberté de penſer permet de devenir fourbe, j'y renonce de tout mon cœur.

Ce trait vous a échappé, M. il n'eſt pas propre à me prévenir en faveur de cette probité *du bon vieux tems*, dont vous m'apprenez que vous faites hautement profeſſion. L'appui que vous lui donnez eſt bien foible, ſi c'eſt, comme vous l'inſinuez, le fond de religion que vous ne perdrez jamais. Quelle eſt donc cette eſpéce de religion, que vous alliez avec la vive perſuaſion où vous êtes que *les eſpérances d'une autre vie ſont auſſi vaines que les craintes en ſont frivoles*? J'aurois été tenté de croire que vous tenez pour la Religion naturelle, si je ne sçavois que vous niez la spiritualité & l'immortalité de l'ame, dogmes que les partisans de la Religion naturelle retiennent avec l'auteur de la *Religion essentielle.* Je crois pourtant démêler dans votre lettre la différence que vous mettez entre le Matérialisme, le Deïsme, & la secte dont vous voulez être le fondateur. Vous dites des Matérialistes, que ce sont des Spinosistes qui se font un Dieu de tout l'Univers, pour n'en point reconnoître. Vous accusez les Déistes d'une inattention, ,, que vous ne pouvez vous ,, empêcher de taxer de faute : c'est ,, qu'ils se font un Dieu de l'*inertie* & de ,, la paresse même, à force d'outrer la ,, haute idée qu'ils ont de la divinité. ,, Prier Dieu selon eux, c'est lui man- ,, quer de respect, c'est le distraire du ,, plaisir qu'il ressent en se contemplant ,, lui-même, c'est troubler le calme ,, heureux qui fait sa félicité. Or, rien, ,, ajoûtez-vous, n'est plus ridicule que ,, cette idée : si Dieu nous a formés sans ,, se fatiguer, pourquoi notre reconnoissance altéreroit-elle sa tranquillité ?

Ces derniers mots me mettent en état de définir votre espece de Religion. Vous honorez Dieu pour la mesure de vie qu'il vous a donnée. Vous croyez que la toute-puissance fait mouvoir la machine de ce monde; que vous n'avez rien à attendre de lui pour une autre vie, mais que vous pouvez le supplier de vous être favorable en celle-ci. Enfin votre amour pour le souverain Maître est un tribut de reconnoissance très desinteressé, puisque vous pouvez vous dispenser de le lui rendre, & ne risquez rien de plus que les Déistes. Mais de bonne foi, croyez-vous que ces Messieurs soient fort éloignés de votre doctrine ? Ils ne seront pas fâchés que vous ayiez imaginé une sorte de Religion qui soit compatible avec le pur méchanisme.

Vous continuez, M. ״ Les puissances ״ ne doivent point être allarmées des ״ progrès de ma Religion, où la vertu se ״ montre avec d'autant plus d'avantage ״ qu'elle est plus pure & plus desinté- ״ ressée ; où l'on se croit astraint aux ״ loix de la société comme aux ordres ״ de Dieu même, où l'on craint moins ״ les châtimens que les reproches de sa ״ conscience : or c'est un tribunal terri- ״ ble que celui de la conscience ״. Ajoûtez quand on le craint véritablement, & qu'on ne le regarde pas comme une chimere. Qu'est-ce que la conscience & la vertu dans une pure machine ? Est-ce un ressort ? Est-ce une certaine ondulation d'un fluide ? En tirera-t-on l'idée des loix du levier, ou de celles de l'hydraulique ? Hélas ! ce ne sont que des noms vuides de sens pour tout homme qui ne reconnoît point un Dieu, qui soit l'infaillible apréciateur du mérite & du démérite.

Le plus grand nombre des cerveaux humains est très mal monté : nul ne l'est naturellement à la soumission & à la dépendance. Chez les hommes la vertu n'est qu'un effort par lequel les jeux de la machine sont combattus & réprimés : le vice se prête à ces jeux : laissez aller la machine, les crimes sont débordés. Persuadez à l'homme qu'il n'est que matiere, rien ne doit plus être ni criminel ni vicieux ; tout alors est l'effet des loix de la communication des mouvemens : or quelques degrés de vîtesse, quelques directions droites, courbes ou circonflexes, font-elles le crime ? Tout cela n'est-il pas une suite nécessaire de la communication du mouvement ? Rien n'est criminel dans un effet naturel & nécessaire. Jugez maintenant si le matérialisme de l'ame, ennobli par quelque religion que vous puissiez imaginer, est fort propre à maintenir l'harmonie dans les différens ordres de l'état, & la fidélité des Sujets envers leurs Princes.

Vous protestez que vous aimez la vérité, & que vous cherchez de bons mémoires où vous puissiez trouver la nature de l'ame bien développée ; que vous n'avez aucun intérêt à périr tout entier ; que vous ne vivez pas de maniere à craindre les risques que l'on peut courir dans une autre vie ; que vous desireriez très-sincérement d'être immortel ; que cette ambition est naturelle à tout homme qui se trouve bien d'exister : mais que vous sentant soumis à la main du Tout-puissant, un des points principaux de votre Religion, c'est de vous sentir aussi peu blessé de ce qu'il ne veut pas que vous viviez dans cent ans, que vous êtes peu touché de n'avoir pas commencé votre vie au siecle d'Auguste. Comme vous avez des actions de graces à rendre à Dieu de ce qu'il a voulu que vous parussiez en 1720, vous lui devez une pleine résignation pour le tems où sa Providence a décidé que vous cesseriez de vivre. C'est un sacrifice gratuit que vous faites tous les matins au Créateur : chaque jour vous le remerciez de la continuation de votre exiſtence : chaque jour vous vous ſoumettez à la lui remettre quand il le voudra.

Vous penſez qu'une telle offrande preſentée avec tant de fidélité doit plaire beaucoup à Dieu ; que ce devoir que vous voulez bien vous impoſer, pratiqué avec tant de nobleſſe & de généroſité, doit beaucoup le toucher. Mais je ne conçois pas bien ce grand deſintéreſſement : car enfin ce Dieu eſt tout-puiſſant, vous ſentez le deſir de l'immortalité, cet attrait vous eſt naturel, conſéquemment il vient de lui : votre vie eſt pure, exemte de reproche, & dès lors vous méritez que l'exiſtence dont vous n'abuſez point vous ſoit continuée : comment ne demandez-vous pas à cet Etre tout puiſſant le don précieux de l'immortalité. Les Payens croyoient que les faux Dieux faiſoient des immortels ; le vrai Dieu n'en peut-il faire ? Que lui en couteroit-il ? un ſimple acte de ſa volonté, pour perpétuer le jeu de votre machine : & la grace qu'il vous feroit ne tireroit point à conſéquence ; car je ne crois pas que parmi ceux qui penſent comme vous, M. que tout périt à la mort, un ſeul ſe ſoit acquis par une vie innocente le droit de demander avec confiance la même faveur.

L'Ame ne fût-elle rien de plus que la pure machine : est-il bien décidé qu'elle périroit avec le corps ? Après la destruction du corps sensible, ce petit germe, cette petite machine, aussi complette dans sa petitesse, que l'est le corps lui-même, puisque celui-ci n'est que ce même germe développé par l'intus-susception d'une matiere étrangere, ne pourroit-il point survivre à la dissolution de tout ce qu'il a reçu d'accidentel, depuis la conception ? Si vous n'êtes qu'une machine, la vôtre a probablement 7000 ans tout au moins, & pour le remarquer en passant, votre reconnoissance envers le Créateur, auroit bien dû s'étendre à cette nombreuse suite d'années. Vous voyez que je m'autorise de tout ce que vous m'avez dit d'obligeant, au sujet des réponses que j'ai faites à ceux qui veulent renouveller l'opinion des anciens sur la réproduction des animaux. Vous convenez de la maniere la moins équivoque, que tout chêne actuel étoit en petit dans un des premiers chênes; que tout homme a subsisté dans un premier homme, où sa machine étoit toute construite, quoique ce ne fût qu'un point imperceptible. Quand ce fait feroit douteux, la possibilité n'en feroit pas moins constante.

Or puisque votre petit corps primitif, où réside probablement l'individualité de votre machine, a subsisté pendant tant de siecles, en subissant tant de révolutions, en passant successivement par les corps de tous vos ayeux, n'est-ce pas un très-fort préjugé pour son immortalité ? Dépouillé de toute cette matiere étrangere qu'il a reçue dans le sein de votre mere par la communication de son sang, & depuis votre naissance par la nourriture, il peut résister aux atteintes de la mort, il peut vivre éternellement, comme il a subsisté durant 7000 ans indépendamment de toutes ces ressources. Les parties élémentaires de l'or nous paroissent indestructibles : pourquoi cette machine, que des milliers d'années n'ont pas altérée, ne pouroit-elle pas être au-dessus de tout effort qui tendroit à la briser ? Pourquoi même jugeriez-vous que cette machine primitive (passez-moi ce mot) étant dégagée de tout ce qu'elle avoit acquis d'étranger, ne penseroit pas & n'auroit pas de sensations ? Croiriez-vous que sans un certain volume de matiere, on ne peut ni penſer, ni être ſenſible ? Les reſſorts de cette petite machine ſeroient très déliés & très-minces : mais quelle ne ſeroit pas leur force, s'ils étoient inaltérables ! Et que faut-il pour leur donner cette force ? & un ſimple vouloir du Créateur.

Que cette idée eſt bien aſſortie, M. à votre noble façon de penſer ! Je crains que vous n'en ſoyez trop flaté, & que vous ne vous déclariez encore plus ouvertement pour le matérialiſme de l'ame, quand vous verrez qu'il eſt très-probable que votre ame, telle que vous la jugez, eſt immortelle, & que l'attrait que vous avez naturellement pour la perpétuité de votre être, ne vous a pas été donné inutilement. Croiriez-vous, M. que vous êtes peut-être le ſeul des Théiſtes, que ces réflexions bien méditées ne détachent pas du matérialiſme de l'ame ? Car ces M ˢ ne ſont pas tous comme vous, innocens & purs : c'eſt par intérêt, quoiqu'ils n'en faſſent pas l'aveu, que pluſieurs tiennent au dogme qui vous eſt commun avec eux, & cet intérêt humiliant une fois détruit, peu leur importe que leur ame ſoit, ou ne ſoit pas immatérielle.

Ne craignez pas que la très foible

opinion que j'ai de votre religion, m'empêche de vous donner & de vous tenir la parole que vous me demandez : vous êtes homme, c'est assez pour me croire obligé de vous être fidele. Si je pensois que vous n'êtes qu'une machine, j'avoue que je ne croirois pas vous devoir plus de fidélité qu'à ma montre : & si je n'étois qu'une machine, vous seriez trop simple d'exiger de moi de la fidélité : la machine iroit comme elle seroit montée, quelqu'engagement que j'eusse pris avec vous. L'intention de l'horloger de qui je tiens ma montre étoit bien qu'elle marquât l'heure fidélement : elle ne tient pas toujours la parole que m'a donnée mon Horloger ; mais je ne m'en prens point à elle, elle va certainement comme elle doit aller, même quand elle va mal. Au reste, vous n'avez rien à craindre pour l'*incognito* que vous vous voulez garder. Quand même j'aurois le dessein de découvrir qui vous êtes, vous avez pris de trop bonnes mesures pour m'en ôter le moyen. Attendez-vous néanmoins à une trahison de ma part : le commerce que vous voulez lier avec moi, me flate au point que j'en veux faire la confidence au Public, car nous avons besoin d'un Tribunal qui nous juge : c'est devant ce Juge redoutable que je porterai notre cause. Personne ne peut l'accuser de partialité : d'ailleurs ne nous connoissant ni l'un ni l'autre, il sera forcé d'agir avec intégrité, & ne pourra se décider que par le poids des raisons. Ainsi j'insérerai vos objections dans le corps de mes réponses : ce qui ne seroit pas nécessaire, si je n'écrivois que pour vous seul, mais qui est indispensable, si nous voulons que nos Juges puissent prononcer. Je suis avec tous les égards que vous méritez, Monsieur, votre, &c.

A Paris, ce 1. Mars 1752.

SECONDE LETTRE.

Vous êtes bien aise, Monsieur, que notre dispute soit assaisonnée de ce que vous appellez la bonne plaisanterie : mais il ne faut pas la prodiguer, ajoutez-vous. C'est me dire fort poliment que vous me pardonnez quelques traits qui vous paroissent passer les bornes de l'enjouement, & que je devrois aussi prendre en bonne part les vues que vous me proposiez & qui ne tendoient, dites-vous, qu'à me procurer une situation avantageuse. Je sens, M. tout le prix de votre bonne volonté : mais l'objet de vos souhaits a réveillé malgré moi toute mon indignation. Je crois que vous auriez eu fort mauvaise opinion de moi, c'est-à-dire que vous auriez redoublé de confiance, si j'eusse passé legérement sur cet article. Jusqu'ici les rieurs ne sont pas de notre côté, j'en tombe d'accord : l'obligation où nous sommes de soutenir avec dignité les dogmes sérieux de notre Religion, nous tient dans une réserve qui ne les engagera pas à passer dans notre camp. Est-ce un si grand inconvénient ?

Non. Ils seroient des amis fort inutiles; quoiqu'ils soient pour nous des ennemis très-dangereux : car j'ai vu plus d'un jeune homme terrassé par le ridicule que ces plaisans de profession jettent sur la foi. Cependant quel genre de ridicule s'efforcent-ils de répandre sur nos mysteres ? celui précisément dont Scarron s'est servi pour travestir Virgile : (mes Lecteurs me passeront la comparaison) les grandes choses énoncées en burlesque font rire à proportion que les expressions travesties & grotesques contrastent avec la dignité du sujet. On rit de bon cœur d'une critique burlesque, d'une parodie enjouée : on n'en estime pas moins la piece travestie, le bon goût n'y perd rien ; mais si un petit Maître, en s'égayant sur un sujet aussi grave que la Religion, réussit à vous amuser, il a déja porté des atteintes à votre foi, il vous a mis au point de mériter de la perdre. & vous avez de la peine à croire ce dont vous avez eu la foiblesse criminelle de rire, parce que vous appréhendez d'en partager le ridicule.

On ne doit jetter de ridicule sur personne : mais il est très avantageux à la société, & très important pour elle, d'exposer au grand jour celui des incrédules, & de faire retomber sur eux toute la honte dont ils voudroient couvrir nos mysteres. Puisque le ridicule a tant de force sur le cœur de l'homme, qu'il est plus efficace que le raisonnement le plus pressant; pourquoi ne ferions-nous pas valoir celui que nous découvrons dans le ton & dans la maniere de philosopher de nos adversaires? Pour corriger un railleur contrefait & de mauvaise mine, qui se dédommage des disgraces de sa figure en tournant en ridicule le bon air & la taille la plus avantageuse; il ne faut que lui présenter un miroir & le montrer à lui-même : c'est ce qu'ont fait les Peres les plus respectables de l'Eglise, en réfutant les Philosophes payens. Pourquoi ménagerions-nous davantage les Incrédules de nos jours? Nous ne pouvons les porter à pleurer sur leur triste état, ils riroient des larmes que nous verfons sur eux en secret : il est plus à propos de leur faire voir que si leurs écarts méritent beaucoup de compassion, leur maniere de raisonner l'excite encore plus : c'est le plus sûr moyen de réprimer leur demangeaison de dogmatiser.

II. Lettre

J'uferai donc, je vous affure, M. de la permiffion que vous me donnez *de badiner tout à mon aife, quand vos raifonnemens me mettront de bonne humeur*, & je m'épargnerai d'autant moins fur cet article, que je ne puis rifquer de vous bleffer perfonnellement, puifque je n'ai pas l'honneur de vous connoître, & que fur l'opinion que vous m'avez donnée de votre efprit, j'imputerai toujours à la foibleffe de votre caufe, tout ce que votre défenfe prefentera d'irrégulier & de peu conforme aux loix d'une bonne Logique.

Vous me demandez, M. & d'un ton affez affuré, quelles font donc ces expériences que j'ai faites fur mon ame, & qui m'ont conduit à la juger immatérielle ? J'étois heureufement parvenu là dès ma plus tendre jeuneffe par l'éducation chrétienne : j'en fçavois fur ce point plus que plufieurs fçavans du Paganifme n'en ont pu découvrir : c'eft à cette éducation que la Philofophie doit tant de fublimes idées, métaphyfiques & morales, auxquelles les anciens Sages n'ont jamais atteint : la perfection à laquelle les fciences ont été portées jufqu'ici, les grandes acquifitions qu'elles ont faites, font une bonne preuve de toutes les obligations qu'elles ont à la Religion. On perd insensiblement les semences précieuses du Christianisme, & la philosophie retombe dans le cahos ténébreux d'où nos ayeux, plus religieux & moins raisonneurs que nous, l'avoient tirée. Mais quoique je n'hésitasse pas sur la nature de mon ame, avant que j'eusse pu la découvrir par l'expérience, je me suis comporté, dès que j'ai pu raisonner par moi-même, comme les personnes de qualité, qui sans aucun doute sur la noblesse de leur origine, aiment néanmoins à connoître leurs titres. J'étois persuadé de la spiritualité & de l'immortalité de mon ame : je me suis fait un plaisir d'en découvrir les preuves à la lumiere du flambeau de la raison, dès que j'ai pû l'interroger.

Pour y réussir, je ne me suis point placé dans une hypothese métaphysique, comme vous le pensez, M. il ne m'est pas venu dans l'esprit de me supposer *créé dans la minute, étonné d'être, & me demandant, Que suis-je? d'où viens-je?* Mes premieres années me sont inconnues comme aux autres hommes : l'époque précise où ma raison a jetté ses premiers rayons ; les premiers choix, les premieres déterminations de ma liberté, rien de tout cela ne se trouve plus dans ma mémoire. J'ai philosophé sur mon état present, & voici les phénoménes que j'ai crû appercevoir en moi. Voyez, M. si vous y reconnoîtrez ce que vous voyez en vous même.

Premier Phenomene.

Cet être qui pense en moi se sent exister, & le sent de maniere à ne pouvoir se confondre avec aucun des autres êtres, soit qu'ils existent sans le sçavoir, soit qu'ils ayent le sens intime de leur existence. Il ne peut prendre aucune autre intelligence pour lui-même : il est dans une entiere impossibilité de douter qu'il existe, & qu'il est tel être. En un mot il a naturellement la notion de ce qu'on appelle dans les écoles, individualité, *ratio numerica*.

Consequence de ce Phenomene.

Tout Etre, dont il est nécessaire de me prouver l'existence, n'est pas moi.

Second Phenomene.

L'Etre qui pense en moi se sent heureux ou malheureux, trouve son existence actuelle agréable ou pénible, selon qu'il reçoit certaines impressions. Il a de même des perceptions de plusieurs choses : ces impressions, ces perceptions sont ses façons d'être; il ne peut douter ni qu'elles ne soient réelles, ni qu'elles ne lui soient propres : s'il sent de la douleur, il ne peut douter qu'il ne soit modifié desagréablement : s'il voit un édifice, il ne peut douter qu'il n'ait la perception de l'image de cet édifice. Notion de bien & de mal physique : notion de modalité.

TROISIEME PHENOMENE.

Ce qui pense en moi se trouve quelquefois réduit au pur sens intime de l'existence : cela nous arrive dans cet état qu'on appelle en style familier, rêver à la Suisse : la façon d'être de l'ame est alors d'être dégagée de toute impression venue du dehors, ou relative au dehors. On ne sent ni chaud ni froid : on a les yeux ouverts, on ne voit point, on n'entend point, on est absorbé par un sentiment d'inertie, qui renferme pourtant celui de l'existence actuelle & numérique.

OBSERVATION.

C'est apparemment en faisant allusion à cet état, qu'un disciple de M. Locke nous dit que « l'ame est sujette » à une sorte d'inertie, en conséquence » de laquelle elle resteroit perpétuelle- » ment appliquée à la même pensée, » peut-être à la même idée, si elle n'en » étoit tirée par quelque chose d'exté- » rieur à elle, qui l'avertît ». Il ajoûte, » qu'il ne connoît rien d'aussi machinal » que l'homme absorbé dans une mé- » ditation profonde, si ce n'est l'homme » plongé dans un profond sommeil ». Cet Auteur n'auroit-il connu d'espece de méditation profonde, que celle dont je parle dans le troisiéme Phénomene? Quoi qu'il en soit, ceux qui aiment à méditer ne conviendront point qu'ils soient réduits dans leurs contempla- tions à l'inertie, qu'ils y soient dans un état purement machinal, puisqu'ils sçavent au contraire, qu'ils ne se met- tent dans une situation propre à médi- ter, que par un effort qui ferme, pour ainsi dire, aux esprits les avenuës du cerveau, & les empêche d'y porter des nouvelles de ce qui se passe dans la ma- chine. Mais dans ces rêves de *la veille*, où l'ame est véritablement réduite à l'inertie, il est évident que tous les ef- fets de la machine sont suspendus par

rapport

rapport à elle, que les impressions du dehors ne lui parviennent point, qu'aucune image n'est peinte devant elle, parce que les esprits ne jouent plus dans le cerveau. Alors la machine marche seule sans l'aveu de l'ame : alors l'ame est réduite à sentir purement son existence, c'est la seule idée qui lui soit presente, & sa façon d'exister est alors de ne sentir que soi, jamais elle n'est plus dégagée de la machine.

Quoiqu'on ne se vante pas de cette sorte d'expérience, tous les hommes la connoissent. Les Philosophes ont pris differentes routes pour expliquer cet état paisible. La plupart ont prétendu que l'ame voyoit alors un grand nombre d'idées si fort confonduës, qu'elle n'y pouvoit démêler rien de distinct : à force de penser, on ne pense point. Dans cette situation on est comme un homme dont l'oreille est toute remplie par des bourdonnemens : il entend tant de sons, qu'il n'entend rien. Mais ces Philosophes confondent avec l'inertie de l'ame, une situation de la tête très-differente de celle dont nous parlons. Ils parlent d'un sentiment de confusion qu'on éprouve dans le cerveau, lorsqu'on est incapable de s'appliquer. Cette situation est onéreuse, & mêlée d'inquiétude, elle tient à la tristesse, c'est *le morne*: au lieu que l'inertie est le calme de l'ame, un repos qui n'a rien de désagréable, qui ne renferme ni sensations ni idées. La physionomie conserve alors de la sérénité : elle n'annonce ni trouble ni chagrin. Demandez à une personne que vous surprendrez en cet état: A quoi pensez-vous? à rien répondra-t-elle gaiement. Je prends sa réponse à la lettre. C'est la nature même qui la donne.

Il ne seroit pas fort poli d'inviter un bel esprit à faire cette expérience, dont on ne croit capables que les sots. Cependant il est un moyen de la tenter, lequel au lieu de dégrader le génie, est très-capable de lui donner de l'activité. Mais il ne sera saisi que par des personnes habituées à rentrer en elles-mêmes. Pour bien méditer, il faut recueillir son ame, chercher un lieu tranquille où rien ne frappe nos sens, suspendre les pensées casuelles qui nous arrivent, en faisant un leger effort sur le cerveau pour concentrer les esprits, & les tenir en bride. Par là toutes les fonctions de l'ame sont arrêtées. On est un instant sans penser à rien. On sent son intelligence d'autant plus libre, d'autant plus propre à l'application, que rien ne la charge, qu'aucun objet ne la maîtrise. C'est cet inſtant de préparation à la méditation, que j'appelle pure inertie de l'ame. On y a même écarté juſqu'à l'objet ſur lequel on vouloit méditer. Après ce petit repos on le recherche. Le P. Malbranche a voulu que dans cet état on penſât à l'immenſité divine. Il n'eſt pas néceſſaire, je crois, de réfuter cette ſinguliere opinion.

Quatrieme Phenomene.

Mon individu ſent qu'il ne produit en lui ni la douleur, ni le plaiſir, ni même ſes connoiſſances : il ſe ſent paſſif à cet égard. Notion ſourde d'effet & de cauſe.

Cinquieme Phenomene.

Il ſe ſent un attrait vif pour le bien être, & de l'averſion pour tout ce qui l'affecte d'une façon pénible, & de plus un deſir de pourſuivre ce qui le flatte, d'éviter ce qui lui déplaît : il ſe ſent donc de l'activité. Notion d'activité.

Observation.

Cette activité fait connoître à l'ame qu'elle a le pouvoir de ſe modifier par les defirs, par l'averfion. Il n'eft pas néceffaire d'indiquer les moyens de démêler en foi-même ce principe actif : il n'eft point en nous l'effet de l'impreffion des objets. On fent que la douleur nous vient du dehors, & que le defir d'en être délivré, nous vient du dedans même de notre être; que la premiere impreffion eft une modification mife en nous par une caufe étrangere ; que la feconde eft une modification que nous nous donnons nous-même. Je vois donc que tout acte de ma volonté vient de moi ; que c'eft un effet dont je fuis caufe productrice.

Sixieme Phenomene.

Les modalités que je me donne ne font pas néceffairement en moi : celles même qui me viennent d'une caufe étrangere me paroiffent contingentes. Je fens très-bien que le fond de mon être ne feroit pas détruit, fuppofé qu'au lieu de faire les réflexions que je fais préfentement, je penfaffe à toute autre chofe; quand j'entendrois le fon d'un inftrument qui me réjouit, au lieu du bruit d'un caroffe qui m'inquiéte. Notion de contingence, de poffibilité, de pouvoir de faire ou de ne pas faire. Notion de liberté.

Septieme Phenomène.

Quoique les impressions qui me viennent d'une cause étrangére soient contingentes, je sens qu'il m'est impossible de m'empêcher de les ressentir : celles qui me sont desagréables sont en moi malgré moi ; & je ne puis me procurer immédiatement & par le seul desir les modalités qui me plairoient. Notion de nécessité, notion de dépendance d'une volonté toute-puissante sur moi.

Huitieme Phenomene.

Mon individu reçoit à la fois plusieurs de ces modalités, qui lui viennent d'une cause extérieure, & il s'en donne en même-tems d'autres par son activité : il a la vue d'une belle campagne & d'un beau jour, il conçoit le desir de se promener : il forme le dessein de chercher des plantes, ou des insectes, pour tirer quelque fruit de son amusement. C'est le même être sous differentes modifications. Il distingue en soi le fond subsistant de l'être, d'un nombre de modifications toutes différentes. Notion de substance & de façons d'être,

II. LETTRE
d'une unité dans la substance, & de pluralité dans les modalités.

OBSERVATION.

Je ne trouve point en moi plusieurs personnes selon le nombre de perceptions, de sensations, d'idées, de déterminations que j'éprouve à la fois. Celui qui pense actuellement à la nature de l'ame, celui qui vous communique ses pensées par l'écriture, celui qui voit le papier, qui suit les traces que la plume y laisse, celui que le bruit distrait, celui qui sent du froid en écrivant, n'est que le même être : ce ne sont point six ou sept personnes réunies, & différentes numériquement.

NEUVIEME PHENOMENE.

Les modalités qui ne sont plus en moi, ne sont pas totalement perdues pour moi : une faculté que j'appelle la mémoire en conserve le souvenir. Je me rappelle une grande partie de ce que j'ai ressenti de bien & de mal depuis que je me connois, quantité de faits que j'ai vus, des lectures, des méditations, &c. Sous ce torrent de modalités différentes qui se sont succédées en moi, je reconnois toujours un fond d'être invariable. Le même qui sentoit de la répugnance à l'étude à l'âge de huit ans, est celui qui en fait ses délices à cinquante-cinq. Le même qui méditoit sur ces phénomenes en 1720, est celui qui vous en fait part en 1752. Le même qui languissoit en 1703, se souvient aujourd'hui de cet état de langueur. Notion de la durée de l'individu. Notion de variétés successives dans les manieres d'être. Nouvelle notion de substance.

DIXIÉME PHENOMENE.

J'ai quelque puissance sur ma mémoire. Je déploye mon activité pour me rappeller certains faits : mais la mémoire en elle-même n'est point un effet de ma volonté, non plus que toutes les impressions d'où dépend mon bien être : c'est un tresor contingent en moi, & qui me vient certainement d'une cause étrangere.

ONZIÉME PHENOMENE.

Je sens l'action de la cause qui me modifie, puisque j'en ressens les effets dans mes differentes modifications, & que je sçai très-bien qu'elles ne viennent pas de moi. En étudiant en moi ce que c'est que la douleur, le plaisir, la mémoire, &c. j'ai reconnu que tout cela n'étoit que contingent : j'en conclus que le principe qui les produit est libre. Pour modifier ma substance, il faut que ce principe la connoisse, la voie en dedans & même en dehors, si je puis parler ainsi : il est donc intelligent. Je ne puis me soustraire aux impressions qu'il fait sur moi ; je me sens donc souverainement dépendant de lui : il me modifie par sa volonté, au moins comme je me modifie moi-même par la mienne, c'est-à-dire, que sa volonté agit immédiatement sur moi, & qu'elle y opére par sa propre force : il est donc tout-puissant. Je le serois moi-même, si ma volonté me suffisoit pour me procurer les modalités que je voudrois acquerir, & pour agir également sur tout ce qui sent l'existence, comme les esprits, ou qui ne la sent pas, comme les choses inanimées.

Douziéme Phenomene.

Je me sçais tellement impénétrable, que je regarde mes affections & mes pensées comme des secrets profonds qu'aucun être ne peut découvrir : cependant je sens la presence intime d'un œil qui voit tout au dedans de ma substance, c'est celui du principe de mes modifications: cette seule observation me fait juger qu'il est tout-puissant.

Treizieme Phenomene.

Je ne puis exister que sous quelque façon d'être, puisque n'exister sous aucune forme, c'est ne point être. A la vérité ma liberté me donne quelques modifications; mais cette liberté même est peut-être contingente en moi. Je ne me la donne pas, puisque je ne puis exister que je ne sois libre ou non libre, & que l'un ou l'autre de ces deux états dépend de la cause qui me modifie. Il faut que cette cause soit le principe du fond même de ma substance. Je ne puis pas même supposer que deux causes ayent concouru à me créer; car si l'une me donnoit ma substance, & l'autre mes modifications, la premiere ne produiroit qu'un être qui n'existeroit d'aucune maniere, qu'un être nul: donc celui qui me donne mes modifications, qui décide de mon état de liberté ou de non liberté, est l'auteur de mon être.

Dans ces trois derniers phenomenes je trouve la notion de Dieu tout-puissant, créateur, celles de dépendance, de gratitude, de crainte religieuse, de culte.

Quatorzieme Phenomene.

Toutes mes perceptions sont singulieres & individuelles.

Quinzieme Phenomene.

Mais comme la toute-puissance m'est toujours presente, que j'en ressens incessamment l'action; je puis rapporter mes modifications à leur cause. C'est la maniere dont je généralise toutes les notions singulieres que j'ai découvertes dans ces phénomenes. Je me sens existant par l'opération d'une cause toute-puissante, dont la volonté m'est connue comme infiniment productrice. Cette seule observation suffit pour me faire reconnoître qu'une infinité d'êtres semblables à moi sont possibles. Ma substance propre devient sous un coup d'œil un type, un modele, conformément auquel je ne puis douter que le Tout-puissant n'ait pu produire une infinité d'êtres semblables à moi, soit après moi, soit avant moi, soit en même tems que moi. Cette considération rend universelle la notion que j'ai de moi-même. Elle devient idée, & comprend

A UN MATÉRIALISTE. 35
toutes les ames possibles. Voila la clef de la Métaphysique. Vous pouvez, M. la presenter à toutes nos idées, car le détail sur ce point est infini. Vous y verrez dans toutes, soit une perception, soit une affection, soit une notion singuliere, comparée à la cause immense, & rendue universelle par cette comparaison.

Observation.

Les sensations ne portent, ne donnent que les impressions de choses singulieres. Une sensation est une modification actuelle d'un individu qui se sent contingent & non nécessaire, singulier non universel, borné non immense. Les caracteres de l'être par soi, sont cependant la nécessité, l'éternité, l'universalité, l'immensité même. Aucune de ces grandes qualités ne se trouve dans nos perceptions : il faut donc nécessairement qu'elles soient vues dans le rapport de ces mêmes perceptions avec un terme où toutes ces propriétés, seules vraies, seules réelles, soient senties. Le Pere Malbranche a voulu qu'on vît dans les archetipes de toutes choses, en Dieu même : c'est qu'il ne pouvoit trouver qu'en Dieu les caracteres de nos idées.

II. LETTRE

Il se fondoit sur une partie de nos phénomenes. Locke a trouvé des contradictions dans le sistême du Pere Malbranche; il a fixé nos idées dans nos perceptions: il s'appuyoit sur la partie de nos phenomenes abandonnée par le P. Malbranche. M. Arnaud mettoit vis-à-vis de notre ame des images essentiellement representatives: il ne prenoit pas garde que nos perceptions même deviennent essentiellement representatives, dès qu'on les rapporte à la cause toute-puissante à laquelle elles sont dues. On ne donne dans l'erreur que parce qu'on veut conserver une vérité; & c'est parce qu'on sent bien, malgré tous les raisonnemens que la brillante imagination du P. Malbranche lui a suggérés, que nos sensations entrent dans un grand nombre de nos idées, que la plupart prétendent tirer leurs idées de leurs sensations. Ils voient la vérité, mais ils ne la voient qu'à demi: ils ont raison de trouver leurs perceptions essentiellement representatives; mais ils ont tort de penser que l'universalité, que l'infini se voie uniquement dans une perception singuliere par elle-même & individuelle. On ne comprend pas comment M. Locke

A UN MATÉRIALISTE. 37
a pu dire que nous n'avions que des idées négatives de l'infini. C'est dans le fini qu'est la négation de tout ce qui n'est pas dans les bornes qui le resserrent. Rien n'est négatif dans l'infini ; puisque manquer de bornes, c'est avoir la plénitude de l'être.

SEIZIEME PHENOMENE.

L'Ame sent la faculté de raisonner, de comparer les idées, d'affirmer, de nier, de douter, de suspendre son jugement. Elle ne peut recevoir ces facultés, ni les notions de ces facultés, d'aucune sensation : elle voit qu'elles naissent d'elles-mêmes, & que les objets extérieurs ne peuvent être que des occasions de les déployer.

Voilà, M. ce que j'appelle mon ame : voyez si ce que vous appellez du même nom, si ce que vous trouvez en vous, ressemble à cette substance que je reconnois en moi : car il faut s'entendre. Si vous remarquez en vous les mêmes phenomenes, comme je n'en doute nullement, nous discuterons ensuite si l'objet qui les occasionne seroit matériel ou immatériel. Je suis, &c.

A Paris, ce 8 Mars 1752.

TROISIEME LETTRE.

ON n'argumente point contre les faits : permettez-moi, M. de vous remettre ce principe fous les yeux. Vous paroîtriez démontrer l'impoſſibilité d'une expérience, que vous n'en détruiriez pas la réalité. Vous ne niez point que vous n'ayez découvert en vous les mêmes phenomenes que je trouve en moi. Mais vous réclamez l'autorité d'un gros ouvrage, dont vous dites, » que la doctrine combat mes pheno-
» menes, (en feroient-ils moins vrais ?)
» qu'ils contredifent un principe incon-
» teſtable renouvellé de nos jours, &
» qui place dans les fenfations l'origine
» des idées (mes phenomenes ne tou-
» chent point à tout ce que ce principe
» prétendu renferme de vrai, mais ils
» font découvrir ce qui s'y trouve de
» faux); qu'ils renouvellent la doctrine
» des idées innées, fi juftement & fi gé-
» néralement décriée ». Ils reſtraignent ce qu'il y a de folide dans cette doctrine à ce qu'elle prefente d'inconteſtable ; mais ils ne fuppofent point d'idées innées. Ces trois objections ren-

trent toutes dans une seule ; c'est à-dire, que mes phénomenes ne s'accordent point avec ce que l'on pense ordinairement sur l'origine des idées : mais la connoît-on bien cette origine ? Voilà le point dont il est question.

Je ne sçai pourquoi vous me renvoyez avec tant de confiance aux réflexions d'un disciple de M. Locke. Elles sont absolument contre vous ; car elles prouvent très-bien la distinction de l'ame & du corps : on y reconnoît que l'ame ne peut douter de son existence, ni de la réalité de ses perceptions ; qu'au contraire, » n'y ayant aucun rapport entre » chaque sensation & l'objet qui l'occa- » sionne, ou du moins auquel nous la » rapportons, il ne paroît pas qu'on » puisse trouver par le raisonnement, » de passage possible de l'un à l'autre » (c'est-à-dire de nos sensations à l'affirmation de l'existence des objets ausquels nous les rapportons, & qui nous paroissent en être la cause.) C'est prononcer, comme vous voyez, M. que l'ame n'a pas le pouvoir de douter de son existence propre, & qu'elle se sent le pouvoir d'hésiter sur l'existence des corps. Car où l'ame ne se sent pas nécessitée à porter un jugement, elle se sent le pouvoir de suspendre sa décision. Quand nous appercevons des motifs de douter, nous sentons la possibilité du doute. Donc, par cela même que l'ame sent la possibilité de douter de l'existence de tout corps, & l'impossibilité de douter de la sienne, elle se distingue de toute substance corporelle.

Par rapport au point que nous discutons actuellement, l'Auteur auquel vous me renvoyez, parle contre les idées innées: vous renchérissez sur lui, M. lorsque vous définissez les idées innées, » les » fruits malheureux du beau génie de » Descartes, dont il suffit de goûter, » pour les trouver aussi vuides qu'ils » le sont. Ils ne peuvent plus flatter que » les pédans, dont le vrai caractere est » de n'embrasser les opinions un peu » célebres, que lorsqu'elles ont perdu » tout crédit, comme les Provinciales » du bon air s'emparent des modes, » lorsqu'on les abandonne à Paris. » Cette sortie ne me regarde pas, vous m'en avertissez vous même; mais elle semble prouver que vous ne parlez pas toujours de sang froid des opinions qui contredisent les vôtres. Au reste, je ne vous ai point cité M. Descartes, je ne vous ai point parlé d'idées innées,

& je ne pensois pas assurément à vous surprendre, lorsque je mettois en ordre les méditations dont je vous ai fait part, non plus » qu'à donner à une » opinion ridicule par elle-même, un » air de décence & de vérité. »

Mais où sont les preuves sur lesquelles vous établissez, M. que nous ne devons qu'à nos sensations, la connoissance de notre existence ? Je n'en vois ni dans votre lettre, ni dans les Auteurs que vous me citez. A la vérité le même sectateur de M. Locke nous dit que » rien » n'est plus incontestable que l'existence » de nos sensations . . . . . La premiere » chose, ajoûte-t-il, que nos sensations » nous apprennent, & qui même n'en » est pas distinguée, c'est notre existen- » ce. » Il a certainement raison de dire que le sentiment de notre existence n'est pas distingué de celui de nos sensations, qui n'étant que des modalités, n'ont d'existence que celle du sujet dans lequel elles subsistent.

Qu'entend-il par sensations ? Un petit extrait que j'ai fait plus haut, me détermine à penser qu'il appelle ainsi toutes les impressions qui nous viennent des objets de dehors, ou des dispositions de notre propre corps. S'il comprenoit sous le le mot de sensations, le sens intime, la perception de l'existence de l'ame, il penseroit certainement comme moi; mais j'y vois peu d'apparence. Un autre Auteur trop fameux, & qui paroît copier le premier, nous fait entendre sans détour, que l'ame tire la connoissance de son existence des impressions des objets. Etrange paradoxe! nos sensations ne nous prouvent point l'existence de leurs objets : vous venez de le voir dans le texte que j'ai cité, & les impressions de ces mêmes objets apprennent à l'ame à se sentir existente.

Où tend donc cette doctrine? Quel but se propose-t-on en renouvellant cet axiome de nos vieux scholastiques? Il ne paroît pas que l'Auteur cité ait eu aucune vue secrette : on soupçonne simplement qu'il s'est rangé trop aveuglément au rang des disciples de M. Locke. Pour vous, M. & pour bien d'autres, qui êtes animés par des motifs plus profonds, il vous importe beaucoup de soutenir que l'ame tient uniquement des sensations la connoissance de son existence, parce que les sensations dépendent du corps. D'où vous insinuez que la machine étant détruite, l'ame sera corporelle, ou ne le sera pas, ce qui vous est assez indifferent. Le corps étant dissous, elle n'aura plus de moyens de sentir son existence : alors il doit vous être parfaitement égal qu'elle soit immortelle ou non.

Cependant, si vous avez fait attention à mon troisieme phenomene, vous avez dû reconnoître un état de l'ame, qui suppose toutes les sensations suspenduës, dans lequel cependant on sent son existence. C'est un état d'inertie, comme l'appelle un autre Auteur qui ne doit pas vous être suspect, mais un état où l'ame n'ignore pas qu'elle existe. Et cette expérience suffit assurément pour vous faire au moins douter que l'ame apprenne des sensations à se connoître.

Que sont les sensations dans l'ame? Des modifications : elle en peut avoir plusieurs à la fois, & d'essenciellement differentes. La perception d'un son n'est pas celle d'un tableau, ni celle d'une douleur : ce sont des choses qui s'excluent plus que le feu & l'eau. Cependant j'entens un son, je vois un tableau, je sens du chagrin: quelle est celle de ces trois impressions qui m'apprend mon existence individuelle?Comment la sensation du son, que je ne puis confondre avec les deux autres que j'éprouve en même-tems, m'apprend-elle que je suis le même qui voit & qui souffre ? Trois êtres très-distincts pourroient n'avoir qu'une de ces modalités : l'un entendroit un son, l'autre appercevroit un tableau, un troisiéme sentiroit de la douleur. Je veux bien que chacun d'eux apprenne son existence individuelle de celle des modifications dont il est affecté ; mais certainement le son ne peut m'apprendre que la personne qui le reçoit, est la même qui voit, la même qui s'afflige. L'unité de ma personne ne peut m'être annoncée par trois modifications si disparates, supposé que je ne la connoisse pas d'ailleurs.

Ce raisonnement sera peut-être plus convaincant encore, si nous l'appliquons à la succession de nos sensations. J'avois froid : je me chauffe, à la sensation de froid succéde celle de chaleur. Je vous demande, M. comment la sensation de chaleur m'apprend que je suis le même que le froid inquiétoit. La sensation du froid est détruite, il ne m'en reste rien, celle de chaleur commence. Mais la nouvelle modification ne fait pas un nouvel individu, une nouvelle perfonne. Enfin je fentois un grand froid en 1709 , j'en fouffrois beaucoup : aujourd'hui j'éprouve une chaleur modérée. Si ce n'eft que de ma fenfation que j'apprens mon exiftence , comment fçais-je que je fuis le même qui fentois de fi vives impreffions du froid en 1709 ? Penfez-y, M. & vous conviendrez que tout ce que la mémoire nous rappelle de nous-même depuis notre enfance jufqu'à l'âge où nous fommes , fuppofe que nous fentons l'exiftence abfolue & individuelle d'une fubftance qui a fubi fucceffivement un nombre prodigeux de differentes manieres d'être ; & que des modifications qui ne fe fuccédent qu'autant que la fuivante détruit la précédente, ne peuvent nous donner de notion de notre individualité, fi nous ne l'avons d'ailleurs.

Eft-il poffible, M. que vous ayez pu tirer de nos fenfations, les notions de notre volonté , de notre liberté , le pouvoir d'affirmer , de nier , de douter ? Comment la vue d'une pomme m'inftruiroit-elle du pouvoir que j'ai de me déterminer à la manger, ou bien à ne la pas manger ? Si je ne fentois pas ce pouvoir, les sensations me le donneroient-elles ? Je vois des corps, mais je les vois par des sensations entre lesquelles & l'existence de ce même corps, je n'apperçois aucune connexion nécessaire. J'ai les mêmes sensations en dormant, & cependant je ne crois pas qu'une tour que j'aurai vue durant le sommeil existe : je sens donc des raisons de douter. Sont-ce mes sensations qui m'apprennent que je puis suspendre mon jugement sur l'existence de tel corps que je vois le jour ? Non ; car mes sensations me le donnent pour existant, soit dans un songe, soit lorsque je veille. Ce pouvoir d'affirmer ou de nier, que les objets qui me sont représentés par les sens existent réellement, n'est donc point l'effet de mes sensations.

Enfin le raisonnement qui suit, exige un peu plus d'attention, mais il est aussi pressant. Nous ne pouvons douter que nos modalités actuelles ne soient contingentes ; que nous ne puissions subsister les mêmes, sans la sensation actuelle que nous éprouvons, sans entendre, par exemple, des voix que nous écoutons. Donc nous distinguons en nous un fond d'être, qui n'est pas contingent pour nous, & des modalités qui le font : or comment ces modalités produiroient-elles en nous ces deux connoissances ?

„ Eh ! M. me dites-vous, toutes ces „ connoissances dont vous faites si bien „ l'énumération, comment les auriez- „ vous découvertes sans le secours des „ paroles ? Ce n'est que d'après elles que „ vous pensez. Ces paroles qui sonnent „ sourdement dans votre tête, sans l'ac- „ tion de votre langue, ne sont-ce pas „ des sensations ? Oui, M. mais ces paroles & mes pensées sont des choses fort differentes. Ces mots, *être individuel*, *modalités contingentes*, *effets*, *cause*, *Dieu*, &c. sont des sensations, j'en conviens, & ces sensations sont des signes qui réveillent les notions que j'ai déja, mais qui ne me les donnent pas. „ Nous avons été touchés du beau & „ du bon, avant que d'entendre & de „ faire les mots de *beauté* & de *bonté* ; „ & les hommes ont été pénétrés de la „ réalité des choses & ont senti une „ persuasion intérieure, avant que d'in- „ troduire le mot de *vérité*. Ils ont com- „ pris, ils ont conçu, avant que de faire „ le mot d'*entendement*. Ils ont voulu, „ avant que de dire qu'ils avoient une

» volonté ; & ils se sont ressouvenus,
» avant que de former le mot de *mé-*
» *moire*. J'ajoûte qu'ils ont senti l'existence & l'individualité, avant de trouver des mots pour exprimer ce qu'ils sentoient.

Un sourd & muet n'a point de moyen de se procurer ces sortes de signes, & comme nous les employons presque toujours au dedans de nous pour nous rendre nos pensées à nous-mêmes, nous sommes tentés de juger que ces sortes de personnes sont totalement privées de ce que nous appellons, sens commun, & que les choses spirituelles leur sont absolument inconnues. On devroit s'être desabusé de cette erreur par le succès de M. . . . . . . qui sçait procurer l'avantage de la parole aux sourds de naissance. Penseriez-vous, M. qu'un sourd ne sent pas son existence individuelle ; qu'il ne connoît ni causes, ni effets ; qu'il ne distingue point le fond permanent de son être, de ses perceptions passageres ; qu'en un mot, il ne pourroit pas découvrir en lui tous les phenomenes que je vous ai exposés? Les enfans en apprenant à parler n'apprennent pas à penser, mais à joindre leurs pensées aux paroles ; comme l'art de l'écriture l'écriture nous apprend à joindre des signes soumis à l'activité de la vue, aux paroles qui ne sont faites que pour les oreilles, & non pour les yeux.

Vous me faites, M. une autre objection plus sérieuse. »Il est clair, me » dites-vous, selon vos principes, qu'il » est essentiel à l'ame de sentir immé- » diatement son existence numérique. » Or des faits constans déposent le con- » traire. L'ame subsiste dans un léthar- » gique, dans un homme enseveli dans » un profond sommeil: dans ces états » elle ne sent pas son existence. Qui lui rend ce sens intime ? Les sensations qui » lui reviennent. » C'est donc un fait que vous m'objectez : sur quoi l'appuyez-vous, s'il vous plaît, M? Apparemment sur ce qu'on ne se rappelle pas d'avoir senti l'existence dans les états dont vous parlez. Cela peut être vrai jusqu'à un certain point. Mais un fait devient-il faux, parce qu'il a été oublié ? Vous ne vous souvenez point d'avoir senti l'existence dans le sein de votre mere, ni pendant les premieres années de votre enfance : pourriez-vous assurer de ne l'avoir point sentie pendant ces deux tems ?

Ce n'est donc pas un fait, mais l'induction d'un fait que vous m'opposez, M. & je viens de vous donner deux exemples dans la même espéce, où la même induction seroit très-faussement tirée. D'ailleurs, est-il bien constant que l'on ne se rappelle rien du sentiment de sa durée pendant un sommeil profond, une létargie, un évanouissement? Le sommeil est terminé par le réveil, & le réveil porte avec lui l'idée du passage d'un état d'où l'on sort, à un autre où l'on rentre, & non celle d'une nouvelle existence. On sçait en se consultant soi-même à son réveil, que le tems où l'on s'est endormi, & le moment auquel on se réveille, ne sont pas deux instans qui se soient succédé immédiatement : & d'où l'apprendroit-on, si l'on n'avoit pas senti de l'intervale entre deux? Mais direz-vous, M. on ne sçait quel est cet intervale : plus le sommeil est profond, plus il paroît court. Vous vous trahiriez en faisant cette observation : plus l'ame se sent affectée de plaisir, moins elle est attentive à l'écoulement du tems ; & quand on dit qu'on croit n'avoir pas dormi plus d'une demie heure, & qu'on a dormi cependant plus de dix heures de suite, c'est parce qu'il nous reste quelque impression d'une situation calme d'où nous sortons, & qui nous paroît avoir passé très-rapidement, parce qu'elle étoit très-agréable. Est-il d'ailleurs fort surprenant qu'on ne puisse estimer le tems, faute de termes successifs auxquels on le puisse comparer ? Ce sont ces termes qui manquent à l'homme reveillé, pour le tems de son sommeil. S'il pouvoit se rappeller des songes, il trouveroit son sommeil plus long qu'il ne le juge, lorsqu'il ne peut s'en rappeller aucun.

On peut appliquer le même raisonnement à l'homme létargique. Il sçait qu'il a existé pendant un tems qu'il ne peut définir : il ne croit point avoir cessé d'être. Il est si vrai qu'il ne se regarde pas comme nouvellement existant, qu'il s'attribue encore tout ce que sa mémoire lui rappelle du tems qui a précédé son accident : il n'imagine pas que le moment où sa maladie l'a réduit à un état de mort & le moment où il commence à revivre, se touchent, sans qu'il y ait eu aucune intervale. Pour le simple évanouissement, il laisse des impressions plus marquées. J'ai vu plusieurs personnes qui sortant de cet état, disoient qu'elles s'y trouvoient

III. LETTRE

très-bien, & ma propre expérience m'a confirmé la vérité de leur témoignage. Il doit donc demeurer pour constant entre nous, M. que l'ame sent immédiatement son existence, & qu'elle n'en doit point la perception aux sensations. Je suis, &c.

A Paris, ce 17 Mai 1752.

QUATRIÉME LETTRE.

Vous avez éprouvé, Monsieur, à l'occasion du peu que je vous écrivis dans ma penultiéme lettre sur le fond de nos idées, ce qu'éprouverent tous ceux devant qui Moliere donna pour la premiere fois des leçons sur l'articulation des voyelles. Ce que tout le monde avoit fait & faisoit exécuter à ses levres des millions de fois par jour, parut neuf. Vous êtes surpris de même que je vous aye fait découvrir en vous un fond d'être indépendant des sensations, & qu'assurément vous avez toujours ressenti. Vous en seriez moins étonné, si vous aviez fait cette réflexion, que c'est toujours faute d'attention, si la partie la plus essentielle de nous-mêmes nous échappe si souvent.

Car nous ne sommes pas également appliqués à tout ce qui se passe dans notre ame. Les Africains, les Lappons, les Sauvages, observeroient en eux-mêmes tous les phénomenes dont nous sommes convenus, s'ils étoient capables de réfléchir. L'attention des hommes s'épuise sur les objets extérieurs des sensations : c'est l'effet d'une habitude contractée dès l'enfance. Et comme toute habitude coûte à réprimer, & que nous avons de la répugnance pour tout ce qui demande des efforts intérieurs de notre part, il n'est pas étonnant que nous en ayons à nous replier sur nous-mêmes. Il se presente en foule des exemples de ce fait, que vous pouvez regarder comme un dix-septiéme phenomene de notre ame. En voici quelques-uns. Chacun sent son existence numérique, c'est-à-dire, qu'il ne peut se confondre avec aucun être tel qu'il soit ; qu'il ne peut se prendre pour un autre. Qu'on parle de ce sentiment qui differencie les êtres d'une même espéce ; cette notion paroîtra abstraite & nouvelle à des personnes peu exercées à réfléchir ; elles auront de la peine à la saisir : ce n'est cependant que l'expression du sens intime qui ne les abandonne jamais. Vous ne pourrez que très-difficilement faire distinguer à des Sauvages les impressions qui sont purement passives en eux. Ce partage de facultés actives & passives, leur paroîtroit fort nouveau. Effet de l'opposition qu'ils ont naturellement à rentrer en eux-mêmes.

L'affirmation & la négation d'une proposition, sont certainement des actes de la volonté, & l'étoient avant que M. Descartes l'eût fait observer. Combien les scholastiques ont-ils eu de peine à reconnoître en eux ce qu'ils éprouvoient tous les jours!

Voulez-vous un exemple plus sensible & plus frappant de la distraction générale que nous cause une forte attention par rapport à tout autre objet que celui sur lequel elle est fixée? Qu'un homme voyage dans un païs qui est nouveau pour lui; qu'il regarde attentivement un beau Château dans le lointain, dont la situation l'ait frappé: tant qu'il l'observera, il n'appercevra rien de ce qu'il voit en même-tems sur sa route : & combien n'aura-t-il pas apperçu d'objets, s'il est vrai, comme l'optique l'enseigne, que tout ce qui se trouve compris sous un angle d'une certaine grandeur, est vu distinctement !

Ne vous laissez donc pas prévenir, M. par la nouveauté de ma façon de penser sur les idées. Vous convenez que tout ce que vous avez lu sur cette matiere, renferme un fond d'obscurité qui vous déplaît. » Il vous paroit bien sin-
» gulier que nos idées si claires, si lu-
» mineuses, d'où dépend toute la so-
» lidité de nos raisonnemens, qui nous
» representent les essences des choses,
» soient néanmoins ce dont nous con-
» noissons moins la nature. Vous ne
» vous rassurez que par une réflexion
» tirée de la vue des corps. Tout hom-
» me qui n'est point instruit de l'opti-
» que & des sciences relatives à la lu-
» miere, compte, dites-vous, sur le té-
» moignage de ses yeux : il s'inquiéte
» peu sur la maniere dont ils voyent,
» il ne le sçait pas : il se croiroit fou
» s'il ne s'en rapportoit point à eux. »
Votre réflexion est judicieuse. Mais pourquoi n'êtes-vous pas content de tout ce qu'on a produit jusqu'ici sur la nature des idées ? C'est qu'aucun des sistêmes qu'on a enfantés sur cette matiere, ne vous rend fidélement ce que vous éprouvez en voyant une idée. Vous cherchez donc quelque description nou-

velle, ou plûtôt vous defirez que l'on vous enfeigne le moyen de diriger tellement votre attention, que vous puiffiez être en état d'analifer en vous-même les fondemens de nos idées.

Analifer les fondemens de nos idées! cette expreffion vous furprendra, M. y a-t-il rien de plus fimple qu'une idée, direz-vous? eft-elle fufceptible de decompofition, foit en elle-même foit dans fes fondemens? Oui, M. quoiqu'en même-tems il foit très vrai qu'une idée eft une chofe très-fimple. Il eft fi inconteftable que les fondemens de nos idées peuvent être analifés, qu'il eft un point dont tous les philofophes conviennent, fçavoir, que nos idées font les tipes ou les images des objets. Mais ils font divifés fur un caractére des idées, qui tient à l'infini, fur leur univerfalité. L'idée d'un cercle ne reprefente aucun cercle déterminé, nul cercle numérique : mais elle les reprefente tous, tant les actuels que les poffibles. Elle ne renferme aucune des differences qui diftinguent les cercles exiftans : c'eft l'image de tous les cercles, en ce qu'elle énonce l'égalité de diftance du centre à tous les points de la circonférence. Mais comme aucun cercle ne peut exifter que fon rayon ne soit déterminé, & que l'idée ne détermine aucun rayon, on peut dire qu'elle ne represente aucun cercle particulier. En quoi l'idée differe de toutes les images que nous connoissons: car un portrait, fait même d'imagination, est numérique, tous ses traits ont une figure déterminée, le rapport des traits, leur ensemble, tout est fixé; en sorte qu'il ne represente réellement que le seul homme qui lui ressembleroit parfaitement. Mais l'idée embrasse l'immensité des possibles, ou l'infini de Dieu même.

D'anciens Scholastiques ont soutenu que l'universalité de la nature humaine réside dans Pierre ou dans Paul: on ne pense plus à réfuter une pareille opinion. Ils eurent de puissans adversaires, qui réduisirent l'universalité des idées à celle des mots: ceux-ci ne pensoient pas qu'un mot, comme l'*homme*, ne signifie généralement tous les hommes, que parce qu'il en réveille l'idée. Un troisiéme parti crut que les idées devenoint universelles par une fiction de l'esprit, comme si l'on pouvoit penser que l'idée du cercle n'énonce la possibilité des cercles numériques à l'infini, que parce qu'il plaît à l'esprit de créer cette possibilité. Le P. Malbranche évita tous ces écarts, frappé des caractéres d'universalité, de nécessité, qu'il trouvoit dans nos idées: il crut que nous voyons en Dieu même les modéles sur lesquels le Créateur a fait toutes choses. Il expliqua l'obscur par l'inconcevable, comme font actuellement à l'égard d'autres points plusieurs Philosophes, en traitant le P. Malbranche aussi mal qu'ils le peuvent: mais combien ces défectueux copistes sont-ils au-dessous d'un tel original! M. Arnaud son antagoniste, crut que nos perceptions étoient essentiellement representatives: il entrevit le vrai: peut-être le vit-il, mais il ne l'expliqua pas. Quel partage d'opinions sur ce caractere, qu'on ne peut refuser à nos idées, d'énoncer la possibilité des individus qu'elles representent! possibilité qui va jusqu'à l'infini.

M. Locke ne voit que du négatif dans l'universalité de nos idées. Si l'ame apperçoit un cercle, & qu'elle ne fasse aucune attention à ce qui le caractérise, à ce qui le constitue tel cercle, cela suffit selon lui. A l'aide de cette précision, le cercle ainsi destitué de son existence propre, quoiqu'apperçu par les yeux du Géométre qui l'examine, n'est plus un objet particulier, pourvu que le Geometre ignore quel en est le rayon : c'est un cercle en général, il devient un tipe universel. J'aimerois autant qu'on me soutînt que l'homme que je vois dans la foule, & dont je n'obferve ni la taille ni la phifionomie, est pour moi l'homme en général. A la vérité j'ignore en quoi cet homme differe de tous ceux parmi lefquels je l'ai vu confondu ; mais je fçai que c'est un feul homme, un tel individu. Je dis bien que je ne le reconnoîtrois pas, que je ne le diftinguerois pas de tout autre ; mais je n'affurerai pas que l'univerfalité de la nature humaine réfide en lui. C'est tout ce que prefente à notre Géométre le cercle, objet de fes méditations : foit qu'il l'ait fous les yeux ou dans fa tête, il y trace des cordes fous certaines loix : il n'en fçait point la jufte mefure, mais il fçait bien qu'elle ne va pas à fix pieds, & qu'elle est très-terminée. Il conclud que deux cordes qui fe coupent, fe divifent en parties proportionnelles réciproquement, & que la chofe est vraie tant pour ce cercle particulier, auquel elle s'applique, que pour tous les cercles poffibles. D'où vient l'univerfalité de fon théorême, fi ce n'est de ce qu'il compare son cercle à tous les cercles possibles qu'il voit dans l'idée générale du cercle? Il est si vrai que l'ignorance de la mesure précise du rayon, & de celles des cordes & de leurs parties, n'est pas la cause de l'universalité de l'idée du Géometre, que quand il auroit cette mesure bien presente, le théorême ne perdroit rien de son universalité.

Ainsi nos distractions sur les caractéres par lesquels nous pourrions distinguer un objet particulier de tous les autres objets de même espéce, peuvent bien nous empêcher de le reconnoître, mais non pas de penser que c'est un être particulier, non un être universel. Ce qu'elles mettent de négatif dans nos perceptions, ne peut produire ce fond de connoissances universelles que nous tirons de nos idées, à moins qu'on ne veuille faire sortir la lumiere des ténèbres de l'ignorance. En un mot rien n'est plus opposé à l'infini que le négatif, & rien ne tient plus à l'infini que nos idées.

Osé-je, M. parler ainsi devant un zelé partisan de M. Locke? C'est peut-être vous blesser dans l'endroit le plus sensible. Le point capital de la doctrine de ce Philosophe, & celui qui vous flate le plus, est ce qu'il enseigne sur l'infini, dont il tire la connoissance de nos idées négatives. Il est bien fâcheux que ce grand homme ait pris une logique rafinée & pointilleuse pour la métaphysique, & qu'il ait raisonné sur les signes de nos pensées plus que sur nos pensées mêmes. Tout objet fini porte une idée négative, puisqu'il cesse d'éxister au-delà des bornes de son être, & qu'il pourroit ne pas exister. Au lieu que la notion des possibles n'a point de bornes : car non-seulement nous ne voyons point ses limites, mais nous sçavons qu'elle n'en peut avoir. Elle est de plus nécessaire, vous en convenez, & non contingente, & je vous prie d'observer, M. que la notion des possibles n'étant point contingente, ne peut être représentée par aucune perception de l'homme, laquelle ne peut être que contingente & non nécessaire : or toute idée se rapporte à quelque espece de possibles à l'infini : & c'est ce qui la rend universelle.

L'erreur de M. Locke vient de ce qu'il prend l'indéterminé pour l'infini. Un exemple vous fera sentir sa méprise. Je ne sçai pas combien le firmament contient de ces corps immenses, qui semblables à des points lumineux forment la lueur sombre & touchante d'une belle nuit. Mais nous n'ignorons pas que les étoiles sont comptées, que le nombre en est déterminé. Voilà l'indéfini, dont toute l'étendue consiste dans l'impossibilité pour nous de voir & de compter un nombre prodigieux de petites étoiles, dont les groupes forment des espéces de nuages dans le Ciel. Mais quand nous nous demandons à nous-même, quel est le nombre des étoiles possibles au delà de celles dont Dieu a voulu décorer le firmament, nous ne nous répondons pas que nous n'en sçavons rien, que nous ignorons jusqu'où il peut aller; mais nous affirmons sans hésiter, que le nombre des étoiles possibles est infini, qu'il n'est ni pair ni impair. Que chacun interroge sur ce point ce sens intime, il pensera comme moi.

La voie de discussion n'entre point dans mon plan de philosophie, elle est trop longue & trop contentieuse. L'histoire des opinions n'avancera jamais celle de l'esprit humain, non plus que celle de la physique. Il étoit cependant nécessaire, M. de dissiper vos préjugés en faveur de M. Locke, & de vous juſtifier à vous-même votre mécontentement ſur tout ce que nos Métaphiſiciens nous ont dit, touchant la nature des idées. C'eſt pour cela que j'ai refuté très-ſommairement à la vérité, les opinions connuës ſur cette matiere. Il falloit d'ailleurs vous faire voir que tous nos Philoſophes ſe réuniſſent en un point (cette conformité annonce quelque choſe de plus qu'une opinion, on y voit le caractére de la vérité.) Ce point convenu, c'eſt que nos idées ſont des tipes; le point de ſéparation, c'eſt comment elles ſont univerſelles, comment elles renferment l'immenſité des poſſibles dans chaque eſpéce.

Vous allez voir bientôt, M. que ce dont tous nos Philoſophes conviennent décide la queſtion; & qu'il n'eſt point d'homme qui n'apperçoive dans ſes idées ce que je vois dans les miennes. Les idées ſont des tipes, mais tout tipe eſt relatif à des termes de comparaiſon, auſſi bien que toute image. *Tout ce qui eſt repreſentant, l'eſt relativement à quelque choſe de diſtingué de lui.* Mais à quoi ſont relatifs ces tipes qui font nos idées, ſi ce n'eſt à toutes les choſes poſſibles dans la même eſpéce? Or ce rapport de conformité se trouve entre les objets numériques de nos perceptions, de nos sensations, & toutes les choses possibles qui peuvent les imiter. Un cercle particulier est representatif d'une infinité de figures circulaires, & si je puis le comparer à l'immensité des possibles, j'ai réellement l'idée du cercle, je contemple une idée universelle. L'idée sera donc le tipe particulier que je considere comme infiniment imitable, comme un modéle universel.

Il reste encore quelque obscurité. Qu'est-ce que la possibilité ? Est-ce un être numérique ? Non. Est-ce l'objet individuel de notre perception, comme le cercle particulier sur lequel médite un Géometre ? Non. Sont-ce autant de tableaux éternels, que plusieurs scholastiques ont placés vis-à-vis de Dieu, comme des modéles sur lesquels la Toute puissance se régle, & qui representent la nature de chaque espéce de chose ? Non. Ces tableaux sont des fictions humaines. Rien n'est réel que ce que Dieu produit. Rien n'est éternel & nécessaire que Dieu seul.

Mais comment pouvons-nous hésiter sur ce point ? Un être possible n'est rien, & l'être actuel n'est que ce qu'il est. L'u-

A UN MATÉRIALISTE. 65
niverfalité n'eft ni dans le néant, ni dans un tel fujet, tel numériquement. Mais le pouvoir de produire eft quelque chofe ; le rapport de l'effet à fa caufe eft quelque chofe. Or nous avons découvert dans nos phénoménes, que nous fentons en même-tems notre être avec fes modifications comme des effets, & la prefence d'une volonté libre, étrangére à nous & toute-puiffante qui nous donne l'être & nos modifications. Le rideau qui nous voiloit la nature de nos idées eft donc tombé. Je puis à chaque inftant comparer mon être à cette caufe toute-puiffante ; & je me fens dès lors le tipe d'une infinité d'êtres femblables à moi, c'eft-à-dire, qui fe fentent exifter : ce tipe eft univerfel.

Nous ne fçavons qu'une machine eft poffible aux hommes, qu'autant que nous connoiffons l'art fur lequel on peut la conftruire, & qu'il exifte des hommes qui ont affez d'adreffe & affez de force pour réduire en pratique les principes de cet art. La poffibilité d'une horloge eft relative à la fcience d'un horloger. Ecartez toute notion de toute-puiffance, le poffible n'eft qu'une chimere. Or dans le fait il n'eft rien fur quoi nous soyons en suspens que sur la possibilité des choses ; il faut donc que nous soyons comme toujours unis à la volonté souverainement efficace, puisque nous sommes toujours prêts à reconnoître des choses possibles dont aucune ne pouvant se donner l'existence à elle-même, ne peut être que l'effet d'une activité suprême, d'une volonté toute-puissante.

Je sçai qu'on définit dans les écoles les choses possibles, celles qui ne répugnent point à l'existence, ou dont l'idée n'implique point & ne suppose point qu'un attribut dans un sujet soit incompatible avec un autre attribut dans le même sujet, c'est dire en termes mystérieux, que les possibles sont les choses qui peuvent exister, ce qui n'est pas douteux. Mais comme les possibles ne peuvent opter entre le non être & l'être, on ne peut concevoir qu'ils puissent passer à l'existence que par le pouvoir d'une activité qui réalise ce qu'elle veut. Si j'ignorois, ou même si je doutois bien véritablement qu'une telle activité, qu'une telle cause existe ; je douterois fort, que rien de ce qui n'est pas, fût possible, comme je douterois que je pusse faire construire un telescope dans une ville où je ne sçaurois pas s'il est quelqu'un qui ait l'art d'en faire: & si j'assurois que je puis y faire faire cet instrument, on concevroit que j'y connois quelqu'un capable de remplir mon desir. Or je suis très-certain qu'une planette pourroit avoir un cours entre Saturne & Jupiter : je ne puis pas douter que cela ne soit possible. Il est donc vrai que je connois intimement une cause qui pourroit donner l'exisence à cette planette.

Où vois-je la possibilité du bien être ? Comment me sens-je capable à l'infini de bonheur & de félicité ? Je ne le sçai pas en consultant l'activité propre de ma volonté : malgré toute la vivacité de cette volonté, combien ne trouvé-je pas cette activité impuissante ! Le bien-être ne peut donc être en moi que l'effet contingent d'une cause libre, totalement differente de moi : & quelle est cette cause, si ce n'est celle à qui je sens que je dois l'être, à laquelle seule appartient le pouvoir de me modifier comme il lui plaît ?

La presence de la cause toute-puissante étant sentie par mon ame, c'est un terme que je puis toujours comparer à mes sensations comme la cause à l'effet.

Voyons comment se fait cette comparaison. Si je suis incapable d'attention, je le suis de saisir aucun rapport. Réduit au pur sentiment, je n'ai point d'idées universelles. Je ne sens que mon individualité. Voilà l'état d'inertie dont je vous ai parlé plusieurs fois.

Suis-je devenu capable de réflexion, mon attention n'est pas fixée au numérique de mon existence, mais au rapport entre cette existence individuelle & sa cause souveraine, entre le sentiment & la perception de mon Auteur. Or en comparant la puissance infinie avec moi qui suis un terme fini, je conçois une infinité d'autres êtres possibles semblables à moi. Idée, dans mon ame, très-universelle, comme vous le voyez, M.

Je renverse les termes de ce rapport: je compare la cause infinie à moi son effet, qui me sens de l'activité. Ce n'est plus la possibilité des esprits qui m'occupe, c'est leur cause. Voilà l'idée de Dieu, sentant son existence, nécessairement heureux par ce sentiment, ayant une activité sans bornes, dont celle de ma volonté n'est que l'ombre. Quand je me compare à ma cause, les deux termes de ce rapport sont ma capacité de recevoir des façons d'être, & la puissance souveraine qui peut les produire. Quand je compare la puissance souveraine à son effet, mon attention s'arrête & se fixe principalement sur ce terme immense, & j'ai l'idée de la souveraine puissance. Dans le premier cas je deviens un tipe, un modéle d'une infinité d'objets existans ou possibles, semblables à moi. Dans le second, Dieu paroît lui même revêtu de la toute-puissance, comme cause, s'il s'agit simplement de physique; & encore comme modéle, si l'on parle de perfection.

Cette double vue de la cause suprême vous frappe certainement, M. elle a besoin d'être développée & elle le mérite certainement. Je puis considérer l'être suprême sous deux regards, comme je viens de l'insinuer, ou comme souveraine puissance, ou comme souverain modéle de la perfection, parce que je le puis comparer à mon être, à mes modalités comme à de simples effets phisiques : alors Dieu me paroît la cause suprême. Je le puis aussi comparer à ce que je regarde en moi comme perfection : il est alors mon modéle. J'estime en moi cette propriété d'être susceptible de connoissance à l'infini, jointe à l'activité de ma liberté. Sous ce point de vue, l'être infini que je compare à ces perfections, est le modéle infini des intelligences ; c'est l'archetipe de toute perfection. Mais je ne me sens susceptible de connoissances actuelles, que d'une façon finie : si je compare alors l'intelligence suprême aux bornes très-resserrées de la mienne, je considére l'être infini comme cause souveraine & non comme modéle.

De même les passions de crainte, de honte & de colere, en un mot tout ce qui tient uniquement à nos facultés passives, ne peuvent entrer en comparaison avec Dieu comme modele : ce sont des imperfections de notre nature. Il n'est aucun rapport de ressemblance entre la souveraine perfection & l'imperfection, entre la puissance immense & une dépendance entiere, un assujettissement absolu. Ce n'étoit donc point par idée que les Payens transportoient à la Divinité leurs imperfections naturelles, leurs vices même : ce n'étoit point non plus à l'aide d'une idée, qu'ils leur attribuoient leurs vertus d'un ordre puremeut humain, telles que la patience, le courage, &c. Ils ne voyoient point ce rapport ; mais entraînés par des raisonnemens très-faux & très-insensés, ils faisoient ce rapport : & c'est là, pour le remarquer en passant, une des principales sources des erreurs des hommes. Il en est de même des idées de figure. Un Geometre considére une ligne droite : il la suppose fixe par une extrêmité, & mobile dans sa totalité autour d'un point : il lui fait faire une révolution entiere : il compare la figure qui en résulte à la souveraine puissance : par cette comparaison son rayon lui paroît pouvoir être prolongé à l'infini : il a l'idée universelle du cercle : en comparant avec l'activité suprême la circonférence qu'il a tracée, il acquiert l'idée des cercles possibles. Dieu n'est pas tipe alors, même comme on le prend pour premier terme du rapport : il est cause.

Mais lorsque je suis content de ma situation, je sens mon Auteur *bienfaisant* : je sens qu'il me communique le bien être. En le comparant à mon bonheur comme à un bienfait que je tiens de lui, il devient le modéle de la *bienfaisance*. Ainsi je le trouve l'archetipe de toutes les grandes vertus : il est en ce genre mon unique modéle. Je me reconnois vicieux dès que je ne me conforme pas à ces nobles idées, si dignes de ma nature. Mais il m'en coûte pour être homme de bien : sous ce point de vue, où l'on apperçoit cependant une grande partie du mérite de la vertu, je ne puis regarder Dieu comme mon modele.

De ce sentiment de mon Auteur, comme bienfaisant, naissent déja toutes les vertus sociales : réfléchissons, M. sur tout ce qu'il contient, sur tout ce qu'il peut nous apprendre, & rappellons-nous de nouveaux faits que nous observons en nous-même. Je me trouve des besoins, ce monde est préparé pour y subvenir. Je connois des êtres semblables à moi, je leur sçais les mêmes besoins & les mêmes droits sur les mêmes ressources ; je me sens naturellement porté à m'unir à ces êtres, je me sens né pour la société, c'est un bien que la Providence m'a ménagé : je hais tout ce qui me blesse, les hommes haïssent aussi tout ce qui leur nuit. Je desire que la société tourne à mon avantage, que les hommes évitent non-seulement de me nuire, mais qu'ils m'aident de tous leurs bons offices. Je sçai que ces dispositions sont générales, que tous les hommes sont ainsi

affectés,

affectés, parce que je deviens leur tipe en me comparant à la cause qui peut créer à l'infini des êtres qui me ressemblent. Par une conséquence de cette même comparaison, je sçai qu'ils sont tous dépendans comme moi de la cause suprême. Dans ces dispositions que je vois autant multipliées que Dieu m'a donné de semblables, je connois cet ordre immuable, cette loi des esprits, que je ne dois pas faire aux autres ce que je ne voudrois pas qu'ils me fissent; qu'ils ont droit d'attendre de moi les mêmes secours que j'exigerois d'eux, si j'avois les mêmes besoins; & que ma vigilance à remplir ces deux obligations doit être animée par un esprit de soumission sans réserve à la cause souveraine, esprit qui forme la partie la plus essentielle de l'adoration, & qui seule peut donner du prix à mes actions. Vraies idées des vertus sociales & de leur pureté.

Pour se former des idées universelles de vertu, d'équité, d'ordre moral, il suffit donc de tourner notre attention vers l'attrait que Dieu nous a donné pour toutes les ressources que nous trouvons dans la société, & qui favorisent notre penchant naturel pour le

D

bien être; de regarder cet attrait comme le tipe des dispositions de tous les hommes, en nous comparant à la cause immense qui peut faire exister des ames qui soient une répétition infinie des nôtres. C'est ainsi que nous portons écrits & gravés en nous-même les vrais principes des mœurs, c'est le code naturel du tribunal de la conscience. S'il s'éleve en nous des desirs qui en contredisent les loix, c'est un desordre, c'est un abus de l'être, c'est un emploi répréhensible du don de Dieu. Nous sentons que par cet abus nous méritons d'être mal, c'est-à-dire d'être affectés de modifications douloureuses qui nous rendent onéreux & insuportable le présent même de l'existence. Idée de la justice souveraine.

Vous me permettrez ici, s'il vous plaît, M. une courte digression. Peut-on s'empêcher d'être frappé d'étonnement, lorsqu'on rapproche ces grandes vérités écrites dans nos cœurs par la nature même, de la nouvelle philosophie qu'on voudroit accréditer dans le monde? On voudroit que la connoissance du vice fût l'origine de celle de la vertu. Ecouterions-nous patiemment un homme qui nous foutiendroit que nous ne connoiffons bien les proportions d'une taille aifée & noble, que nous ne raifonnons avec quelque juftefle fur ce qui fait la régularité qui réfulte des traits d'une belle phifionomie, qu'autant que nous avons fait des obfervations fur les boiteux, fur les boffus, fur les perfonnes les plus difgratiées de la nature, les plus contrefaites. Pour juger du mérite d'une belle figure, faudra-t-il donc la mettre en paralelle avec tout ce qu'on peut imaginer de plus difforme? Les beautés de l'ame auroient-elles donc moins d'avantage? Les comparerons-nous pour en être touchés avec ce qui la dégrade & l'avilit? On nous l'affure gravement de la part des difciples de M. Locke.

» Delà (de l'oppreffion violente,
» c'eft-à-dire, de l'injuftice) la notion
» de l'injufte, & par conféquent la no-
» tion du bien & du mal moral, dont
» tant de Philofophes ont cherché le
» principe, & que le cri de la nature
» qui retentit dans tout homme, fait
» entendre chez les peuples mêmes les
» plus fauvages. De-là auffi cette loi
» naturelle, que nous trouvons au-de-
» dans de nous, fource des premieres

» loix que les hommes ont dû se for-
» mer. . . . . . C'est ainsi que le mal que
» nous éprouvons par les vices de nos
» semblables, produit en nous la con-
» noissance réfléchie des vertus opposées
» à ces vices, connoissances précieuses,
» dont une union & une égalité par-
» faite nous auroient peut-être privés. »
» Quels raisonnemens! Quoi! si la loi
naturelle que nous trouvons au-dedans
de nous, si cette loi toujours respectée
avoit entretenu les hommes dans une
union & une égalité parfaite, on n'auroit point eu de connoissances réfléchies
de la vertu? il suffiroit que la vertu eût
autant d'observateurs qu'il y a d'hommes dans le monde, pour qu'elle fût
universellement ignorée? Quelle étrange doctrine! c'est du crime que nous
apprenons ce que c'est que l'innocen-
ce, l'équité, la vertu? Non. Au contraire, l'injustice que renferme l'op-
pression ne peut être connue autrement
que par le violement d'un droit légitime. Un droit légitime ne porte-t-il
pas l'idée de la justice & de l'équité?

Rentrons dans notre objet. Je crois
vous avoir prouvé, M. que nos idées
sont le fruit de notre commerce intime avec la divinité, & que Dieu seu

est réellement la lumiere des esprits. Pour vous le démontrer, je n'ai eu besoin que de ce seul phénomene qui nous est familier, que nous nous sentons exister, que nous nous sentons modifiés par une cause toute-puissante. Pourriez-vous désavouer ce principe? Vous aimez à vous persuader que la matiere pense, imaginez donc qu'une masse d'argile sent son existence. Dans cette supposition, qui peut être concevable pour vous & qui ne l'est point pour moi, ne sentiroit-elle pas la main du Potier qui la façonneroit à son gré? Telle est réellement l'ame : elle se sent exister, elle se sent modifiée par une cause étrangere, mais toute-puissante, ou creatrice par le seul vouloir. En affirmant que quelque chose est possible, elle affirme la presence d'une liberté souverainement active, dans laquelle réside le pouvoir de donner l'existence à ce qui ne l'a pas. Elle le sent de même que je sens qu'il m'est possible de me promener, parce que je sçai que j'ai le pouvoir de le faire.

Vous conviendrez aussi, je pense, que nos idées sont des tipes, mais qu'elles ne sont telles que par un rapport

Ce rapport est ou le fond de notre ame, ou son activité, ou ses affections, ou ses sensations comparées à la cause premiere. Ou bien si notre attention se dirige vers cette cause & les compare à ces mêmes termes, l'être suprême devient un modele universel, s'il est question de perfections; ou la cause souveraine, s'il ne s'agit que d'action.

Enfin les idées sont simples, puisque ce ne sont que des rapports sentis, mais des rapports entre deux perceptions qu'on ne peut diviser : la perception de mon existence, ou de mes modifications actuelles ne pouvant être séparée de l'impression sentie de la cause de mon être, & de mes modifications. Les deux termes de ce rapport ne sont donc que la même perception sentie en moi, mais sentie comme venant d'une cause extérieure. On me prend la main, on me la serre fortement : ce sentiment de pression est unique, mais il est nécessairement relatif à sa cause : je me sens pressé, & je sens la cause qui me presse, par une seule & unique perception. Rien n'est donc aussi simple qu'une idée ; rien d'aussi simple que l'ame qui la contemple. J'aurai surement dans la suite quelque occasion de développer davantage cette derniere conséquence.

Mais nos idées sont-elles innées ? Cette question vous interessoit beaucoup : elle vous interressera moins après la lecture de cette lettre. Je ne crois point qu'il soit nécessaire d'admettre des idées innées. Voici mes raisons.

1°. Nous éprouvons differens états, où notre ame dans l'inertie est réduite à ne sentir que son existence numérique ; d'autes situations où notre ame sent de plus diverses modifications. Mais lorsque l'attention est impraticable pour elle, alors les termes de comparaison subsistent à la vérité, mais l'ame ne les rapproche pas. Le profond sommeil, l'apopléxie, l'évanouissement la mettent dans le premier état : elle y est incapable de réflexion : elle étoit dans le second avant la naissance & plusieurs années après. Elle y rentre par des maladies aigues, qui ne laissent à l'esprit aucune liberté. Autant de preuves que nos idées ne sont pas innées, qu'elles sont l'effet d'une attention dont nous ne pouvons faire usage dans nos premieres années, & que des accidens suspendent souvent dans le cours de la vie.

2°. L'idée même de Dieu n'est point innée, quoique tout homme de bon sens puisse la trouver en lui quand il le veut. Pour contempler cette idée, il faut que nous ayons le sens intime de notre liberté, sans lequel nous ne pouvons voir le rapport d'une cause libre à des effets contingens. Car dans l'absence de notre liberté nous ne sentons que notre existence & sa cause, Dieu & nous, deux termes individuels. Mais la notion de Dieu est alors obscure & imparfaite. Le terme nécessaire pour saisir la toute-puissance, cette activité libre qui réalise ce qu'elle veut, nous manque : ce terme est le sens intime de notre propre activité, sans lequel nous ne pouvons nous former d'idées ni de possibles, ni de tout-puissant. Mais lorsque nous commençons à jouir de notre liberté, alors nous distinguons le nécessaire du contingent : nous nous sentons contingens dans le fond de notre être même, dans les modalités, dans l'usage de la liberté. Nous reconnoissons en nous cette activité par laquelle nous déterminons les mouvemens de nos membres selon qu'il nous plaît. Pour lors si nous comparons notre cause à cette activité, elle devient notre tipe & celui de toutes les intelligences. Nous lui reconnoissons une activité qui opere immédiatement même sur des substances qui lui sont étrangéres, differente en cela de notre volonté, qui n'agit immédiattement que sur nous. Notre dépendance nécessaire sous la toute-puissance nous fait concevoir que les impressions que nous recevons viennent de l'être nécessaire, de l'être sans cause; le contingent ne pouvant être connu que par opposition au nécessaire. Si nous renversons les termes du rapport, nous trouvons que nous pouvons être imités à l'infini par des productions de la cause nécessaire. Nous avons ainsi l'idée d'une infinité d'intelligences possibles.

Il faut donc que l'homme se sente libre, pour avoir une véritable idée de Dieu. Et l'usage de sa liberté n'étant pas inné, (nous en avons de trop bonnes preuves) l'idée de Dieu ne peut être innée. L'Etre suprême nous est toujours intimement present en quelqu'état que nous soyons : nous sentons son action dans le fond de l'être même, & dans nos modifications; mais c'est par l'attention seule que nous le pouvons connoître comme tipe parfait & comme cause souveraine de toutes les intelligences.

3°. Réfléchissez, M. sur la mobilité de notre attention : elle a nécessairement pour objet deux idées differentes, en se tournant tantôt vers l'un, tantôt vers l'autre des deux termes dont le rapport fait une idée. Si je me compare, moi sentant mon existence, sentant l'activité de ma volonté, à sa cause; j'ai l'idée de la possibilité d'intelligences à l'infini : Dieu est, pour ainsi dire, entrevu dans cette maniere de comparer. Mais si mon attention se porte sur la cause suprême, si je renverse ce même rapport, j'ai l'idée complette de la cause suprême. Ces deux idées sont très différentes : elles dépendent du premier terme que mon attention saisit pour faire sa comparaison. Il est donc bien évident, qu'aucune de ces idées n'est innée, puisque l'une & l'autre dépend de la maniere dont notre attention est dirigée.

Mais pour n'être point innées, nos idées ne sont point factices, comme M. Locke l'a supposé. Nous ne produisons ni les deux termes que renferme l'idée, ni le rapport de ces deux termes. Ce rapport est réel, Dieu le voit certainement, mais il ne subsiste pour nous, que lorsque nous sommes en état de comparer, & nous ne sommes dans cet heureux état, que lorsque nous nous reconnoissons libres, & que notre liberté peut être un des termes de notre comparaison. Ainsi l'objectif de nos idées ne nous est pas même inné.

Enfin aucune idée ne nous vient de nos sensations. Car quoiqu'en beaucoup d'occasions nos sensations soient un des termes du rapport qui forme nos idées, ce terme est numérique, singulier, n'a rien en lui-même d'universel. Il faut qu'il soit presenté à la cause universelle. Ce rapport que nous voyons alors est l'idée. Mais ce rapport, non plus que l'attention qui nous le fait envisager, ne sont point des effets de nos sensations.

Voilà un précis, mais très-serré, de ce que mes expériences sur le fond de mon ame, m'ont découvert touchant la nature des idées. Un gros livre contiendroit plus de détails : mais en apprendroit il plus que cette lettre ? Vous la trouverez peut-être encore trop longue; mais je ne sçai s'il étoit possible de la faire plus courte. Je suis, M. &c.

A Paris, ce 26. Mars 1752.

CINQUIEME LETTRE.

DE tous les éloges que vous prodiguez à ma métaphysique, M. je ne dois être sensible qu'à un seul, parce qu'il me donnera lieu d'éclaircir ce que je n'aurois peut-être pas développé dans mes lettres précédentes. C'est celui qui suit. " Nos scholastiques " & nos Philosophes petits-maîtres qui " ne different des premiers que par le " talent de rajeunir les opinions les plus " surannées, apprendront enfin de vous, " M. que tout nous est connu par des " rapports; que nos idées ne sont ni des " tableaux en petit rangés de toute éter- " nité devant la majesté suprême, ni " de pures fictions de l'esprit, ni nos " sensations; mais des jugemens qu'on " déduit avec la plus grande justesse, " de raisonnemens qui supposent néan- " moins un génie très-délié & très-vas- " te. " Ce qui signifie que vous me reprochez de confondre les idées avec des jugemens tirés de raisonnemens subtils; quoique dans le vrai nos idées ne soient en quelque sorte que les élémens de nos jugemens. Cette objection est une preuve de votre pénétration : mais elle tombe sur tous ceux qui veulent que nos sensations soient l'unique origine de nos idées, sur M. Locke en particulier.

Mais je ne pense pas comme ces Mrs, & je puis me justifier d'une maniere qui ne peut leur être d'aucun usage. Dans un jugement, il y a toujours au moins deux termes, dont nous avons deux perceptions differentes. Par exemple, je vois deux arcs d'un cercle interceptés par deux paralelles, & j'affirme que ces arcs ont le raport de l'égalité : cette affirmation ne tombe point sur une seule vue de l'esprit, sur une seule perception; puisque dans ce cas j'ai quatre perceptions de quatre choses differentes, je veux dire, des deux paralelles & des deux arcs. Mais lorsque je me sens exister, cette unique sensation renferme, & mon être numérique qui est un effet, & la cause qui me fait exister. Cette observation ne vous doit pas paroître nouvelle; je vous l'ai déja faite : & pour me faire entendre, je me suis servi de l'exemple d'une main étrangere qui saisit la mienne. Par l'impression que je reçois, je sens en même-tems, & ma main pressée, &

celle qui la presse : cette sensation dont l'objet est double, n'est point un jugement. Ainsi la perception de mon existence & de l'action de celui qui me la donne est très-simple. Elle renferme deux termes, & c'est entre ces deux termes que je vois un rapport qui me presente l'idée de l'*imitabilité* de mon être à l'infini. En général la vue d'un simple rapport, ou, comme on l'appelle dans l'école, l'*appréhension d'un rapport*, n'est point un jugement, à moins qu'il ne soit apperçu comme une conséquence de quelques raisonnemens. Or celui que je vois entre mon être, effet relatif à une cause inépuisable, n'est produit par aucun raisonnement : il est vû mais il n'est pas tiré par voie de conséquence. Les jugemens sont la comparaison de plusieurs points de vuë, de plusieurs perceptions, le résultat, l'assortissement de plusieurs idées, ou, comme s'exprimeroient des Mathématiciens, *des rapports de rapports*.

Si vous vouliez, par exemple, qu'on regardât la connoissance des intelligences possibles, comme une conséquence du rapport que vous voyez entre la cause premiere & vous qu'elle produit, vous donneriez dans une méprise de M.

Descartes. Car vous raisonneriez ainsi : Moi pensant, moi libre en me comparant à la volonté dont l'activité n'a point de bornes, je me trouve imitable à l'infini par des êtres intelligens qui me ressemblent: donc je connois une suite infinie d'intelligences possibles. N'est-il pas évident que votre conséquence ne renferme rien de plus que l'idée de votre imitabilité ? De même, lorsque M. Descartes disoit, Je pense, ou j'existe pensant, donc j'existe certainement; sa conséquence étoit moins étendue que son principe, bien loin d'énoncer quelque chose de plus.

» C'est donc, dites-vous plus bas,
» parce qu'il est peu de génies assez pé-
» nétrans, qu'il faut rassembler tant de
» démonstrations métaphysiques, phy-
» siques, & morales, pour prouver l'e-
» xistence de Dieu. Je l'avoue, tout
» homme qui réfléchit a toujours deux
» termes présens à comparer, l'un ou
» son existence, ou ses facultés, ou ses
» modifications, ou ses affections » (il falloit ajoûter, ou les objets qu'il voit au-hors) » l'autre une cause nécessaire
» & sentie. Tout le monde sera-t-il en
» état de retourner ces termes avec
» tant d'adresse que vous ; comparer

» d'abord une de nos perceptions à la
» cause premiere, pour prendre l'idée
» des possibles d'une certaine espéce,
» puis renverser ce rapport pour se for-
» mer l'idée distincte de Dieu ; faire
» encore une précision délicate sur ce
» rapport renversé ; voir s'il s'agit de
» perfection ou d'effet physique dans
» le second terme de la comparaison,
» pour concevoir Dieu tantôt comme
» archetipe, tantôt comme cause souve-
» raine. Est-il étonnant qu'un Maure
» au milieu de l'Afrique, qu'un Habi-
» tant de l'Islande, ou de la Baïe d'Ud-
» son, n'ayent pas prévenu vos décou-
» vertes ? Je crois bien qu'ils ont l'idée
» des choses possibles, & que cette idée
» leur fait entrevoir la cause premiere ;
» mais pourront-ils diriger leur atten-
» tion vers cette cause premiére, qu'ils
» n'entrevoïent que fort obscurément ?
» J'en doute...... Je goûte, ajoûtez-
» vous, votre méthode : elle est neuve,
» & rend inutiles ou fausses toutes les
» démonstrations de l'existence de Dieu
» qu'on a tant fait valoir jusqu'à pre-
» sent. Mais ne viendra-t-il quelqu'un
» après vous qui desabusera nos neveux
» de votre métaphysique, comme vous
» êtes venu nous guérir des préjugés que

» Descartes, Leibnitz & tant de grands
» hommes avoient substitué aux folles
» préventions des Maîtres de l'école :
» c'est ce que je n'aime pas à pré-
» voir, tant je goûte les fruits de
» vos méditations.

Je suis très convaincu, M. que vous n'avez pas pensé que je pusse jamais abuser de ce long extrait ni de toutes les douceurs que vous y entassez, jusqu'au point de rien ajoûter à la véritable idée que j'ai de moi-même, & de mes études : je ne vois, je vous assure, dans ce passage que des objections solides, & presentées avantageusement : c'est la seule chose dont je fasse cas. Cependant ces objections bien méditées portent avec elles leur solution, pour peu que la premiere impression qu'elles peuvent faire, soit affoiblie. Car vous convenez qu'il se trouve deux termes dans chacune de nos perceptions : leur rapport s'y trouve donc aussi. Vous avouez de plus, que les peuples dont vous parlez, connoissent les choses possibles, & le rapport par conséquent de leur esprit à l'intelligence suprême ; mais vous doutez qu'ils soient capables de retourner leur attention vers cet objet immense, pour en faire le premier terme d'un rapport. Je pense comme vous, mais ce n'est pas par la raison de la difficulté qu'ils éprouvent. De deux Maures qui se mesurent, l'un sçait en se comparant à l'autre, qu'il est plus petit que lui : est-il au-dessus de la portée de son esprit de renverser ce rapport & de concevoir que l'autre est plus grand que lui? Rien n'est plus familier aux hommes les plus grossiers, que ce renversement de rapports.

On pouroit parier plusieurs millions contre la plus petite chose du monde, qu'un des naturels de la Baïe d'Udson ne trouvera jamais de lui-même que la notion des possibles est le rapport d'un effet particulier à la cause inépuisable ; mais il est pourvu de tout ce qu'il faut pour pouvoir faire cette découverte si intéressante. Vous en convenez, M. il a deux termes, leur rapport & le pouvoir de diriger leur attention. Que lui manque-t-il donc? Le goût de rentrer en lui-même, le courage de se détacher des objets sensibles, & de méditer ce qui se passe en lui. Il suffiroit que tous ces sauvages pussent devenir indifférens, soit aux objets du dehors, soit à ceux que leur offre leur propre corps, c'est-à-dire, qu'ils n'y fussent pas opiniatrément devoués à l'exclusion de tout autre objet, dont la connoissance ne s'acquiert que par la réflexion : mais ils ne se trouvent heureux, & les nations les plus policées ne pensent guéres differemment, l'éducation à part, qu'autant qu'ils s'occupent de ce qu'ils ne sont point : c'est cet attrait si puissant qui fait tout l'avantage du pari que je viens de proposer.

Car enfin vous ne paririez qu'ils négligeront infailliblement de rechercher l'idée de Dieu, que sur ce que vous êtes certain qu'il n'arrivera jamais qu'un de ces sauvages rentre en soi-même & y observe les mêmes phenomenes que nous avons trouvés en nous. Sondez-vous, M. vous ne les connoissez que parce que vous êtes en quelque sorte leur tipe & leur modéle. Vous jugez malgré vous que leur essence est totalement semblable à la vôtre, qu'ils ont les mêmes facultés, qu'ils sont susceptibles de toutes les impressions, de toutes les affections que vous éprouvez, & de tous les efforts dont votre libre arbitre est capable. Il est donc bien clair que vous ne trouvez votre pari avantageux, qu'autant que vous êtes persuadé de leur opposition à s'étudier eux-mêmes, que vous sçavez qu'ils s'occuperont toujours préférablement à tout des objets extérieurs, & qu'ils consumeront toute leur attention dans la poursuite ou dans la jouissance des biens du corps. Votre persuasion est fondée sur leur attachement obstiné pour tout ce qui les détourne de la méditation de ce qui se passe en eux-mêmes; attachement que l'éducation n'a jamais contredit, qu'elle a même fortifié. On gagera toujours très-sûrement qu'un yvrogne altéré ne refusera pas d'excellent vin qu'on lui presentera, ou qu'un homme ennemi par habitude de toute méditation & passionné pour tout ce qui le dissipe, préférera la premiere partie de plaisir, la desoccupation même & l'ennui qu'elle entraîne, à l'étude sérieuse & profonde de soi-même.

Je n'ose presque rappeller le paralelle que vous faites entre ce que vous appellez mes découvertes, & celles de tant de noms illustres. Si j'en ai fait quelques-unes, je leur en suis redevable : c'est parce que je me suis beaucoup rempli de leur méthode, que j'ai trouvé qu'ils ne l'avoient pas toujours suivie, qu'ils s'en étoient quelquefois écarté

Non, M. on ne me reprochera jamais de m'être comparé à ceux que je respecterai toujours comme mes maîtres, surtout M. Descartes, & le P. Malebranche. Le succès de mes méditations, si elles en ont eu quelqu'un, les vérités mêmes que j'ai développées & qui contredisent quelques points de leur doctrine, je me ferai toujours un devoir de reconnoître que tout cela est le fruit de leurs recherches laborieuses. D'ailleurs leurs démonstrations ne sont rendues ni inutiles ni fausses par mes observations : mais, je l'avoue, ces preuves toutes belles qu'elles sont ne peuvent jamais être regardées que comme des moyens de nous rendre attentifs à la perception de l'existence divine qu'on ne peut séparer du sens intime de notre propre existence.

Dans cet endroit de votre lettre, où se trouvent tous ces reproches, d'ailleurs obligeans, vous voulez, sans doute, parler, M. de la démonstration métaphysique de l'existence de Dieu, que M. Descartes nous a donnée. Mais je suis fort surpris que vous n'ayez pas reconnu qu'elle tire toute sa force de notre sens intime, & que par conséquent elle n'est point opposée à ma façon de penser sur la vraie notion des idées : cette façon jette même du jour sur la démonstration de M. Descartes : elle la rend moins abstraite, plus facile à saisir, & je l'ose dire, elle lui donne plus d'étendue. Vous en jugerez par ces deux sillogismes parallèles à celui de M. Descartes, & que je forme des observations que nous avons faites.

Premier Sillogisme. Je ne puis douter que tout ce que renferme la perception de mon existence ne soit réel.

Mais dans cette perception est renfermée indivisiblement l'intelligence nécessaire, active & toute-puissante à laquelle je dois l'être.

Donc l'intelligence nécessaire, active & toute-puissante existe réellement.

Second Sillogisme. Les deux termes dont le rapport forme essentiellement une idée universelle quelconque, sont réels comme cette idée même.

Or l'un de ces termes est l'être infini.

Donc l'être infini est réel, comme toute idée vraiment universelle. De plus il est impossible, à quiconque saisit une idée universelle, de douter de sa vérité : donc il est impossible que celui qui se connoît soi-même doute de l'existence de Dieu.

Vous trouvez sans doute, M. plus d'étendue dans ce raisonnement que dans celui de M. Descartes. Mais si l'on conclud directement de l'universalité d'une idée quelconque l'existence divine, à plus forte raison la conclura-t-on de l'idée de Dieu. C'est-à-dire, qu'en comparant cet agent dont l'action détermine mon existence, à moi qu'il produit, je le sens infini bon gré mal gré, & je le sens exister par cela même que je sens mon existence. M. Descartes a donc eu raison d'affirmer que l'éxistence est renfermée dans l'idée de Dieu. Et ceux qui prétendoient, comme me le soutenoit un homme d'esprit, il y a long-tems, que ce grand Philosophe supposoit faussement que nous eussions l'idée de Dieu, ne lui eussent jamais fait ce reproche, s'ils eussent eu quelque connoissance de mes principes. Il est donc bien prouvé que non-seulement ces mêmes principes ne détruisent pas la démonstration de M. Descartes, mais encore qu'ils en sont les fondemens inébranlables

Après avoir satisfait à vos difficultés sur cet article, il seroit inutile de vous prouver que toutes les démonstrations physiques & morales de l'existence de Dieu nous ramenent uniquement à reconnoître dans notre sens intime ce souverain Auteur de notre être, ce qu'elles font d'une maniere moins pénible & moins abstraite.

Quant aux conjectures que vous faites sur le succès de mes opinions, je ne sçai si elles sont sérieuses. Mais comme nos neveux auront apparemment le sens intime de leur existence & de leur liberté, j'espere qu'ils découvriront en eux-mêmes, ce que vous dites, M. que je vous ai fait découvrir en vous. J'espere même, dans un ouvrage plus étendu, rendre ces vérités plus sensibles. Si j'avois fait un sistême, je croirois bien qu'il pourroit avoir le sort de toutes les imaginations humaines : mais je n'ai produit que les expériences que j'ai faites sur moi-même, & je sens très-bien, que tout autre, soit qu'il vive dans notre siécle, soit qu'il doive exister dans des siécles reculés, les vérifiera aisément s'il veut s'appliquer à se bien connoître : on n'embrassera pas ma doctrine, on se décidera alors sur ses propres expériences.

„ Je vous fais sentir, dites-vous,

» M. la Divinité bien près de vous (se-
riez-vous incommodé de sa présence ?)
» Et ce n'est pas dans un enigme ni dans
» un miroir que je vous la fais contem-
» pler. » Je conçois très-bien tout ce que
signifient ces dernieres paroles. Vous
avez tenté de me mettre aux mains
avec nos maîtres; à présent vous voudriez me surprendre en contradiction
avec l'Ecriture : je puis me rendre ce
témoignage que vous n'y réussirez pas.
Non, M. je tiens trop fort à la divinité de ces saints livres pour les oublier jamais en traitant des matieres
mêmes philosophiques. Et s'il étoit
question de citations entre nous, je
n'aurois pas de peine à vous prouver
que ma doctrine sur les idées, qui vous
paroît si nouvelle, est néanmoins celle
des Peres grecs, & de S. Augustin. J'a-
voue que je ne l'ai pas d'abord puisée
dans ces sources si pures, je la dois à
la méditation ; mais ayant été dans l'o-
bligation d'étudier les Peres, j'y trou-
vai avec autant de suprise que d'admiration, tout le fond des principes que
j'ai tâché de vous développer jusqu'ici.

*Nous ne voyons Dieu qu'en enigme &
dans un miroir.* Le miroir est notre propre substance intelligente & libre : l'e-

E

nigme, c'est l'impression constante de la main du Tout-puissant, que nous sentons dans le fond de notre être, dans nos modalités, dans l'activité de notre libre-arbitre. Cette impression est reçûë sous le voile d'une profonde obscurité. Le Maître souverain se fait sentir, il ne se fait pas voir, mais son action nous annonce un pouvoir infini. Nous pourrions trouver une foible image de la maniere dont nous connoissons Dieu, dans ce qui nous arrive lorsqu'un homme fort nous saisit dans l'obscurité: nous sentons son impression, elle nous fait juger de sa force & de son adresse, nous ne doutons point que ce ne soit un homme en particulier: mais est-ce un tel homme? Nous l'ignorons jusqu'à ce qu'il se soit fait connoître. De même les impressions que Dieu fait sur nous, dans le fond d'être qu'il nous donne, dans les modalités qu'il nous fait éprouver, dans l'état de bon sens & de liberté que nous tenons de lui, toutes ces impressions, dis-je, se font en nous dans un secret profond. Nous sentons très-bien sous son action, que c'est une cause intelligente, qu'elle connoît, qu'elle pénétre toute notre substance; que c'est une cause tout-puissante: elle nous donne l'être, elle nous modifie, elle nous rend libres ; que cette cause est libre elle-même ; que ses efforts en nous sont contingens ; qu'elle est infinie, en cela même que nous nous sentons susceptibles de bien être & de perfection à l'infini ; en ce qu'en nous comparant avec elle, nous sçavons que nous sommes imitables à l'infini ; que cette cause est unique, puisque c'est le même terme dans toutes nos idées, que nous comparons avec notre être, nos modalités, &c. que cette cause est parfaite, c'est par elle que nous connoissons la perfection ; qu'elle est immense : en nous considérant comme types, nous sçavons que des intelligences ont les mêmes idées que nous avons, tant celles qui existent que celles qui ne sont que possibles à l'infini. Sans cette cause toutes nos sensations seroient individuelles, & n'auroient aucune empreinte de l'universalité. Mais quelle est cette cause ? Nous la sentons, mais nous ne la voyons point. Ainsi, dans ce monde, Dieu n'est jamais vu que sous un rapport, il surpasse toute notre capacité, & cette capacité toute étroite qu'elle est, embrasse toujours quelque terme me fini avec l'infini même.

Je crois, M. que vous serez satisfait de ces réponses à vos difficultés : quoique présentées sous les dehors d'un éloge, elles étoient assez sérieuses pour mériter d'être examinées. Je suis avec tout le zele dont vous sçavez que je suis rempli pour vos véritables intérêts, votre, &c.

A Paris, ce 7. Avril 1752.

SIXIEME LETTRE.

Vous entrevoyez, M. " que je suis de la secte des Immatérialistes. " Sur quoi fondez-vous cette accusation ? Parce que je n'ai pas eu le moindre soupçon ni de corps, ni d'étendue, ni de dimensions dans les expériences que j'ai faites sur l'être qui pense en moi ; parce qu'en réïtérant les mêmes épreuves, vous vous êtes trouvé distrait sur l'existence de tous les corps, vous concluez, & vous pensez que je conclus, que votre corps, le mien & tous les autres sont des chimeres. Mais la conséquence que vous en deviez tirer d'abord étoit ce me semble celle-ci, qu'il falloit bien que votre ame n'eût rien de commun avec les corps, puisqu'en fentant fa fubftance individuelle, elle n'entrevoit dans ce fens intime de fon exiftence, aucuns traits de dimenfions, ni aucune propriété de la matiere : voilà ce que vous deviez d'abord conclure de nos expériences, mais non pas qu'elles conduififfent à l'immatérialifme. Je dois cependant me juftifier de cette imputation ; & je le ferai, je crois, pleinement en vous rendant compte des connoiffances que nous avons naturellement par rapport à notre propre corps. C'eft un nouvel ordre de phénomenes, il n'eft pas autant étendu que vous l'imagineriez peut-être, nos lumieres font très-bornées fur ce point ; car les corps vivans ne nous font gueres connus que par l'étude qu'on a faite de ceux qui font privés de vie.

Phenomenes indépendans des connoiffances acquifes par l'Anatomie.

I. PHENOMENE.

J'ai la perception habituelle de l'exiftence même numérique d'un volume de matiere qui m'eft propre. Cette perception me rend mon corps toujours présent; elle me le fait distinguer de tout autre corps; elle le rend partie de mon être; elle complette ma personne; elle fait que mon corps entre dans ce que j'appelle *moi*. Par elle je me juge le même corps, à la vérité bien augmenté, que j'avois à cinq ans, le même aujourd'hui qu'hier.

Cette perception n'est pas bornée comme celles qui me viennent par le moyen des cinq sens, à la superficie de mon corps. Par la vue, je n'apperçois qu'une partie de la surface des corps: ce sens me les rend tous étrangers jusqu'au mien propre. Car en regardant un de mes bras, il me paroît un objet indifférent, je douterois qu'il m'appartînt, tant je le considere froidement, & je n'en vois point la solidité. L'oreille m'annonce plutôt la distance de l'objet sonore, que ce qu'il est en lui-même. Le goût & l'odorat ne nous font connoître ni la solidité, ni la superficie, ni la figure des petits corps par lesquels ces sensations sont excitées: le tact n'annonce que la superficie de notre corps touchée par la surface d'un autre. La perception habituelle de l'existence de notre corps en embrasse seule les trois dimensions. En un mot les autres sens saisissent notre propre corps par le dehors, au lieu que celui dont je parle, c'est-à-dire la perception de la coexistence de notre corps rayonne, pour ainsi dire, du dedans de notre corps au dehors. La superficie de notre corps sentie toute entiere, fait ses bornes ; & sa profondeur n'est point abstraite des deux autres dimensions.

Vous voyez encore, M. dans ce phénomene, si constant chez tous les hommes, une nouvelle preuve de ce que je vous disois dans ma pénultiéme lettre, que notre attention se tourne difficilement vers nos perceptions habituelles : il faut de l'adresse pour démêler chez soi le sens de la coexistence de son corps. C'est néanmoins par ce sens que notre ame est toujours au fait de l'attitude actuelle de son corps, qu'elle sçait où prendre, (passez-moi l'expression) celui de ses membres qu'elle veut employer : c'est par ce sens qu'elle trouve dans l'obscurité de la nuit le bout du pied que je veux toucher.

Faites vous-même une épreuve en ce genre, dans les ténèbres ou même au jour, vos yeux étant fermés, concevez le desir de porter tel doigt de votre main droite au bout de tel doigt de votre main gauche, vous réussirez infailliblement: répétez cette épreuve sur toute autre partie de votre corps, le succès sera toujours le même. Donnez à celui de vos doigts qui cherche un doigt de l'autre main, des mouvemens variés, circonflexes, qui vous déconcerteroient, même en plein jour, si vous vouliez atteindre le doigt d'une autre personne, vous ne vous méprendrez jamais. Mais dans une pleine obscurité, cherchez sur votre table le flambeau que vous venez d'éteindre, ce ne sera qu'après avoir tâtonné que vous pourrez le trouver; la différence du succès est evidente: c'est que l'arrangement de votre table ne vous est connue qu'à la faveur de la lumiere qui vous manque dans cette derniere expérience, & que dans les autres le sens intime de la coexistence de votre corps vous fait beaucoup mieux concevoir la vraie situation de vos membres, que ne le feroit le plus beau jour.

ECLAIRCISSEMENS.

Nos sensations, les plus vives surtout, nous rendent plus attentifs à certaines parties de notre corps, qu'à d'autres. La douleur de la goutte applique notre ame au membre souffrant. Mais cette douleur toute aigue qu'elle est n'éteint pas le sens de l'existence du reste du corps; nous n'avons pas perdu la presence du pied dont le doigt goutteux fait partie, non plus que de la jambe, de la cuisse, du bras dans l'un & l'autre côté, ni du tronc, ni de la tête : c'est même uniquement la sensation de ces parties comprises entre le doigt malade & le sommet de la tête, qui nous fait donner une place fixe à la douleur dont nous sommes tourmentés.

On peut dire que les sensations vives de douleur & de plaisir, ne sont que differentes manieres de percevoir la coexistence totale de notre corps, comme les differentes directions ne sont que differentes sortes de mouvemens, ou plutôt, comme la joie, le plaisir, le chagrin, &c. ne sont dans notre être intelligent, que divers modes de perception de l'existence de cette même substance intelligente.

On se formera une idée plus précise de ce que sont en nous les sensations particulieres à quelque membre, si l'on compare celle par laquelle nous percevons tout notre corps, à la maniere dont nous voyons les objets extérieurs pour en connoître tous les rapports ; car cette sensation habituelle est une façon de voir notre corps, mais differente de celle dont nos yeux apperçoivent les autres corps. Ces organes nous font voir une partie de la superficie des objets : la sensation habituelle semble pénétrer notre corps, comme je l'ai dit : elle le perce, elle en represente toute la solidité : les yeux ne nous donnent que des images imparfaites des objets par le dehors seulement : ils ne nous en font voir qu'un côté. Par le sens de la coexistence de notre corps, nous l'avons tout entier toujours present. La vue nous fait distinguer de notre être tous les corps qu'elle nous montre : le sens de la coexistence de notre corps, approprie ce même corps à notre intelligence. Par rapport à la vue, les couleurs sont des modes accidentels à telle image, le même objet pouvant paroître rouge, bleu, verd, blanc ; les modes accidentels à la perception de notre corps sont la douleur, le plaisir, &c. dans differens degrés. La variété des couleurs empêche qu'on ne confonde les differentes parties d'un objet, nous rend plus attentifs à quelques-unes de ses parties qu'à d'autres: de même dans la perception habituelle de notre corps, la douleur nous rend le membre affligé plus present. Nous plaçons les couleurs dans les objets; & nous attribuons les sensations de douleur, de froid, de chaud à telle main, à tel pied, avec cette difference que nous détachons les couleurs de nous-mêmes pour en revêtir des corps qui nous sont étrangers, au lieu qu'en donnant à tel pied, à telle main la douleur de la goutte, par exemple, l'ame suit en quelque sorte sa perception: par son attention, elle se loge, pour ainsi dire, dans le pied; elle se confond avec lui d'autant plus aisément qu'elle le sent toujours comme une partie de ce qui lui est approprié. Comme nous appercevons d'un seul coup d'œil toutes les couleurs que presente la face d'un objet, l'ame sent ainsi de la douleur au pied, une douce chaleur aux mains, elle trouve sa tête saine; & enfin comme la perception d'une figure noire est réelle dans l'ame, quoique l'objet ne renvoye vers l'œil aucun rayon coloré; de même le sens de la coexistence de notre corps est très-réel, quoiqu'aucune partie de notre corps ne reçoive d'impression accidentelle.

VI. LETTRE

De ces observations nous devons tirer deux conséquences, l'une que l'erreur par laquelle notre ame met la douleur dans le pied, & s'unit à elle, est de là même espece que celle par laquelle nous revêtons les objets de couleurs. L'autre que pour bien saisir ce fond toujours subsistant de perception habituelle de notre corps, il faut le surprendre lorsque nous ne sentons ni froid ni chaud, ni douleur ni plaisir. Qu'on nous demande ce que nous éprouvons alors dans notre corps : rien, dirons-nous. Mais en faisant cette réponse, doutons-nous que notre corps existe sous toutes ses dimensions ? Non, certainement. C'est alors que la perception habituelle de l'existence de notre corps est sentie dans toute sa simplicité.

Il est vrai que cette perception est comme nulle pour nous quand elle est réduite à de si petits termes, & dégagée de toute sensation accidentelle. Dans de profondes méditations où rien d'extérieur ne nous affecte, où rien ne nous rend attentifs à quelque partie de notre corps préférablement aux autres, on se demanderoit volontiers, Ai-je un corps ? En pareil cas je me suis souvent trouvé embarrassé pour me répondre. Il falloit que j'usasse de l'artifice qu'on employe tout naturellement, pour peu qu'on sente quelque doute dans ce genre : quelques mouvemens que je me donnois décidoient la question : mais pendant long-tems cet artifice même me portoit à juger que dans ces états je doutois effectivement de l'existence de mon corps. Ce n'est que depuis assez peu de tems que je me suis desabusé par cette réflexion bien simple. Ce mouvement que je me donnois au pied, à la main, supposoit incontestablement la connoissance de l'existence de ces membres. D'ailleurs cette épreuve ne me faisoit rien appercevoir dans le reste du corps que je n'y sentisse auparavant. Et cependant j'étois rassuré par elle sur l'existence non interrompue du reste de ma machine. Ce qui prouve très-clairement que la méditation me rendoit seulement distrait sur la perception de la coexistence de mon corps ; mais qu'elle ne l'avoit pas totalement éteinte. Ainsi pour vous rappeller une expérience dont je vous ai déja parlé, M. je regarde fixement une tour, en pleine campagne, je vois très-certainement tous les objets qui l'avoisinent ; mais cette vue devient comme nulle

par la forte application que je donne à
la tour en particulier. Ce qui démontre de plus en plus combien cela est
vrai, c'est que depuis, fortant de
méditations fortes & foutenues, où je
m'étois détaché de tout commerce avec
les corps, je me faifois ces interrogations, Suis-je affis? fuis-je debout?
fuis-je couché? Je ne recourois plus
alors à aucun mouvement ni de mes
pieds, ni de mes mains; & ma réponfe
très-affirmative me convainquoit de
toute ma fituation actuelle. Tant il eft
vrai que fi nous héfitons dans quelques
occafions fur l'exiftence de notre corps,
ce n'eft pas que nous ceffions de la
fentir; mais c'eft que la fenfation en
eft fi foible alors par rapport à celle
que nous éprouvons ordinairement,
qu'elle nous paroit nulle.

J'ai même bien de la peine à croire
que cette fenfation habituelle de la
coexiftence de notre corps, qu'on peut
regarder comme un fixiéme fens continuellement en exercice, nous abandonne totalement dans le profond fommeil, dans la léthargie & dans l'apopléxie. Car en fortant de ces états, on
ne s'imagine pas que le corps ait ceffé
d'exifter. A la vérité on ne fe fouvient

pas de l'avoir senti; mais cet oubli ne pourroit servir de preuve. Je puis citer un exemple frappant & qui n'est pas rare. Un homme aura passé quinze jours dans un affreux délire : il s'agitoit avec violence pour échapper aux efforts de deux hommes assidus auprès de lui, pour le retenir au lit : revenu de ces accidens, il n'a pas le moindre souvenir de ces agitations. Conclura-t-on de ce defaut de mémoire, qu'il ne sentoit pas l'existence de son corps tant que son délire a duré ?

II. PHENOMENE.

La perception habituelle de nottre corps ne nous apprend pas quelle est la grandeur absolue du volume de matiére qui nous appartient : il faut que nous nous mesurions pour sçavoir notre hauteur : il faut se ceindre d'une jarretiére pour connoître sa grosseur ; en sorte qu'en général nous ignorons la grandeur absolue de tous les corps : nous ne voyons que les rapports qu'ils ont entre eux & avec le nôtre : si ces rapports subsistoient les mêmes, quoique le Créateur eût prodigieusement diminué à notre insçu le volume de notre corps, & celui de tous ceux que nous connoissons sur la terre & dans le ciel, il ne nous resteroit rien qui pût nous faire soupçonner ce changement universel.

Ecclaircissemmens.

Ce Phénoméne nous montre qu'il y a bien de l'obscurité dans le sens de la coexistence de notre corps, puisqu'il nous fait juger que nous avons le même corps individuel dans tous les âges & dans tous les tems. Remettez-vous, Monsieur, cet homme sortant de ce long délire, il retrouve au sortir de cet état funeste son corps extenué, ses bras & ses jambes reduits à des os couverts d'un parchemin livide, il consulte son miroir, il se meconnoît : ses amis les plus intimes ne retrouvent plus leur ami commun, tant il est différent de lui-même : la situation où son ame se trouve dans un corps si abattu est très-pénible pour elle ; cependant par le sens de la coexistence de son corps, elle reconnoît son ancienne habitation, toute délabrée qu'elle est : ce qui prouve évidemment que cette perception est obscure, & qu'elle ne donne point de bornes précises au volume de matiére qui nous est approprié.

Un homme de cinq pieds dix pouces, gros à proportion, se rappelle ce qu'étoit son corps, lorsqu'il n'avoit que cinq ou six ans; il se regarde comme la même personne, & par conséquent il se croit la même intelligence unie au même corps ; ce corps néanmoins a crû considérablement : & que lui reste-t-il à quarante ans de la nourriture qu'il a reçue dans le sein de sa mere & depuis sa naissance ? Un Philosophe répondra qu'il ne lui reste rien de toutes ses acquisitions : & je pense qu'il a raison, ou qu'au moins il est très-permis de suspendre là-dessus son jugement, si cette conjecture n'est pas une vérité. Je m'explique : cette sensation habituelle par laquelle, à quarante ans, nous croyons voir le même corps que nous avions dans notre bas-âge, ne seroit-elle point liée aux traits primitifs du germe d'où est venu notre corps ? Ces traits ne forment-ils pas la même machine toujours subsistante durant toute notre vie, en sorte que la nourriture l'étend, la fortifie, la grossit ? Les sucs nourriciers étant entrés dans cette petite machine, nous deviendroient propres par nos droits même sur le fond qu'ils auroient augmenté. Je vous conseille, Monsieur, d'adopter cette idée : si vous la rejettez, il faudra que vous conveniez que le sentiment de l'existence numerique de notre corps, pendant toute sa durée, porte totalement à faux ; ce qui dérangeroit beaucoup le système que vous vous êtes fait. Car si d'une part il est vrai que ce qui pense en nous, cette intelligence qui se sent le même être dans tous les tems sans pouvoir en douter, n'est, comme vous le prétendez, que cette machine corporelle, dont la perception est équivoque en nous : & si d'une autre part cette machine étoit absolument renouvellée après une certaine révolution d'années, en sorte qu'alors il ne lui restât plus rien de son ancien être; je ne serois donc plus la même intelligence à cinquante-cinq ans que j'étois à cinq; mon intelligence auroit changé totalement cinq à six fois : elle ressembleroit à ces maisons toujours vieilles, quoique renouvellées tous les vingt ans, tantôt en bâtissant sous-œuvre, tantôt en reprenant successivement toutes les parties des murs, tantôt en retablissant toutes celles de la couverture, tantôt en substituant de nouvelles piéces à la charpente. Or, dans le fait, je suis le même être précisément : il n'est donc pas vrai que je ne sois rien autre chose que cette machine qui n'est jamais, rigoureusement parlant, le même être deux jours de suite, & qui probablement est totalement renouvellée avant dix ans revolus.

Croyez-moi, Monsieur, pour l'intérêt de la cause que vous soutenez, vous devriez prendre le parti de reconnoître, que notre idée de la persévérance de notre individualité corporelle, à pour fondement l'existence constante du corps primitif, dont les parties sont étendues, grossies, fortifiées par une matière étrangére qui se succéde. Vous trouverez dans l'étude des arbres des phénoménes très-propres à vous confirmer dans cette pensée. Le ridicule qu'elle vous présente au premier coup d'œil disparoîtra, si vous la raprochez de la Philosophie Païenne, dont nos nouveaux Maîtres paroissent si épris, & à laquelle ils voudroient nous ramener. Le corps que je nomme primitif revient peut-être à ce que les anciens appelloient l'ame dans les vivans, les Manes dans les morts : ils le jugeoient incorruptible, quoique materiel, & le regardoient comme un étui nécessaire à l'intelligence. Je n'ai garde d'adopter de pareilles chimères ; mais je crois devoir remarquer que c'est parce qu'un certain Auteur ne s'est pas mis au fait de cette doctrine, qu'il avance un paradoxe d'une très-dangereuse conséquence. » Nous prouverons, dit-il, » que les anciens Philosophes n'avoient » eu aucune teinture de la véritable » spiritualité de l'ame. Nous y prou- » verons de même que les idées des » premiers Peres, encore un peu tein- » tes de la sagesse humaine, n'avoient » pas été nettes sur la spiritualité.... » Les Peres imbus & pénétrés, s'il est » permis de parler ainsi, des principes » des Philosophes Grecs, les avoient » portés avec eux dans le Christianis- » me. » Quel coup ce Métaphisicien ne porte-t-il pas, sans mauvaise intention sans doute, à la tradition constante de l'Eglise sur l'immatérialité de l'ame ? Heureusement cette prétention est insoutenable. Si l'on excepte Tertulien, qui ne s'entendoit pas trop lui-même sur cet article, comme il ne se rend guéres intelligible sur quelques autres, tous les Peres ont reconnu la spiritualité de l'être intelligent ; mais quelques uns ont pris le mot *ame*, dans le sens des

Païens, c'est-à-dire, pour un manteau matériel dont l'esprit immatériel étoit comme revêtu & enveloppé. Il faut que l'Auteur n'ait point connu l'Ecole Platonicienne, que Tertulien lui-même regarde comme très-zélée pour l'immatérialité de l'ame : il faut encore que la Philosophie de Cicéron lui soit bien peu familiére. * S'il avoit lû les Tusculanes, il y auroit vû que ce sçavant Romain regardoit comme absolument étrangers dans les choses phisiques, ceux qui feroient de l'esprit un composé matériel. Il est peut-être permis d'être peu versé dans la connoissance de la Philosophie des Anciens ; mais il n'est permis à personne de parler érudition quand on en a si peu.

III Phenomene.

Nous sentons dans notre corps des divisions par la distribution de nos menbres, des soudivisions dans les articulations : les sensations accidentelles que nous éprouvons dans tous les points de de la superficie de notre corps, & dans l'intérieur même, nous font connoître un nombre indéfini de parties dans notre machine.

* In animi.... cognitione dubitare non possumus, nisi planè inphysicis plumbei sumus, quin nihil sit animis admistum, nihil concretum, nihil copulatum, nihil coagmentatum, nihil duplex. Tuscul. 1. c. 29.

IV. Phenomene.

La perception seule de la coexistence de notre corps n'embrasse pas tout le détail ; l'intérieur est senti comme une masse, dans les cuisses, les jambes & les bras ; le tronc est connu confusément comme une capacité pleine, & cette idée de capacité est peut-être dûë au mouvement continuel des côtes & de l'extérieur du ventre. Le cerveau ne nous paroît pas si massif : il semble, lorsqu'on peut se rendre attentif à la perception de l'existence de sa tête, qu'on n'ait aucune sensation de la matiére qu'elle contient. La cervelle, le foie, l'estomach, les viscéres, les nerfs, les tendons, les artéres, les veines, les glandes, le cœur même, au jeu continuel duquel nous devons la vie ; tout cela n'est presque jamais senti : nous ne connoîtrons jamais rien de toutes ces parties, tant que nous ne consulterons que la sensation habituelle de notre corps. La figure, le volume, la construction intérieure de ces parties sont des mystéres pour nous, & si on n'eût jamais disséqué de corps humain, nous n'aurions pas la moindre idée de tout ce qui le compose.

V. Phenomene.

Le jeu de la machine, la circulation du sang, la filtration des humeurs, le mouvement, la direction, la quantité des esprits, les manœuvres correspondantes aux passions que nous éprouvons malgré nous; rien de tout cela ne nous est connu par le sens de la coexistence de notre corps.

L'accroissement, les réparations de la machine, se font sans la participation de notre intelligence: les enfans ne se sentent pas croître, & ils ne croissent pas parce qu'ils le veulent. Les procédés auxquels nous devons l'entretien de notre vie, par lesquels nous végetons, ne s'exécutent point sous la direction de notre volonté, ils ne sont pas même apperçus: ce que fait la lumiére sur l'intérieur de nos yeux, ce qu'opèrent les sons sur l'organe de l'oreille, les effets des odeurs dans le nés, & des saveurs sur le palais; le Phisique admirable de toutes ces sensations ne nous est manifesté par aucune.

VI. Phenomene.

L'Aveugle a la perception de la coexistence & de la solidité de son corps;

il en sent les trois dimensions : s'il touche son corps, il sent par le tact la resistence de sa superficie, & par la perception habituelle dont j'ai tant parlé jusqu'ici, il en sent la profondeur : c'est sur cette épreuve faite sur lui-même qu'il juge de la solidité des corps qu'il rencontre : il pense qu'ils ressemblent au sien ; qu'ils ont les trois dimensions. On a dit qu'un Aveugle né, après avoir souffert l'opération de l'abaissement de la cataracte, voyoit les objets plats : on en a conclu qu'auparavant il n'avoit aucune idée de la solidité des corps : c'est au contraire parce qu'il sçavoit très-bien ce que c'est que solidité, qu'il cherchoit dans l'objet que ses yeux lui faisoient voir, à reconnoître ce que l'épreuve du tact lui faisoit trouver auparavant dans les corps : & ce qui le prouve est, que toute personne en pareil cas tente de palper l'objet qu'il voit, & dont ses yeux ne lui montrent qu'une partie de la surface. Vous me direz peut-être que si votre Aveugle avoit cette idée, il auroit dû après son opération voir les superficies des corps en relief. Point du tout ; car il y a une autre raison qui l'empêchoit de les voir ainsi. Dans les premieres

épreuves

épreuves du fens de la vûë, les impreſſions de la lumiere refléchie par les
parties des corps les plus éclairées
étoient trop vives : en comparaiſon de
ces impreſſions, celle que faiſoit la
petite quantité des rayons renvoyés par
les parties ombrées étoit nulle, étoit
éteinte. Un homme auquel on arra-
cheroit une dent ne ſentiroit pas la
piqueure d'une puce : les parties ombrées doivent donc paroître à notre
Aveugle, nouvellement guéri, comme
des vuides : conſéquemment les autres
doivent être vuës ſans relief, puiſqu'il
eſt conſtant que c'eſt l'ombre ménagée
par différentes nuances qui donnent du
rélief aux images.

VII. Phenomene.

Mon intelligence, mon imagination,
ma mémoire, ma liberté, mon bien-
être, dépendent de l'état de cette machine qui m'eſt ſi peu connue : j'ignore
quel eſt cet état. Le cerveau s'eſt-il
dérangé ; nul raiſonnement, point de
liberté. Si le ſang vient à fermenter,
qu'on ait la fiévre ; à ſa ſuite viennent
les douleurs, l'incapacité de s'appliquer.
Une partie du corps eſt-elle brûlée ; on
reſſent des douleurs encore plus vives.

Quelque viscére, dont je n'ai pas la moindre idée; est-il picoté par quelque humeur acre; je souffre encore beaucoup. L'excès du vin suspend l'exercice de la raison & de la liberté pour un tems; certains breuvages nous l'enlevent pour toujours. Tout le physique de la machine sous ces différens accidens, tant que nous ne consultons que nos sensations actuelles, est pour nous couvert d'un voile que nous ne pouvons percer.

OBSERVATION.

Où se tient ce livre de mots, ce recueil d'images, cette histoire de tant de faits, de ceux dont nous sommes témoins, de ceux que nous avons entendu raconter; ces lectures que nous avons faites; ce Dictionnaire de plusieurs langues si différentes pour le genie, où tout cela est-il gravé? Quelle place occupe dans notre cerveau ce livre vivant, contenant peut-être plus de choses dans l'homme le plus borné, que n'en contiendroit l'Encyclopédie? En quels caractéres ce livre est-il écrit? Nous l'ignorons, & cependant nous feuilletons continuellement, pour ainsi parler, ce livre si merveilleux.

VIII. Phenomene.

Le pied n'eſt pas la main, l'œil n'eſt pas l'oreille; l'une de ces choſes n'eſt aucune des autres : dans le même inſtant j'ai la goute au pied, je ſens du froid à la main, je vois un beau tableau, j'entends un concert: dans cet inſtant le phyſique de la goute eſt une façon d'être de mon pied, non de la main, ni de l'œil, ni de l'oreille : Le phyſique de l'organe intérieur de l'œil eſt une maniére d'être de l'œil, & ne l'eſt d'aucune autre partie du corps. La goute, le froid, la vuë du tableau, les ſons du concert, comme appartenans à la machine, ſont donc quatre façons d'exiſter de quatre différens êtres: ce qui conſtitue ces ſenſations eſt inacceſſible pour nous, mais c'eſt le même être qui ſent la douleur au pied, le froid à la main, qui voit cette peinture, qui s'afflige de l'état de ſon pied, qui deſire du feu pour réchauffer ſa main. Vous voyez une plaie envenimée à la jambe de quelqu'un, vous ſçavez qu'il ſouffre, vous en êtes touché, mais vous ne ſentez pas ſa douleur. Il en eſt bien autrement de mon intelligence, dans les circonſtances dont je vous entretiens : attentive au concert, elle sçait, non seulement que son pied est enflé, que sa main est roidie de froid, &c. mais elle sent quatre perceptions à la fois, qui ne sont pas les manieres d'être de quatre différentes parties de son corps, mais celle de sa propre substance. Mon individu ignore l'état actuel de son pied, de sa main, de son œil, de son oreille ; mais il ne peut se dissimuler qu'il a quatre perceptions, & qu'il est la même substance sous toutes ces perceptions, & non quatre personnes différentes. Or le physique de l'oreille ne pouvant être celui de l'œil, de la main, du pied ; & les perceptions des couleurs, du froid de la douleur, appartenant au même individu, il est évident que le physique de nos organes & les sensations que nous éprouvons sont deux espéces de façons d'être, qui appartiennent à deux substances très-différentes.

IX. PHENOMENE.

Nous rapportons à la tête nos pensées, nos refléxions, nos jugemens, nos imaginations, nos souvenirs, comme nous mettons la douleur dans tel membre.

Reflexion.

Les Anciens disoient que l'ame étoit toute dans le corps, & toute dans chaque partie: expression mistérieuse, fondée sur la sensation habituelle de l'existence de notre corps, & sur les sensations particuliéres & casuelles que nous éprouvons dans chaque membre. Par la sensation habituelle, le corps que l'ame se sent approprié, & à la bonne constitution duquel notre bien-être est attaché, devient en quelque sorte le local de notre intelligence: & lorsqu'une des parties du corps est mal affectée, comme le pied l'est par la goute; une modification plus vive de cette perception générale dans la représentation du pied, lie plus fortement l'ame à cette partie. C'est dans ce sens que l'explication de la maniére dont l'ame habite le corps, telle que les anciens l'ont donnée, renferme une vérité.

X. Phenomene.

Notre machine dépend à son tour de la situation présente de notre intelligence à beaucoup d'égards. Si j'apprens une nouvelle qui m'afflige, pendant un certain tems mon corps dépérit. Un pere entend subitement ces mots, Votre fils vient d'être tué : si sa douleur est telle, que le jeu de la machine qui doit y répondre soit trop vif & trop brusque par rapport à la foiblesse de quelque organe qui doit être mis en action, qui est essentiel à ce méchanisme, l'organe est forcé, il est détruit, le pere meurt. Une joie trop subite & trop vive, peut occasionner le même accident. Les joies de l'ame, les craintes, celles mêmes qui tiennent le moins aux connoissances des corps, réjaillissent sur le nôtre : elles n'attendent pas le consentement de la volonté, elle n'y a aucune part.

XI. PHENOMENE.

D'autres mouvemens du corps dépendent à la vérité de notre volonté : tel est l'usage que nous faisons quand nous le voulons de nos bras, de nos jambes, de notre langue, de nos yeux, &c. mais cette obéissance de nos membres n'est point dûe à la connoissance que nous ayons de l'art absolument nécessaire pour leur faire exécuter ce que nous leur demandons. Nous ne sçavons pas quelle infléxion il faut donner à notre langue pour articuler un mot : quels mouvemens doivent se passer dans notre cerveau, pour que nos yeux soient tournés en tous sens. La nature ne nous a donné aucune lumiére, aucune instruction sur l'art de diriger notre machine dans quelque action que ce soit. Ce que les réfléxions & les observations en ont fait découvrir aux Philosophes, n'est guére différent d'une ignorance totale sur tous ces jeux si dignes de toute notre admiration : ces Philosophes font aussi peu d'usage de leurs découvertes dans les mouvemens qu'ils veulent donner aux différentes parties de leur corps, que le Païsan qui n'en entendra jamais parler, & qui tire autant & plus de service & avec une égale facilité de tous ses membres, que le Physicien le plus versé dans l'étude du corps humain.

ECCLAIRCISSEMENT.

Représentez-vous, Monsieur, un Lappon tout nouvellement arrivé ici : on le place pendant la nuit, sans lumiére, dans un orgue : la fabrique admirable de cet instrument lui est absolument inconue : il ne sçait ce que c'est que clavier, ni que touches : on fait agir les soufflets sans qu'il s'en apperçoive : on exécute au-dessous de lui sur le clavessin les Sauvages de Rameau: ce morceau de Musique le transporte, il en est hors de lui-même : dans cette espéce d'enthousiasme il s'écrie: Je veux jouer cet air. Il est seul au clavier, il le joue & dans la derniére précision. Vous me direz, Monsieur, que ma supposition est extravagante, qu'elle est folle, qu'elle est impossible : vous l'appellerez comme il vous plaira ; mais ce n'en est point une chez M. Calviere, c'est une réalité. Cet habile Organiste connoît tout aussi peu le clavier intérieur de son cerveau, d'où partent les mouvemens surprenans de ses doigts ; il connoît aussi peu les manœuvres de ses nerfs & de ses muscles, qui font toute l'élegance de son exécution, que notre Lappon connoît le clavier de l'orgue, & la maniere de le toucher. Il fait tout aussi nuit dans la tête de M. Calviere que dans l'orgue pour le Lappon. Vous-même, Monsieur, vous vérifiez tous les jours ma supposition, quand vous me faites l'honneur de m'écrire. Tout ce qui se passe dans votre cerveau pour raisonner, pour chercher les expressions convenables à vos pensées, pour diriger votre plume sur le papier, est sans-doute plus délicat & plus compliqué que ne l'est le travail des sçavantes mains de M. Calviere : or connoissez-vous un seul de ces procédés qui vous sont si familiers, & qui s'exécutent dans votre cerveau ? Connoissez-vous une seule des piéces que vous y faites jouer ?

Examinez avec attention, Monsieur, ces onze Phénoménes : je pense que toutes les connoissances que nous avons naturellement de notre propre corps peuvent s'y reduire.

Je suis, &c.

A Paris, ce 19 Avril 1752.

SEPTIEME LETTRE.

OUI, Monsieur, le sens intime de la coexistence de notre corps nous donnera une idée exacte de la maniere dont ce sens nous rend notre corps toujours présent sous trois dimensions. Quand nous embrassons notre bras gauche avec la main droite, le tact ne trouve qu'une superficie, & le sens intime de la coexistence du bras supplée la troisiéme dimension, la profondeur. En comparant notre corps avec la cause premiere, nous voyons la possibilité d'une infinité d'êtres semblables, qui ont aussi trois dimensions. En comparant à la même cause les divisions & sou-divisions de notre corps, nous le regardons comme divisible à l'infini. En comparant à cette même cause les accroissemens successifs de notre corps, nous pensons que la matiere peut être augmentée à l'infini dans toutes ses dimensions. La figure de nos membres, les angles qu'ils font entre eux, ou même chacun avec le tronc, les diverses inflexions que nous donnons aux doigts de nos mains, &c. tout cela fournit aux aveugles mêmes des fondemens de geometrie, & peut leur faire connoître les figures d'une maniere univerfelle. Le bras étant appliqué le long de la cuiffe; fi le tenant toujours roide, on éleve l'avant bras fucceffivement jufqu'à ce qu'il rencontre la tête, il aura décrit le demi cercle, il aura réellement épuifé tous les angles qu'il peut faire avec le tronc. Les deux termes dont la comparaifon forme en nous l'idée de la matiere font innés; puifque nous ne pouvons marquer aucun tems de notre vie, où nous n'ayons pas fenti la coexiftence de notre corps, & l'action qui en nous donnant l'être, nous approprioit ce corps: mais l'idée de la matiere n'eft pas innée, puifqu'elle eft un rapport que nous ne fommes capables de faifir, que lorfque nous le fommes de comparer & de refléchir. Je n'infifte point fur toutes ces vues; vous fçaurez affez les apprétier & les étendre.

Notre corps ne nous étant connu que comme une maffe par le fens de la coexiftence, & ce fens ne nous donnant aucune notion de la maniere dont il eft organifé, notre corps fera très-propre à devenir le tipe de tous les corps même inanimés. Tout être dans lequel nous découvrirons trois dimensions sera de même espéce que notre corps ; & quoique nos yeux ne nous montrent qu'une partie de la surface des objets, l'idée que nous nous sommes formée de notre corps, nous fait ajoûter la troisiéme dimension à ces objets ; & comme il ne nous est pas possible de concevoir que notre propre corps pût être réduit à la simple superficie sans profondeur, nous ne pouvons de même imaginer qu'aucune superficie puisse exister sans épaisseur.

Par une suite de ma confiance en votre discernement, je n'examinerai point à fond la maniere dont nos connoissances mathématiques se sont formées : d'ailleurs il faudroit m'écarter de mon objet principal, qui est de vous prouver la spiritualité de l'ame. Je remplirai suffisamment le desir que vous me témoignez de connoître ma métaphysique, en vous mettant sur les voies de découvrir vous-même l'origine des vérités mathématiques. Vous vous rappellerez d'abord que les précisions qui nous font considérer une dimension seule, ou deux à la fois, viennent de nos sens. Vous l'avez observé dans le compte obligeant que vous avez bien voulu me rendre de la lecture que vous avez faite du petit ouvrage qui vous a fait souhaiter d'avoir un commerce de lettres avec moi. C'en seroit assez pour vous faire comprendre, que les mathématiques contiennent des vérités invariables, dont nous sommes les spectateurs & non les auteurs, comme l'orgueil de certains modernes voudroit nous le persuader. Mais cela ne suffiroit pas pour vous faire trouver la source des idées des figures. Comparez la doctrine du P. Mallebranche avec celle de M. Locke; prenez de l'un & de l'autre ce que vous y verrez d'incontestable, & vous ne perdrez pas le fil de la vérité. Le P. Mallebranche veut que nous voyions les figures en Dieu, comme des tipes universels, formés sur des principes invariables, où l'on entrevoit malgré soi les qualités de la nécessité, de l'éternité, de l'universalité, de l'infinité; caractéres qu'on ne peut trouver qu'en Dieu. C'est à quoi M. Locke ne veut pas faire attention; il prétend que toute figure numérique, que nos sens ou notre imagination nous representent, est un tipe auquel nous comparons toute figure semblable & possible; & cette comparaison la rend selon lui universelle. Ainsi les theorêmes des mathématiques, sont l'ouvrage du sçavant : paradoxe insoutenable. Je veux construire un triangle : deux des côtés de ce triangle sont-ils pris ensemble plus grands que le troisiéme, parce que je prétens que cela soit ainsi ? L'aire de ce triangle est-elle le produit de la base par la moitié de la hauteur, parce que je l'ordonne ? suis-je créateur de cette vérité, ou la vois-je ? Enfin est-ce parce que je le veux, que je suis assuré que tout homme qui verra un triangle, trouvera ces deux théorêmes, quelque grandeur qu'ayent ses côtés, qu'il soit isocele, scalene, équilatéral, &c. suis-je cause que ces théorêmes sont vrais par rapport à tout triangle existant ou possible ? Non. Je ne suis donc pas cause de l'universalité, de l'éternité, de la nécessité de ces deux théorêmes. Vous sentez le faux de la prétention de M. Locke : il nous fait auteurs de la vérité, tandis que nous sentons au contraire que l'évidence des vérités mathématiques nous nécessite à leur donner notre acquiescement.

La méprise du P. Mallebranche est aussi très-facile à appercevoir. Selon lui quand je vois un cercle, je vois l'essence de cette figure dans son tipe universel qui réside nécessairement en Dieu : or les faits déposent contre cette opinion. Un Païsan voit très-bien la courbe que décrit une bombe en l'air, celle que parcourt un gallet, qui, en bondissant sur la surface de l'eau, fait des ricochets ; il apperçoit la figure d'une pierre brute irréguliere. Cependant il n'a aucune idée ni de l'essence de ces courbes, ni du tipe de cette pierre informe. Un Lappon qui verra pour la premiere fois un cercle, s'il ne l'a pas vu tracer, s'il n'en connoît pas le centre, ignorera toujours ce qui fait l'essence de cette figure ; ce sera pour lui non une ligne droite, mais une courbe rentrante en général ; ses yeux ne lui diront point que tous les points de cette courbe, sont également distans d'un point commun ; ils ne lui reveleront donc point le tipe de cette figure, ou le modéle sur lequel Dieu feroit des cercles.

Evitons les deux écueils. Disons avec M. Lock, que toute figure qui frappe nos yeux, ou que notre imagination nous offre, est réellement un tipe ; mais elle n'est telle qu'autant que nous la jugeons imitable, & que nous connoisfons une puissance, qui peut en multiplier les copies à l'infini. Nous dirons aussi avec le P. Mallebranche que l'universalité, la nécessité, l'éternité, l'immensité de l'idée de la figure, ne sont point notre ouvrage; mais nous ajoûterons que ces caracteres ne sont pas non plus dans la figure, mais dans le rapport de cette figure avec la cause souveraine. Qu'on interroge un sauvage, qu'on lui demande s'il peut y avoir en grand & en petit des courbes semblables à celle qu'il voit, il s'agit d'un cercle, il répondra qu'on peut en imaginer à l'infini : ce qu'il ne peut dire qu'autant qu'il sent la presence d'une cause inépuisable. Il n'aura cependant encore qu'une idée générale des courbes rentrantes, il n'aura pas encore celle du cercle. Il faut qu'il étudie les élemens de la figure qu'il a sous les yeux, ou qu'il voye le procédé qu'on employe pour la décrire. Dès qu'il verra qu'on la trace en faisant tourner une branche d'un compas avec une ouverture fixe autour de l'autre branche, il concevra que ce compas peut être plus ou moins ouvert, plus ou moins long à l'infini. Et ces possibilités ne lui seront connues qu'autant qu'il sent près de lui un artiste tout-puissant. Il aura alors l'idée du cercle, & ce ne sera pas une idée factice, comme le voudroient les Disciples de M. Lock, mais une idée acquise, une nouvelle connoissance. Le cercle qu'il a sous les yeux étant devenu le tipe universel de tous les cercles, il pourra déduire de l'idée qu'il en a, tous les theorêmes de la géometrie : toutes les propriétés qu'il trouvera dans ce cercle, seront ainsi généralisées, seront nécessaires. Vous sentez, M. combien il reste de choses à dire sur cette matiere; mais vous êtes bien capable de vous les dire.

Je ne suis point surpris, M. qu'ayant éprouvé quelque difficulté à tirer de mes principes l'idée des corps, vous en trouviez encore davantage à en tirer celle du mouvement : cette derniere est plus compliquée. Les mouvemens que nous donnons à notre propre corps, soit pour faire agir un de nos membres, soit pour transporter toute notre machine d'un terme à l'autre, sont encore de nouveaux tipes, qui, comparés à la toute-puissance, nous donnent l'idée de la mobilité des corps, & d'une infinité de degrez de vitesses & de variétés de directions. Comme ces mouvemens suivent les ordres de notre volonté, les corps nous paroissent purement passifs, incapables de déterminer leur vitesses & leurs directions. Ainsi nous en concluons que tout corps est par lui-même indifferent au mouvement & au repos, c'est-à-dire, qu'il faut qu'un choix étranger opte pour lui entre le mouvement & le repos; entre tel & tel degré de vitesse, telle & telle direction, aucun corps ne nous paroissant capable de se déterminer.

Mais le tipe que nous prenons en nous-même pour en faire le premier terme du rapport, d'où l'idée du mouvement doit résulter, est fort mêlé de lumiere & d'obscurité; l'empire même que nous avons sur nos membres est fort sombre pour nous. L'idée du mouvement des corps doit se sentir de cette obscurité. Si nous lui trouvons donc quelque côté ténébreux, ne sera-ce pas une bonne preuve que l'idée du mouvement est réellement le rapport des mouvemens particuliers de notre propre corps, à la cause premiere ? Le côté lumineux, c'est le mouvement considéré comme effet dans le corps, c'est un changement successif de situation d'un corps, par rapport à quelque point fixe, ou considéré comme fixe. Le côté ténébreux, c'est la cause active du mouvement. D'une part les corps nous paroissent indifférens au mouvement & au repos ; de l'autre ils paroissent mus par une activité qui part du dedans d'eux-mêmes, & qui produit des effets au dehors ; & nous devons ce dernier fait à l'obscurité de nos sensations. Voici les phénomenes qui le prouvent incontestablement. Je les mets à la suite de ceux que je vous ai communiqués dans ma derniere lettre.

XII. PHENOMENE.

Si je veux remuer le bras droit, je sens que ce mouvement vient du dedans du bras même. Ma volonté ne le saisit pas par dehors pour le porter à ma tête, comme feroit une main étrangere qui voudroit le conduire jusques-là. Cependant ma volonté ne prescrit aucune action particuliere aux parties internes destinées à remuer mon bras. Vous vous rappellez, M. qu'elle est par rapport aux admirables ressorts qui donnent le mouvement à ses membres, ce qu'est un Lappon dans un orgue, dont il ne connoît ni le clavier, ni les jeux, où même il ne voit rien de tout ce qui compose cette machine si ingénieuse : aussi c'est pour nous un enigme, que la maniere dont nos membres obéissent à nos volontés. Quand nous l'étudions, il semble que cette obéissance vienne d'eux-mêmes : nous sentons que leur mouvement part de leur intérieur : ils font tel mouvement parce que nous le voulons, comme s'ils connoissoient nos desirs. De-là vient que tout accoutumés que nous sommes à leur fidélité à nous servir, leur ponctualité nous étonne & nous surprend. Un organiste veut-il faire une cadence brillante, s'il réflechit sur l'agilité & sur la précision de ses doigts, il en doit toujours être étonné.

XIII. Phenomene.

Lorsque nous voulons faire quelque mouvement violent, nous sentons que nos membres nous résistent, l'effort nous devient penible, & cet effort quoique ce soit une sensation de la part de notre ame, nous l'éprouvons dans le membre dont nous forçons le jeu naturel, ou dans l'endroit du corps où se trouve le principe de ce mouvement : & quelquefois cette sensation va jusqu'à la douleur. Or nous la plaçons dans la partie de notre corps, où l'effet principal de notre action menace de quelque accident, comme nous sentons la goutte dans celui de nos pieds que cette humeur attaque.

XIV. Phenomene.

Si nous pouffons un corps fort lourd, il ne céde pas, nous sommes obligés de redoubler d'effort, sa reaction ou sa résistance, nous paroît de même espéce que notre effort, nous lui ajugeons naturellement un sentiment obscur pareil à celui que nous éprouvons dans nos bras, lorsque nous les mettons en action, & nous supposons une activité dans le corps résistant.

XV. Phenomene.

Le poids de notre propre corps, que nous avons toujours à vaincre, occasionne en nous une sensation que nous plaçons encore dans notre corps: ce mouvement de gravité nous paroît un mouvement spontané de sa part.

XVI. Phenomene.

La pesanteur nous paroît aussi de même une action spontanée dans les corps dont le nôtre est environné. Par exemple quand nous voulons arranger notre feu, li nous ne posons pas un tison dans un sens convenable, il retombe aussi-tôt que nous l'avons placé: il semble que nous sentions dans ce tison une volonté qui nous contredit: nous nous impatientons contre lui, comme nous ferions contre quelqu'un qui nous résisteroit. Il ne veut pas *rester en place*, dit un domestique mal-à-droit, pour exprimer la rébellion de ce tison.

XVII. Phenomene.

Il y a dans notre corps des mouvemens indépendans de notre volonté: telle est, pour ainsi dire, l'attention des paupieres à se fermer, même malgré nous, lorsque l'œil est menacé d'être atteint par quelque corps étranger : nous l'attribuons à une activité propre à la machine.

XVIII. Phenomene.

Un corps nous frappe, nous sentons par la meurtrissure qu'il nous cause une douleur que nous ne pouvons attribuer à notre choix : un mouvement de haine s'éleve en nous contre ce corps qui nous blesse, & notre haine dans nos premiers mouvemens le personnifie en quelque sorte. C'est ainsi que les enfans donnent une volonté à tout ce qu'ils voient remuer, sans appercevoir la cause qui le pousse; & le talent d'animer toute la nature, que nous admirons dans nos grands Poëtes & dans les imaginations heureuses & fecondes, consiste à faire valoir ces préjugés de notre enfance.

Tous ces Phenomenes & d'autres dans le même genre, entrent dans l'idée que nous nous formons du mouvement des corps; & font un terme très complexe & très confus que nous comparons à la cause premiere. C'est ce qui nous fait supposer sans beaucoup de réflexion, ʺ je ne scai quel être méʺ taphysique, qu'on imagine resider ʺ dans le corps, & dont personne ne ʺ peut avoir de notion claire & distincte. Tant qu'on n'annalise pas les principes que renferme l'idée que nous avons du mouvement; ce que l'on trouve de plus précis dans cette idée, ce qui y domine, c'est un état passif dans les corps, selon lequel nous les considérons comme incapables de choix entre le mouvement & le repos, entre les divers degrez de vîtesse, entre les différentes directions qu'ils peuvent recevoir à l'infini. Cette partie de l'idée du mouvement est due aux expériences que nous faisons sur nos propres membres : ils ne sont mûs le plus souvent que par notre volonté. A ces expériences qui nous sont propres, se joignent celles que nous faisons sur les corps étrangers : nous les voyons demeurer en repos, tant que rien ne les force à en sortir.

Il sembleroit que nous devrions comparer les mouvemens libres de notre corps, plutôt à notre volonté qu'à la cause suprême : mais ce qui prouve que nous ne le faisons pas, c'est que dans le rapport de nos mouvemens à notre volonté, tout est borné. Pour peu que nous voulions entreprendre sur notre corps, nous sentons toutes les bornes de notre pouvoir sur lui : le rapport dans lequel consiste l'idée du mouvement seroit donc fini. Au contraire celui qui forme le fond de cette idée, nous représente les corps comme susceptibles d'une infinité de dégrés de vîtesse en montant & en descendant, & d'une infinité de diverses directions : d'ailleurs nous l'avons observé ; la volonté ne s'attribue pas l'activité qui remue nos membres : cette

activité

activité paroît partir de leur intérieur: nous ne voyons aucune relation nécessaire entre notre volonté de remuer le bras, & le mouvement de ce bras: nous avons même éprouvé plus d'une fois qu'il nous servoit mal, ou qu'il refusoit de se prêter à certains services que nous en exigions: nous ne voyons donc point que notre volonté soit cause nécessaire des mouvemens qu'elle demande à nos membres, comme nous voyons qu'une bille de billard heurtée par une autre céde infailliblement à son impulsion : & si notre volonté se sentoit être cause, elle se sentiroit la toute-puissance dont nous avons une idée très-nette, en concevant une volonté qui produit ses termes.

Cependant l'ame n'attribue à ses membres, ni la connoissance de ce qu'elle leur demande, ni la volonté d'obéir ou de resister à des ordres connus : sa propre sensation la convainc au contraire que l'obéissance ou la désobéissance d'un de ses membres part du dedans de ce membre même. Voilà ce qu'il y a d'obscur dans l'idée du mouvement, je veux dire ce qu'elle renferme d'activité. L'ame entrevoit un être distingué du corps, mais qui y réside, par lequel ce corps est mû, par lequel il résiste à l'action des autres corps, qui tendent à le diviser ou à le déplacer. Cette connoissance quoiqu'obscure ne renferme aucune erreur; elle distingue. Le mouvement de la cause du mouvement: le changement successif de rapports de distance, un certain point fixe étant déterminé, est une modification du corps ; mais la cause de cette modification n'est point un mode de ce corps ; cependant cette cause agit en lui : car un corps ayant reçu l'impression du choc, dont le mouvement nous paroît être l'effet, il persévére dans son état par une cause qui continue à le modifier : mais cette cause est-elle indéfinissable, comme le pensent quelques Sçavans ? Non, pourvu que la réflexion éclaircisse ce que nous y trouvons d'obscur.

Nous connoissons deux propriétés dans cette cause. Premiérement, c'est une volonté; en second lieu, c'est une volonté immédiatement efficace, dont la nature est d'être jointe à l'exécution. C'est une volonté; elle supplée ce qui manque au corps, pour le mettre en état de se déterminer sur le dégré de vitesse qu'il doit avoir, sur la direction du mouvement qu'il doit suivre. Tout corps est mû selon des loix univeselles & précises, que nous connoissons en partie : le corps ignore absolument ces loix : il n'a point d'idée de la circonstance où il se trouve, ni de la loi relative à cette circonstance. Il ne veut point remplir l'objet de la loi selon laquelle il doit se mouvoir : au moins est-ce une vérité de fait, que nous pensons ainsi naturellement. Cependant chaque mouvement particulier d'un corps suppose & une connoissance & une volonté, puisqu'à chaque choc répond une loi précise entre une infinité d'autres, une loi relative à la masse, à la vîtesse, à la direction du corps qui choque, à la masse & à la situation du corps choqué. Il faudroit donc que le corps qui produit le choc se connût lui-même, connût son mouvement, qu'il connût de plus la masse du corps qu'il atteint, qu'il sçût si celui-ci est en repos, ou s'il se meut, & dans ce dernier cas, quelle est sa vîtesse & sa direction, & qu'il s'arrangeât sur cette connoissance pour modérer sa vîtesse, tandis que le corps choqué, ayant aussi les mêmes connoissances, prendroit le parti qui convient au choc qu'il éprouve : or, selon l'expérience, la loi précise, convenable aux circonstances où les deux corps se trouvent, est exécutée : la vraie cause de tous les mouvemens possibles a donc & les connoissances & la volonté, dont ces corps sont dépourvus ; elle connoît le cas de la loi, elle y satisfait.

Mais cette cause doit encore suppléer ce qui manque à notre volonté, dans l'espéce d'empire que cette volonté exerce sur nos membres, c'est-à-dire, qu'elle doit suppléer une puissance qui exécute. Quand je supposerois dans la bille d'un billard qui en frappe une autre, une intelligence semblable à la mienne, mais distinguée d'elle, cette intelligence n'y produiroit que ce qu'opére la mienne sur les parties de mon corps : or mon intelligence n'est point une cause qui nécessite mes membres à faire ce que je veux ; nous l'avons vû : donc une intelligence unie à une bille de billard, ne pourroit y être la cause nécessaire des suites du choc : cependant nous ne pouvons douter que tout mouvement ne soit l'effet infaillible de sa cause : donc cette cause est une volonté, dont l'essence est de produire son effet ; c'est-à-dire, que la cause qui sçait appliquer les loix du mouvement, est le legislateur-même.

On pourroit même démontrer *à priori* cette importante vérité. On ne peut pas douter que ces loix ne soient établies par la cause suprême, & qu'elles ne soient autant de volontés du Créateur. Mais les volontés absolues du Créateur opérent immédiatement par elles-mêmes : donc toute exécution de ces loix est essentiellement renfermée dans la force souveraine de cette volonté : donc tout mouvement particulier dans les corps est l'effet nécessaire de cette volonté : donc le choc & toutes les autres circonstances qui déterminent le mouvement, n'en sont que des occasions, & non les causes efficaces : donc notre volonté même n'est que l'occasion des mouvemens que nous exigeons de nos membres.

Vous en conviendrez, M. il est démontré dans la plus étroite rigueur, que cette force que nous supposons naturellement dans les corps pour résister au mouvement, pour y céder, pour continuer à se mouvoir, est très-réelle, puisque c'est la volonté du souverain Etre. Ainsi l'idée que nous avons du mouvement ne renferme aucune erreur, mais seulement un défaut de connoissance que la réflexion corrige aisément. Notre idée annonce une cause active dans les corps, mais elle ne la fait pas connoître.

Permettez-moi, M de revenir sur l'exercice de nos membres soumis à notre liberté ; car ce point est très-important pour le fond de notre dispute. Je ne puis regarder comme un mode de mon bras la volonté de le remuer : encore moins puis-je supposer qu'il sçache ce qui se passe dans mon intelligence ; qu'il y distingue mes ordres. Je risque d'autant moins de donner dans cette chimére, que je suis plus intimement convaincu que tout être qui verroit clairement ma volonté, seroit mon Dieu, & que j'en dépendrois totalement : je suis en même tems très-persuadé que ma volonté ne renferme aucune puissance, & que le mouvement de mon bras, en remplissant ses ordres, n'est pas forcé à le faire, parce qu'elle le lui prescrit. Cependant le mouvement de mon bras ne peut être que l'effet d'une volonté souveraine : Il faut donc que je remonte à un être qui lise dans ma volonté, qui connoisse mon bras, & ce que le méchanisme de ce membre permet d'exécuter, dont la volonté produise par elle-même ce qu'elle se propose. Or cet être est évidemment celui dont je sens l'existence, en même tems que je sens la mienne.

Et remarquez, M. que la cause qui me procure cette docilité de la part de mes membres, doit avoir une connoissance dont je suis absolument dépourvu : il faut qu'elle sçache l'état actuel de tout ce qui les rend mobiles. Quant à moi, je connois si peu la situation présente de mon bras & ce que son méchanisme peut comporter, que je désire quelquefois & très-fortement obtenir de lui des services qu'il ne peut me rendre. Combien ai-je souhaité dans mon enfance d'avoir un caractére d'écriture lisible & bien formé! cependant après avoir appris longtems d'un des meilleurs Maîtres de Paris, je peins très-mal. Celui qui me donne l'exercice de mes membres, connoissoit l'état de ma main, & quelque bonne volonté que j'eusse lorsque j'apprenois, il ne tiroit de mes doigts que ce qu'ils pouvoient exécuter, parce qu'il suit exactement les loix qu'il a posées ; mais moi, qui ne connoissois point ce mécanisme, je m'impatientois beaucoup de me voir surpasser par plusieurs de mes condisciples, qui certainement n'avoient pas tant à cœur de se perfectionner.

Concluez de là, s'il vous plaît, M. que les causes occasionnelles du Pere Mallebranche ne sont point un systême, mais un fait dont nous sommes assurés, & par nous-mêmes & par tout ce que nous appercevons de mouvemens. En suivant les observations que nous venons de faire, il demeurera donc pour constant, dans le cours de notre dispute, que tout mouvement renferme deux choses ; un mode dans le mobile, selon lequel il change successivement de situation par rapport à quelque point fixe ; une activité résidente dans les loix mêmes du mouvement, lesquelles étant des décrets absolus du Tout-puissant ne peuvent être des loix mortes, & par lesquelles dans le choc le corps perd de sa vîtesse, tandis que celui qui choque en acquiert une d'un certain dégré : ainsi ce mot de *communication de mouvemens*, si propre à confondre nos idées sur cet article, ne nous causera plus la moin-

À UN MATÉRIALISTE. 153.
dre équivoque. Nous ne penserons pas une chose impossible, je veux dire, que le mode d'un corps se détache pour aller être la façon d'être d'un autre corps. En un mot, le mouvement ne sera plus une espéce d'être à part distingué des corps mêmes, qui passe en partie de l'un à l'autre. Fausse imagination, fort commode pour soumettre le mouvement au calcul, mais que les plus grands hommes ne réalisent que trop.

Quelles erreurs ne sont point sorties de cette fiction ! Je finirai cette Lettre en vous en donnant quelques exemples. On s'apperçoit que dans le choc, il se fait, comme on dit, quelque perte de mouvement : on l'attribue à la résistance que fait un corps attaqué par un autre pour persister dans son état, c'est ce qu'on appelle force d'inertie : on la distingue des effets des loix du mouvement, on la fait résider dans les corps. Cette erreur vient encore originairement d'une épreuve que nous faisons sur nous-même. Tout mouvement que nous donnons à notre corps est accompagné d'une sensation vive ou foible, que nous appellons un effort, qui nous paroît être dans le membre même que nous rémuons, & une résistance de sa part. Or nous imaginons dans les corps qui semblent résister au mouvement, je ne sçais quoi d'analogue à notre sensation; & cette imagination s'est fortifiée par l'habitude de notre enfance. Le moyen le plus sûr de secouer ce préjugé, c'est de considérer que la perte du mouvement est un effet précis de ce qu'on nomme force d'inertie, & relatif à la masse du corps attaqué. On ne peut concevoir que cet effet est assujetti à certaines loix, que par une cause qui connoît exactement le rapport des deux masses. Or ce rapport est totalement ignoré par les deux corps : la cause est donc distinguée des deux corps, & ne peut différer de celle qui régle la distribution des mouvemens. C'est une loi établie par une intelligence toute-puissante, qui dès-lors porte avec elle son exécution : c'est la même qui partage le mouvement entre les deux corps, après en avoir supprimé la quantité précise qui doit être en pure perte, relativement au corps qui sera déplacé; en sorte que comme tout effort qui de notre volonté passe à un de nos membres est quelque consommation, quelque dépérissement de nos forces; de même tout choc doit occasionner quelque perte de mouvement entre tous les autres corps.

Une autre erreur sçavante où plusieurs Philosophes se sont engagés, faute de voir l'action de Dieu dans tous les mouvemens des corps; c'est l'inhérence de l'attraction Newtoniene au corps. Ils suposent une force par laquelle le Soleil attire, par exemple, Saturne & la Terre en raison composée de la raison directe des masses, & de la raison inverse de la distance du Soleil à ces planettes: ce rapport composé exige de l'attention pour être saisi. La cause qui suit ce rapport doit le connoître dans chaque position où peuvent se trouver les trois planettes. Personne ne donnera sérieusement cette connoissance à ces astres. Qui pouroit imaginer que le Soleil connoît sa masse relative à Saturne & à la Terre, & la distance où il est de l'une & de l'autre? Qui suposera que le Soleil veut que ces planettes s'approchent ou s'éloignent de lui, suivant toutes leurs situations, & que Saturne & la Terre veulent bien déférer à ses ordres? Les effets sont cependant réglés sur ce rapport:

donc la cause qui produit l'effet connoît ce rapport, & remplit la loi qui convient. Cette loi, disent les Newtoniens, est toujours fidélement exécutée dans les différens aspects des planettes : donc, leur dis-je, sa nature est d'être toujours remplie. Elle ne peut être aveugle, puisqu'elle est continuellement dirigée par des connoissances de rapports très-exacts. Les Newtoniens font des calculs très-embarrassés pour déterminer la route d'une planette, conformément à la variété de ses aspects avec les autres planettes. Si Dieu n'agissoit pas, il faudroit que les planettes fissent toujours les mêmes calculs, avec une toute autre précision que celle dont les Géomètres Newtoniens sont capables, quelque habiles qu'ils soient : mais si ces calculs étoient purement spéculatifs, comme ceux de ces Messieurs, ils n'avanceroient pas plus la route des planettes, que les observations des plus fameux Astronomes. L'attraction, supposé qu'elle régle les corps célestes, comme il y a bien de l'apparence, doit donc être une loi, mais une loi pratique, une loi qui exécute. Et lorsque les Païens attribuoient la divinité aux planettes, ils raisonnoient & plus conséquemment & d'une façon plus intelligible, que ne font ceux des Disciples de Newton, qui se sont tant écartés de la sage retenue de leur Maître.

Quelques-uns ont poussé si loin la liberté de tout hazarder, qu'ils ont prétendu que, supposant la loi de l'attraction, on peut croire que le monde se seroit formé de lui-même comme nous le voyons, ou au moins que la matière ayant été d'abord distribuée comme elle l'est par le Créateur, les astres suivroient la route qu'ils tiennent, sans que Dieu s'en mêlât. La prémière prétention est une pure fanfaronade philosophique ; & la seconde renferme une contradiction palpable : car cette loi n'étant qu'un décret du Tout-puissant, elle est nécessairement pratique : ainsi les astres feroient, selon l'idée de ces Messieurs, leurs révolutions par l'action de Dieu, sans qu'il y intervînt. Etablissez dans le monde tant de loix qu'il vous plaira, si ces loix ne sont pas actives par elles-mêmes, l'univers & tout ce qui s'y passe sont des effets sans cause. Si vous dites que les corps se meuvent d'eux-mêmes par un principe inconnu qui réside en eux, ou vous supposez une volonté qui est suivie de son effet, ou vous parlez sans avoir aucune idée. C'est la nature, dit-on, qui remue l'univers: mais qu'est-ce que la nature? On nous promet quelque part de nous l'apprendre: en attendant cet oracle, nous croirons que la nature n'est autre chose que la souveraine activité des loix du Créateur, qui nous dérobe sa présence, & par laquelle tout l'univers est gouverné. Ces loix sont celles de l'attraction, de la communication des mouvemens, de la statique des solides & des fluides, de la méchanique; non des loix mortes & spéculatives, mais pratiques.

Je sais, &c.

A Paris, ce 27 Avril 1752.

HUITIÉME LETTRE.

Avec l'Anatomie, dites-vous, M. on peut lever la plupart des voiles qui dérobent l'ame à la curiosité de nos recherches. Je reconnois cette sentence : vous ne citez point l'ouvrage d'où vous l'avez tirée, quoique vous l'ayez soulignée. Cette referve est fort fage : des Auteurs univerfellement décriés ne meritent, ni d'être cités pour faire autorité, ni même qu'on fe donne la peine d'en faire la critique. Je vous ai déja donné bien des preuves de mon attention à menager fur ce point la délicateffe du public : cependant vous me faites de longs extraits de ce même Livre, que vous n'ofez citer. J'uferai de la même difcrétion en recueillant certains aveux que vous rapportez d'après votre Auteur, lorfqu'ils entreront naturellement dans mon plan.

Vous m'invitez, M. à cultiver l'Anatomie : c'eft peut-être, me dites-vous obligeamment, la feule partie qui me manque. Mais pourquoi penfez-vous, M. que je fois fi étranger dans cette science? Il me semble que l'ouvrage que vous avez eu la patience de lire, vous auroit dû donner une toute autre idée de mes études; que vous auriez pu présumer que je m'étois préparé, par la connoissance de la structure du corps humain, à trouver les moyens de distinguer l'ame de la machine. J'ai souvent observé, que ceux qui croient l'homme une pure machine, ou qui se donnent pour gens qui en sont persuadés, ne pouvoient s'attacher à ce sentiment que parce qu'ils n'avoient étudié que très-superficiellement l'Anatomie. Et vous-même, M. n'êtes-vous pas dans le cas? Je vous exhorterois donc volontiers à mon tour à suivre le cours du célébre M. Ferrein, déja commencé: vous y apprendriez à connoître votre corps & à ne pas le confondre avec votre ame; & vous ne me diriez plus, comme vous faites, ,, que le scalpel, par l'adresse de nos ,, habiles Anatomistes, suit les organes ,, de la sensation (les nerfs) jusque dans ,, le sanctuaire du sentiment, fait voir ,, dans les muscles toute l'activité de ,, notre liberté, & n'a besoin que d'être ,, éclairé par des microscopes plus forts ,, que ceux que nous avons, pour dé-

» couvrir dans notre cerveau les idées
» & leur méchanisme, en quoi consiste
» tout notre raisonnement.

Puisque l'étude réfléchie de l'Anatomie est si nécessaire dans une question aussi intéressante, malgré la mauvaise opinion que vous avez de moi en ce genre, je vais vous décrire en abregé les connoissances Anatomiques qui peuvent avoir quelque rapport avec nos sensations & nos volontés : mais ce détail n'ira pas bien loin; car il seroit assez inutile de faire ici la description des artéres, des veines, des membranes, des glandes, des différens viscéres, du sang, des autres fluides, des chairs, &c. Vous ne placez ni là sensation ni la volonté dans aucune de ces parties : vous vous demandez même, comme le fait votre Auteur, » Les
» sensations & les mouvemens animaux
» peuvent-ils être raisonnablement placés dans l'artére ? Ce tuyau est privé
» de sentiment par lui-même, & il n'est
» changé par aucun effort de la vo-
» lonté. » Toutes les ressources que nous pouvons tirer de l'Anatomie se réduisent donc au système des nerfs, & à celui des muscles ; & j'employerai souvent, préferablement à tout au-

ere ouvrage, les Inſtitutions de Boerhaave, ſans m'aſtreindre néanmoins à ſa doctrine particuliere. Je ne prendrai de ce grand Phyſicien que les faits: je les diſtribuerai en trois ordres.

Premier ordre de faits ſur les Nerfs.

Tous les nerfs ont leur origine, ou dans la moëlle allongée, ou dans celle de l'épine du dos. Dix paires ſortent du dedans du crane, trente-une paires naiſſent de la production de la moëlle allongée hors du cerveau, & trouvent des paſſages dans les vertébres. Tant que les nerfs ſont comme confondus dans la moëlle allongée, ou dans celle de l'épine, ils ſont pulpeux: en ſortant de là ils trouvent un fourreau formé de la continuation de la pie-mere : ſous cette enveloppe ils enfilent des trous préparés dans la dure-mere, qui leur fournit une ſeconde enveloppe; je parle des dix premiers paires : les autres ont leur paſſage dans l'épine. Le ſyſtême des nerfs eſt tel, que chacun d'eux ſe ſubdiviſe en différentes branches à meſure qu'il s'éloigne de ſon origine, de maniére qu'il n'eſt aucun point ſolide du corps où quelque ramule de nerfs ne parvienne.

Les enveloppes des nerfs ont dans leur tissu des ramules de vaisseaux sanguins, limphatiques, & d'autres espèces; & le canal qu'elles forment est rempli de filets extrêmement déliés, partagés en divers faisseaux. Ces fibrilles sont des expansions de la moëlle allongée, ou de celle de l'épine ; elles sont prodigieusement multipliées, & d'une finesse inexprimable. Lorsque les derniers ramules d'un nerf arrivent à leur terme, ils perdent leur enveloppe, & s'étendent en façon de membrane très-déliée, ou de pulpe : dans leur cours les nerfs ne paroissent par tendus, mais lâches : ils ont des sinuosités, des rebroussemens, des obliquités.

Tout le monde convient que les nerfs sont les organes de nos sensations. Si un nerf est coupé ou paralisé, toutes les parties dans lesquelles il se distribuoit, perdent le sentiment : mais comment cet organe remplit-il son objet? C'est ce qu'on ne sçait point. Observez que je ne parle que du méchanisme, auquel le sentiment est attaché. Les uns, & c'est l'avis de Boerhaave, prétendent que les fibrilles nerveuses dont nous avons parlé, sont des tubes; qu'il y coule perpétuellement une matière spiritueuse, extraite de ce que le sang a de plus pur, & qu'ils appellent esprits animaux, sans trop les caractériser autrement. Est-ce la partie volatile du sang, de la lymphe ? Est-ce de l'air ? Est-ce l'æther ? On ne dit rien de positif sur tout cela. D'autres Anatomistes nient que ces fibrilles soient des tubes : ils assurent qu'on n'a pu découvrir par aucun moyen qu'ils fussent creux, & cette preuve négative ne feroit pas une démonstration. Ceux-ci ne veulent point reconnoître d'esprits animaux : ils regardent les fibrilles nerveuses comme de simples filets. Ainsi, avant que de répondre à cette question ; quand je suis brûlé, que se passe-t-il dans le nerf offensé ? Il faudroit décider si les fibrilles sont des tubes ou non, si les esprits animaux y coulent ou s'ils n'y coulent pas : car dans ces deux hipothéses, on doit trouver deux méchanismes différens. Ceux qui nient l'existence des esprits animaux, diront que la brûlure fait prendre à la fibrille nerveuse attaquée, depuis l'endroit que le feu atteint, jusqu'à l'origine de la fibrille, une certaine habitude, un certain ébranlement d'oscillation qui n'est pas dans le ton de la fibrille ; peut-être quelque crispation ; en un mot, je ne sçai quelle disposition particuliére qui sert à caractériser la douleur de la brûlure, à la distinguer de toute autre espéce de douleur. Ceux qui croient l'existence des esprits animaux, les feront refluer vers l'origine de la fibrille nerveuse dans un certain désordre très-déterminé, puisqu'il détermine & l'espéce & l'intensité de la douleur ; mais qu'il est impossible de définir au juste.

Voilà deux partis bien différens & qui fournissent des explications opposées : mais l'un & l'autre se réduit à des idées très-vagues, & qui servent également à nous prouver que la douleur de la brûlure n'est point un état, un mode, un méchanisme du nerf offensé, en un mot, qu'elle n'appartient point au nerf. La douleur est pour celui qui la ressent un état très-précis : ce n'est point un mode vague & indéterminé. Il est donc évident que si le méchanisme qui se passe dans le nerf & la sensation cruelle de la brûlure étoient la même chose ; sentir la douleur & sentir le méchanisme précis de la fibre nerveuse, cene seroit rien de différent. Un tuyau d'orgue qui se sentiroit exister, se sentiroit creux, sentiroit le vent introduit dans sa capacité : de même si la douleur n'est qu'un méchanisme d'une fibrille ou d'une partie de cette fibrille, elle ne peut sentir son existence & sa maniére d'exister, qu'elle n'ait la perception précise de sa modification actuelle, qu'elle ne sçache si elle est pleine ou creuse, si elle est ébranlée par quelque oscillation, ou dilatée par quelque corps étranger : en un mot, je ne puis douter que moi qui hais la douleur, si je ressens celle de la brûlure, ce ne soit une façon d'être très-déterminée pour moi : mais quelque méchanisme déterminé que vous supposiez dans telle ou telle fibrille du nerf qui répond à mon doigt brûlé, je pourrai toujours douter de la réalité de ce méchanisme : il ne peut donc pas être vrai que ma douleur & tel méchanisme des fibres nerveuses de mon doigt soient la même chose.

Ce n'est pas à la partie des nerfs, aux houppes qui se trouvent à leurs extrêmités, que la sensation est attachée. Votre Auteur en convient, & je le cite à mon tour, parce qu'il nous dit un fait incontestable : " Toutes les

» parties qui sont au-dessus des plaies &
» des ligatures, conservent entre elles
» le mouvement & le sentiment tou-
» jours perdu au-dessous, entre la li-
» gature & l'extrêmité ; la section, la
» corruption des nerfs & du cerveau,
» la compression même de cette partie,
» &c. ont appris à Gallien la même
» vérité...... Il a sçu, 1°. Que l'ame
» sent & n'est réellement affectée que
» dans le cerveau des sentimens pro-
» pres à l'animal......2°. Qu'elle n'a
» de sentiment & de connoissance qu'au-
» tant qu'elle reçoit les impressions ac-
» tuelles des esprits animaux......
» L'expérience nous a même appris,
» que lorsque quelque partie du corps
» est retranchée, l'ame a les sensations
» que cette partie, qui n'est plus, sem-
» ble encore lui donner. » M. Bossuet cite à cette occasion l'éxemple d'un homme dont la jambe avoit été coupée,
& qui grattoit sa jambe de bois à laquelle il sentoit de la démangeaison.
Le reste de la fibre nerveuse, dont la
partie retranchée portoit autrefois le
sentiment jusqu'à la jambe, étant picoté
par quelque humeur acre, l'ébranlement qui en résulte se communique à
l'origine de la fibrille, comme auroit

fait l'impression que cette même fibrille eût reçue à son extrêmité, si la jambe n'eût pas été coupée, & la démangeaison est rapportée à l'extrêmité de cette même fibrille, suivant l'institution du sentiment, ce qui prouve constamment que le méchanisme du nerf d'où dépend la douleur, doit être dans le cerveau, où ce méchanisme n'est jamais senti ; & que le siége de la douleur peut être une partie étrangére au corps humain, dans laquelle le méchanisme essentiel à la douleur ne se trouve point.

Cette vérité se trouve confirmée par d'autres phénoménes. Il n'est pas rare de voir des personnes dont on a coupé la cuisse depuis longtems, se plaindre d'élancemens causés par la goutte dans le doigt du pied qu'ils n'ont plus. Un Allemand avoit tellement perdu le sens du tact dans toute l'habitude de la peau, qu'on pouvoit appliquer de la glace ou du feu à quelque partie de son corps qu'on voulût, sans qu'il en ressentît la moindre douleur : néanmoins les plaies se refermoient, & il jouissoit de la meilleure santé.

Ces derniers faits me fournissent un raisonnement décisif contre ceux qui comme vous, M. voudroient réduire
l'homme

l'homme à la pure machine. Selon eux telle senfation ou tel méchanifme dans une fibre nerveufe eft la même chofe : par conféquent la douleur n'eft qu'une modification de la fibrille. Or, 1°. le méchanifme d'où vient la douleur, appartient à l'origine de la fibrille, dont l'extrêmité eft bleffée vers la peau, par exemple. On vient d'en convenir : ce méchanifme n'eft ni connu ni fenti ; c'eft un fait fur lequel on ne peut héfiter. Donc la douleur n'eft point la façon d'être actuelle, le méchanifme de l'origine de la fibrille ; à moins qu'on ne voulût dire qu'une douleur actuelle, eft une fenfation vive qui n'eft point fentie, ce qui feroit abfurde. 2°. Le méchanifme de la fibrille nerveufe dans mon doigt brûlé, c'eft-à-dire, le phyfic actuel de l'extrêmité de cette fibrille dans mon doigt brûlé, n'eft point la douleur, puifque ce phyfic pourroit être dans mon doigt, quoique je ne reffentiffe aucune douleur, & que ce phyfic pourroit n'y être pas, quoique je fentiffe vivement la douleur de la brûlure. Le premier cas où le phyfic de la brûlure pourroit être dans mon doigt, quoique je ne fentiffe pas la douleur de la brûlure, eft celui d'un homme

H

dont le nerf répondant au doigt brûlé, est fortement ferré, ou coupé, ou paralifé, ou privé de communication entre l'origine & l'extrêmité du nerf, comme dans l'Allemand dont j'ai parlé. Le fecond cas eft celui de l'homme qui gratte fa jambe de bois, ou qui fent la goutte au doigt d'un pied qu'il n'a pas. Il eft donc évident que la douleur n'eft point le phyfic actuel du membre, ou de l'extrêmité du nerf où nous la fentons. D'ailleurs, ce phyfic n'eft dans le vrai, ni fenti, ni connu; car il eft uniquement dans les fibrilles des nerfs bleffés. Tout Anatomifte en tombera d'accord. Or, quel eft l'homme à qui la douleur de la goutte, ou d'une brûlure fafle connoître les fibrilles des nerfs offenfés, ou le nerf même dont ces fibrilles font partie?

Ces raifonnemens feroient toujours également forts & concluans, quand même je vous accorderois, M. la prétention la plus folle qu'on puiffe imaginer, & que vos Meffieurs ne trouvent point telle; quand même je conviendrois que chaque fibrille du nerf fent fon exiftence & fes modifications, il feroit prouvé que la douleur que nous fentons, n'eft point dans le fait le phy-

A UN MATÉRIALISTE. 171

fic de la fibrille nerveufe. Votre Auteur favori ne me contefteroit pas cette vérité. Ecoutez-le, je vous prie, ”l'a-
” me ne fent pas dans le lieu même où
” elle croit fentir. Son erreur confifte
” dans la maniere dont elle fent, &
” qui lui fait rapporter fon propre fen-
” timent aux organes qui le lui occa-
” fionnent, & l'avertiffent en quelque
” forte de l'impreffion qu'ils reçoivent
” eux-mêmes des caufes extérieures. Ce-
” pendant nous ne pouvons pas affurer
” que la fubftance de ces organes ne
” foit pas elle-même fufceptible de fen-
” timent (apparemment comme la table fur laquelle j'écris, comme le carreau fur lequel mon pied s'appuye.)
” Mais ces modifications ne pourroient
” être connuës qu'à cette fubftance mê-
” me (de l'organe) & non au tout,
” c'eft-à-dire à l'animal auquel elles ne
” font pas propres, & ne fervent point.
Ainfi, que les fibrilles de mes nerfs où réfide le fiftême de mes fenfations, fentent ou ne fentent point leur exiftence & leurs modifications, il eft bien exactement prouvé que ma douleur prefente n'eft ni l'état de ces fibrilles, ni le fentiment que ces fibrilles pourroient avoir de leur état actuel.

H ij

Parmi les nerfs il y en a dont les fonctions se terminent principalement à nous donner differentes manieres de perceptions des objets extérieurs. Tels sont les nerfs optiques pour les yeux, les acoustiques pour les oreilles. Tels sont ceux qui sont destinés à recevoir les odeurs par le nez, ou les impressions des saveurs sur la langue. Nos Modernes & surtout les partisans de l'homme machine, voudroient bien réduire ces quatre sens à celui du tact, les donner pour differentes manieres du tact. La vision, c'est la retine touchée par les rayons de lumiere; le son, l'appareil intérieur de l'oreille, frappé par les ondulations de l'air : ainsi du reste. Mais quel avantage leur pourroit procurer cette découverte, après que je leur ai prouvé que nul état actuel des nerfs, n'étoit une sensation, ni le sens du toucher ? Ils auroient même quelques difficultés particulieres à essuyer par rapport au sens de la vue & peut-être de l'ouïe. Bornons-nous au premier.

On croiroit que c'est celui des sens que l'anatomie, secondée de l'optique, nous a mieux fait connoître. On nous fait voir que les objets sont peints renversés sur la retine. Cependant rien n'eſt moins clair que la maniere dont ſe fait la viſion. Il eſt néceſſaire que je vous faſſe convenir de cette obſcurité, pour vous convaincre que la viſion n'eſt aucun état phyſique de l'œil. Méditez, je vous prie, M. les détails ſuivans. On ne peut aſſurer que tout ce qu'il faut pour faire la viſion, ſoit terminé à la retine, c'eſt-à-dire, que l'image peinte à l'envers ſur ce réticule nerveux ſoit ni la ſenſation, ni l'occaſion de la ſenſation. Il faut que cette occaſion ſoit ſuppoſée au-de-là de l'origine des nerfs optiques, ou au moins à cette origine. En voici les preuves. 1°. Que l'œil conſerve la diſpoſition la plus avantageuſe, que le criſtallin ne ſoit ni épaiſſi, ni diſſous, les raïons renvoyez par les objets peindront en petit ſur la retine ces mêmes objets. Si néanmoins dans la même perſonne, dont l'œil eſt ſi beau, le nerf optique eſt paraliſé dans ſon origine ; cette perſonne eſt aveugle. Donc l'eſſentiel de la viſion n'eſt pas la peinture de l'image ſur la retine, mais un méchaniſme qui manque par le vice des nerfs optiques.

2°. Les images de ce que l'on a vû, ſont renouvellées, plus foiblement à la vérité, par l'imagination dans l'homme qui veille: elles le sont très-vivement dans celui qui rêve. L'imagination vive rend présents à des personnes qui veillent, des objets qui ne sont point sous leurs yeux, & dans les songes on voit des figures mouvantes & parlantes; on voit des païs très-étendus. Or, je ne crois pas que l'on pense que dans tous ces cas les tableaux des choses qu'on apperçoit, soient peints sur la retine. Il faut donc nécessairement avouer que les occasions des songes & des rêves sont dans le cerveau, au moins vers l'origine des nerfs optiques.

Mais ces occasions que nous sommes obligés de placer au-delà de l'appareil de l'œil, sont-ce des tableaux, de petites images imprimées sur quelque partie du cervelet? On le voudroit bien; car on s'imagine avoir découvert tout le secret de la vision, lorsqu'on s'est assuré que les images des objets sont peintes sur la retine. On pourroit même penser, comme je l'ai soupçonné quelque part, que l'image tracée sur le cervelet pourroit s'y redresser. Mais l'anatomie ne peut faire voir, ni le lieu propre à recevoir ces secondes images, ni ces images elles-mêmes; & l'optique, la dioptrique, & la catoptrique abandonnent ici l'anatomie dans le plus grand besoin.

Vous allez convenir, M. que ces sciences si intéressantes d'ailleurs ne donnent aucune lumiere sur ce qui se passe hors de l'œil dans le cerveau, lorsque nous voyons. Car lorsque nous faisons l'expérience sur un œil de bœuf, fraîchement tué, dont la prunelle est exposée à un trou qui permet l'introduction du raïon dans l'orbe de l'œil, tandis que la lumiere ne peut entrer par aucun endroit dans la chambre où l'on observe; vous voyez l'image peinte en dedans sur le fond de l'œil tourné vers vous. Les raïons de lumiere qui peignent le tableau de dehors sur la retine de bœuf, traversent donc cette retine pour parvenir à vos yeux, & pour y rendre l'image tracée au fond de l'œil de bœuf: les traits lumineux ne suivent donc point les fibrilles, qui forment le rezeau de la retine; ils ne passent point dans de petits tubes, dont on pourroit supposer que le solide du nerf optique est composé. Car pourquoi voyez-vous une image représentée sur le fond de l'œil de bœuf, si ce n'est, parce que chaque point de l'image est le sommet d'un faisceau conique de traits de lumiere, où ces mêmes traits sont croisés ? Or, qu'un Opticien suppose comme il voudra, ou que l'œil du beuf, étant dans l'animal vivant, les traits lumineux enfilent la fibre où ils marquent un point de l'objet ; ou que l'action de la lumiere se termine à la retine : je le prie de m'expliquer comment dans le premier cas, que je ne crois point, les traits lumineux se rassemblant dans le nerf optique, vont peindre, étant devenus paralelles dans le nerf optique, vont peindre, dis-je, à l'origine une seconde copie des objets ; & comment dans le second, les ébranlemens des fibres nerveuses causées par le choc lumineux, ou si l'on veut un certain refoulement des esprits occasionné par ce même choc, peuvent former dans le cerveau cette seconde copie, cause immédiate de la vision. Il doit donc passer pour très-constant que le méchanisme propre à l'usage de nos yeux, que nous croyions connoître parfaitement, est encore pour nous un très-grand mystere.

Mais je ne borne pas l'avantage que tous ces faits me procurent, à vous forcer de convenir de notre profonde ignorance. Je veux encore vous faire voir que le sens de la vision n'est absolument aucun méchanisme, aucun état actuel physic d'aucune des parties qui forment l'organe de l'œil. Premierement ce n'est point l'effet du choc de la lumiere sur la retine, ce choc n'est point senti ; j'en atteste votre propre expérience. Secondement, cette image peinte sur la retine n'est point vue par notre ame, puisque ce que voit notre ame est hors de l'œil. Ce jeu dans l'intérieur du nerf optique est encore moins apperçu : ce qu'il produit à son origine ne l'est pas non plus. Donc aucun méchanisme de l'œil n'étant senti ne peut être la même chose que la sensation de la vision que nous éprouvons actuellement.

Second ordre des faits sur les muscles.

On vient de voir que c'est à l'occasion du jeu des nerfs que les facultés passives de l'ame sont exercées : c'est aussi par l'entremise des nerfs que notre volonté use du pouvoir qu'elle a sur notre corps : au moins, parmi les paires de nerfs qui sortent immédiatement du cerveau, & parmi les trente & une qui naissent de la moëlle de l'épine, plusieurs semblent être si essenciels à notre liberté, qu'ils ne peuvent être ou paralifés, ou coupés, ou liés, que le pouvoir de l'ame fur la partie, où ils fe diftribuent, ne foit détruit ou fufpendu. Il paroît même que tous les mouvemens libres partent du cerveau, puifque s'il eft affaiffé ou gonflé par une furabondance de fang, comme dans l'apoplexie, l'épilepfie, la catalepfie, la létargie, il n'y aura plus de mouvement libre : ce qui fuppofe que nous n'en pouvons produire aucun qu'autant que fubfifte la communication du cerveau à nos membres par l'entremife des nerfs. Les mêmes nerfs foûmis à notre liberté peuvent agir indépendamment de cette faculté, comme il arrive dans les foux, dans les petits enfans, dans ceux qui font en délire. Mais ceci doit être remarqué : du même nerf fortent des branches ou rameaux dont les uns font foûmis à notre liberté, fans que les autres en foient dépendans. De plus, des nerfs differens & quelquefois très-éloignés, dans leur origine, fourniffent chacun des rameaux à la même partie, dont les uns fuivront, les autres préviendront le choix de notre libre-arbitre.

Cependant l'organe immédiat des

mouvemens libres & de plusieurs qui ne sont pas libres, est le muscle de la partie remuée.

Le muscle est une substance charnue, capable de racourcissement & d'allongement, dont l'origine est un nerf concourant avec une artere si considérable qu'on seroit tenté de juger qu'elle forme toute la texture du muscle : l'extrêmité est un tendon. Le muscle peut être regardé comme un composé de machines partielles, semblables au total, divisibles & sou-divisibles elles-mêmes en d'autres organes aussi semblables, à tel point que l'imagination n'y peut atteindre & que le dernier résultat de toute division possible, ne paroît qu'une fibre musculaire; & tout cela se trouve disposé sur des plans très sçavans, suivans l'usage de chaque muscle, & qui sont bien propres à faire reconnoître la sagesse immense du Constructeur de ces admirables machines.

Boerhaave juge que chaque fibre musculaire est un composé de fibrilles très-fines du nerf dépouillé de ses enveloppes, disposé suivant la construction du muscle total. Mais de très-habiles gens distinguent les fibres musculaires des fibres nerveuses; & font des premieres le fond de l'appareil de la machine. Un célébre Obfervateur a vu ces fibres mufculaires, comme pliffées & faifant des zigzags ; & M. Bernard de Juffieu les a vues comme des tubes creux. Les fibrilles nerveufes, les fibres mufculaires font comme tiffues par les entrelaffemens des ramules de l'artere, lefquels fe terminent en plexus réticulaires, en vaiffeaux fecretoires, portant une liqueur onctueufe deftinée à diminuer les frottemens dans les mouvemens, en tubes limphatiques plus que capillaires. Le tendon eft la continuation de tous ces petits tubes, de ces ramules, de ces fibrilles ferrées les unes contre les autres.

Les fibres mufculaires font conftruites de maniére qu'elles tendent toujours à prendre une forme propre à racourcir le mufcle, & qu'elles s'oppofent à toute action qui tend à l'allonger : ainfi chaque mufcle ne peut être étendu que par une caufe étrangére, & cette caufe eft un mufcle antagonifte dont les fibres font difpofées en fens contraire. Dans le mufcle agiffant, le tendon ne paroît fubir aucun changement ; mais la chair fe gonfle, fe durcit, pâlit, augmente de maffe. Dans le mufcle qui n'agit point, la chair est plus molle, plus rouge, moins gonflée, & cet état s'appelle la restitution du muscle. Si un antagoniste agit tandis que l'autre reste dans sa situation naturelle, le membre est plié : agissent-ils tous deux ? Le membre aquiert une force pour résister à tout effort qui tendroit à le faire changer de situation. Si tous les deux sont dans l'inaction, le membre céde avec facilité à tout effort étranger.

Mais quelle est la cause physique qui donne du mouvement à un muscle ? Ici revient la fameuse dispute sur les esprits animaux : on se partage. Ceux qui prétendent que les fibres nerveuses sont creuses & pleines d'une liqueur très-spiritueuse, ou d'un vent très-subtil, expliquent aisément l'exécution de la volonté que j'aurai de remuer le bras. Une quantité très-abondante d'esprits est dardée dans les petits tubes du nerf, dont l'assemblage forme le nerf qui doit être mis en action : cette explication n'a pas toute la clarté qu'on lui trouve d'abord ; elle exigeroit bien des détails. Cette quantité si abondante d'esprits gonfle-t-elle le nerf, le sollicite-t-elle à se racourcir ? Si cela étoit bien conftaté, on pourroit dire que le racourciffement du nerf, tendant à allonger le mufcle, les fibres mufculaires par leur réaction fe contracteroient; que les fibres nerveufes étant plus gonflées, il arriveroit que les veines feroient preffées, & cefferoient de former un tuyau; que par cela feul le fang dardé dans les artéres, dont la folidité refifteroit à la preffion, les gonfleroit de plus en plus, parce que toute iffue lui feroit fermée; qu'ainfi le mufcle augmenteroit en volume par la quantité de fang; & deviendroit pâle, parce que les veines, dont la tranfparence fait paroître la couleur du fang, étant vuides, & la folidité de la tunique des artéres ne permettant pas à la couleur du liquide qu'elles renferment de fe manifefter au-dehors, le mufcle doit perdre fa rougeur. Mais ne pourroit-on pas auffi fuppofer que le fluide coulant dans le nerf feroit fimplement acceleré dans le tuyau commun, entreroit avec plus d'abondance dans les fibrilles nerveufes? ce qui rameneroit la même explication. Ces Phifiologiftes fe croient fur-tout fondés dans leurs conjectures fur ce fait, que le nerf étant coupé, tout mouvement libre cesse dans le muscle.

Ceux qui nient l'existence des esprits animaux, conviennent qu'il est nécessaire que le muscle tienne au nerf, qu'ils regardent comme un point d'appui, propre à retenir les ressorts musculaires. Mais, disent-ils, s'il est d'un usage même nécessaire dans les mouvemens libres, il ne s'ensuit pas qu'il en soit le mobile. Les fibres musculaires tirent leur jeu de leur ressort propre, & la surabondance de sang qu'on est obligé de reconnoître dans le muscle gonflé, fait voir une cause tout autrement sensible des Phénoménes du muscle mis en action, que n'est l'accélération, ou, si l'on veut, l'augmentation d'une liqueur spiritueuse, qu'on ne voit point dans de petites fibrilles, qu'on ne peut s'assurer être des tubes. Ceux-ci se fondent principalement sur une expérience de Ruisch, que Boerhaave n'ignoroit pas. Ruisch ayant injecté de l'eau chaude dans l'artére du muscle d'un homme mort, ce muscle fut mis en action. Je ne m'étonne pas que Boerhaave n'ait pas jugé cette expérience décisive contre lui. Si l'action du ressort des fibres musculaires est cause dans l'homme vivant, que les veines applaties ne donnent point d'issue au sang dardé par l'artére, comme ces veines sont affaissées dans l'homme mort, & que le ressort des fibres musulaires, qui agit sur ces veines, n'est pas totalement éteint, il arrivera qu'en remplissant l'artére d'eau chaude, l'effort que fera le liquide pour rouvrir les canaux des veines, attaquera le ressort des fibres musculaires, & ce ressort réagira fortement sur les veines, & leur conservera leur applatissement, ainsi le muscle sera gonflé.

Enfin, les partisans des esprits animaux peuvent encore répliquer, que quelle que soit la cause du gonflement du muscle, il faut un mobile qui agisse sur le ressort des fibres musculaires, ou qui fasse entrer une plus grande quantité de sang dans l'artére, ou du moins qui pousse quelque soupape propre à fermer l'issue au sang par les veines. Or ce mobile quel qu'il soit, doit toujours être rapporté au nerf, & doit venir du cerveau, puisque tout mouvement libre suppose une communication entre le muscle emploié & le cerveau, & ce mobile est ce qu'on appelle esprits animaux, sans qu'on puisse trop les définir. Mais cette réplique n'est pas aussi décisive qu'elle le paroît ; car il ne peut être ici question que d'un mouvement imprimé par la cause suprême à l'occasion de notre volonté : or que chaque muscle, pourvu qu'il soit tenu dans un certain assujettissement par le nerf, soit mû par la cause souveraine immédiatement à l'occasion de notre choix, ou médiatement par des esprits que le Créateur forcera d'affluer dans le muscle par les tuyaux du nerf : c'est une alternative qui ne nous fait entrevoir de décision que dans le bon plaisir du souverain Être.

Nous devons conclure de cette incertitude où nous sommes sur l'existence des esprits animaux, que toutes nos recherches dans les sciences ne nous rendent pas plus sçavans sur la maniére dont nos membres sont remués à notre choix, que celui qui ne sçaura jamais ce que c'est que muscles, que nerfs, & que tendons. J'avoue néanmoins que j'aurois de la peine à abandonner totalement le parti de ceux qui tiennent aux esprits animaux. La nature qui paroît ramener tout à l'unité semble autoriser à penser que la machine du corps humain n'est pas remuée par des actions particuliéres, isolées, telles qu'il faudroit les supposer si le Créateur faisoit agir immédiatement chaque muscle : autrement on ne voit plus d'unité de jeu dans cette machine admirable : c'est une horloge dont chaque roue est mûe par un ressort particulier, & dès-lors ce n'est plus une machine : d'ailleurs l'existence des esprits animaux supposée, nous concevrions en quelque sorte comment notre liberté sert d'occasion aux mouvemens de notre corps : on pourroit imaginer dans le cerveau un réservoir où ces esprits seroient mis en dépôt pour obéir aux ordres de la volonté ; comme le vent est d'abord poussé dans un canal commun, en sortant des soufflets d'un orgue : si ce reservoir est vuide, il n'y aura point de liberté. Or à quelles marques reconnoît-on que ce réservoir est vuide ? Si le jeu de la machine emploie tous les esprits, s'il les fait passer immédiatement du sang dans différens nefs, la liberté alors ne trouvant aucun de ces esprits dans leur réservoir commun, doit devenir inutile : tel est l'état des foux. Dans le profond sommeil, ces mêmes esprits repompés par le sang, abandonnent le réservoir, leur action se manifeste par la chaleur du corps, par l'état du poux & de la respiration. Ces esprits sortent-ils immédiatement du sang, ou des vaisseaux lymphatiques, (car je ne prétens pas assurer leur véritable origine,) c'est un genre de folie qui se termine dans le cerveau, ce sont nos rêves. Si donc nous suprimons les esprits animaux, nous ne trouvons plus dans nos corps ces occasions de notre liberté. Les muscles sont souvent agités dans les foux qui sont privés de la liberté : dira-t-on que Dieu remue en eux chaque muscle arbitrairement & sans occasion ? Non. On sera donc forcé de convenir que ces mouvemements des muscles dans les foux se réduisent à un pur méchanisme dépendant du dérangement du cerveau : donc, conclurai-je, chaque muscle n'est pas mis en action immédiatement par la cause souveraine, mais par un mobile qui doit partir du cerveau.

Quelles vérités rélatives à la connoissance de notre ame tirerons-nous de ce second ordre de faits, que nous devons à l'Anatomie ? De très-importantes. La premiere, dont j'ai déja parlé, c'est que notre volonté n'est point la cause efficace proprement dite des mouvemens libres de nos membres; qu'elle n'en est que l'occasion. Je veux ôter mon chapeau pour saluer quelqu'un; c'est la fin que je me propose : mais cette fin ne peut être remplie sans moyen : certains muscles doivent y concourir alternativement : tout Anatomiste en conviendra, & pourra même m'indiquer quels sont ces muscles; mais, ni moi, ni l'Anatomiste le plus consommé, qui voudroit saluer quelqu'un, nous n'ordonnons rien à ces muscles. Et comment le ferions-nous! nous en sommes encore à déviner quel est cet agent qui opére sur les muscles : donc entre notre volonté & notre bras, il est une cause qui supplée les moyens que nous ne connoissons point, auxquels nous ne pensons pas; & cette cause voit notre choix dans l'intérieur de notre ame, & la maniére dont il peut être rempli dans nos muscles, qui sont les instrumens nécessaires pour exécuter ce que nous désirons. Je reviens souvent à ce fait, parce qu'il est d'une extrême importance.

Une seconde vérité tout aussi essentielle, c'est qu'aucun acte de notre volonté n'est un effet méchanique de nos nerfs ni de nos muscles. Quelqu'un seroit-il assez peu capable de réfléchir pour confondre la volonté de remuer le bras avec le mouvement du bras même ? Faudroit-il lui faire observer que ce mouvement de son bras est causé par tel gonflement d'un tel muscle, que ce muscle ne sent pas la maniere dont il est gonflé, ou qu'au moins celui qui veut remuer son bras ne sent point le gonflement de ce muscle, & ne sçait si ce muscle se sent exister ; que si la volonté de remuer le bras, & le mouvement de ce bras, étoient la même chose, la cause & l'effet, le terme de la volonté & la volonté, seroient identifiés. Enfin, il n'y a point de rapport entre la volonté de remuer le bras, & le gonflement actuel du muscle par lequel il est remué, puisque ce gonflement n'est point une fin que la volonté se propose ; puisqu'un manœuvre, qui sçait faire usage de ses bras tout aussi-bien que vous & moi, n'a pas la moindre connoissance des muscles, ni des moyens de les faire agir.

Troisiéme ordre de faits. Du Sensorium.

M. Descartes, quoique très-convaincu de la spiritualité de l'ame, croyoit néanmoins qu'il falloit qu'il y eût dans le cerveau un centre de réunion, où tout ce que pourroit éprouver le corps, ou d'agréable ou de douloureux, rétentît : d'où partissent tous les mouvemens commandés par la volonté ; comme le ressort d'une montre se ressent de tous les obstacles qu'on peut opposer aux différentes roues dont elle est composée, ou même au ressort spiral, & distribue cependant le mouvement à toutes les parties qui entrent dans sa construction. Ce centre de réunion est tout autrement indispensable dans le sentiment de ceux qui font de l'homme une pure machine. L'individu qui pense en moi, réunit une infinité de modalités passives à la fois, la vuë, l'ouie, le tact, l'odorat, le goût ; ces cinq sens peuvent être mis tout à la fois en action ; & ce même individu pense en même tems & délibére. Ce ne sont point sept êtres différens en moi, qui soient chacun le sujet de chacune de ces sept perceptions : c'est, comme j'ai dit ailleurs, un seul & même être. Il faut donc que les partisans de l'homme machine, nous assignent un organe où retentisse tout mouvement des autres organes du corps, d'où partent tous les mouvemens qu'opére notre volonté. Ils ne choisiront point celui que M. Descartes avoit regardé comme le centre de toute l'organisation, la glande pineale, pour laquelle ce Grand Philosophe s'étoit déclaré, parce que c'est la seule partie du cerveau qui ne soit pas double. Un Médecin qui donna un corps de Médecine en François, il y a plus de cent ans, jugeoit cependant qu'elle avoit bien des propriétés. Je lus cet ouvrage en 1719, depuis je n'ai pu le retrouver. L'Auteur fut un des premiers Sectateurs de M. Descartes, & le premier qui sçut abuser des excellens principes de son Maître, pour réduire l'homme à la pure machine. Il disoit qu'au fond de la glande pineale étoient tous les substantifs, qu'au sommet de cette glande piramidale résidoit le verbe substantif *je suis*; que dans l'intervale tous les adjectifs étoient confondus : quelques esprits venoient-ils ébranler la glande pineale, un substantif se détâchoit du fond de la glande & montoit pour s'accrocher au verbe substantif *Etre*; un adjectif alloit aussi chercher le même verbe; si l'adjectif convenoit au substantifs, c'étoit une vérité ; s'il ne lui étoit pas assorti, c'étoit une erreur. C'est ainsi que l'on raisonne lorsqu'on veut faire de l'homme une pure machine.

Mais l'expérience a déposé mille fois contre la glande pinéale : ceux qui se sont déterminés pour quelqu'autre partie du cerveau, n'ont pas été plus heureux que M. Descartes. La cervelle peut être ossifiée, pourrie, réduite en eau, dans un sujet qui vit, & qui ne reçoit que trop de sensations.

On voudroit maintenant placer ce qu'on appelle le *Sensorium*, ou le centre d'organisation, dans la substance du corps calleux, depuis une observation de M. de la Peironnie. Ce corps ayant été pressé par l'épanchement du pus dans un enfant malade, ou par des injections qu'on y faisoit, ou par le poids de la sonde qu'on y appuyoit légerement, toute raison, toute sensation, tout l'usage de la liberté cessoit dans cet enfant : mais si cette expérience prouvoit que le corps calleux est l'organe, d'où dépendent & la raison & la sensation & la liberté, elle prouve encore mieux que cette espéce de *Sensorium*, est lui-même insensible; car s'il ne l'étoit pas, la pression qu'il éprouvoit n'avoit-t-elle pas dû occasionner une douleur très vive, tandis que

que le reste du corps eût été sans sentiment? Ainsi cette observation démontre fort-bien que toutes les parties de la cervelle sont insensibles par elle-mêmes.

Ecoutez maintenant votre oracle. " Les nerfs, dit-il, ne se rassemblent " en aucun endroit du cerveau, ni du " cervelet, ni de la moëlle de l'épine..... " Tout prouve que chaque sens a un " département particulier dans la moël- " le du cerveau........ Chaque nerf " prend son origine dans l'endroit où " finit la derniere artériole de la subs- " tance corticale du cerveau : cet ori- " gine est donc où commence visible- " ment le filament médullaire, qui part " de ce fin tuyau qu'on en voit naî- " tre & sortir sans myroscope...... " Les sensations ne sont point aussi " dans le nerf au-dessous de sa conti- " nuité avec la moëlle : les plaies & " autres observations nous le persua- " dent. Les mouvemens à leur tour, " n'ont point leur siége au-dessous de la " continuité du nerf avec l'artére : puis- " que tout nerf se meut au gré de la " volonté. Voilà donc le *Sensorium* bien " établi dans la moëlle, & cela mê- " me jusqu'à l'origine artérielle de

» cette substance médullaire : d'où il
» suit encore une fois, que le siége de
» l'ame a plus d'étendue qu'on ne s'ima-
» gine. » Tant qu'il lui plaira : l'ame
sera prise, s'il le veut, depuis la moëlle
allongée jusqu'à la partie de la moëlle
de l'épine, d'où sort la derniére paire
des nerfs. Dans cette étendue assez considérable, on pourra concevoir des départemens différens pour les nerfs ; mais
il faudra porter ce détail plus loin.
Chaque nerf est, comme nous l'avons
dit, un faisseau de filets médullaires ;
chacun de ces filets a sa destination
particuliére ; il rend sensible chaque
point de notre corps. On devra donc
supposer encore que ces filets médullaires appartenans au même nerf, ont
des places qui leurs sont propres: ce qui
exigera autant de différens départemens
dans le cerveau, que nous avons de
points sensibles dans le corps. Chacun
de ces filets est un individu particulier;
on pourra par-là éviter toute confusion
dans le *Sensorium*: mais cette prodigieuse
multiplicité de logemens & de places
est-elle bien connue ? Non-seulement
l'Anatomie ne nous les fait point voir ;
mais notre ame, qui sent la nécessité
de cette distribution, ne la connoît pas:

elle ne fent, ni le lieu précis d'aucun de ces départemens, ni leur fituation rélative: leur étendue & leur plan font donc bien différens de la fubftance de notre ame, puifqu'elle fe fent exifter, & qu'elle ne fent au contraire l'exiftence d'aucuns de ces emplacemens; & c'eft un abus vifible des termes, de dire, comme l'ofe avancer votre Auteur, que l'étendue de ce qu'il appelle le *Senforium* eft celle de notre ame. Car s'il étoit poffible de confondre notre ame avec ce *Senforium*, fentir les limites de ce *Senforium*, me fentir le compofé de tous les départemens qui le forment, en un mot, fentir l'exiftence de chacun d'eux, & me fentir exifter, ce feroit la même chofe, ou au moins, je ferois un tout, fentant l'exiftence de ma totalité, quoique je ne m'apperçuffe pas de celle d'aucune de mes parties: ce qui renferme certainement une contradiction. Il eft donc vrai que tout *Senforium* matériel qu'on voudra imaginer dans le cerveau, n'eft point la fubftance qui fent en moi fon exiftence & fes maniéres d'être.

L'Anatomie auroit bien d'autres plans à nous développer. Le prodigieux réfervoir de notre mémoire, doit renfermer une infinité de signes particuliers pour chaque image, pour chaque mot, pour chaque fait, dont nous pouvons nous souvenir : peut-être ces signes n'ont-ils pas plus de rapport aux objets qu'ils nous rappellent, que les lettres & les mots qu'elles composent en ont à ce qu'elles signifient. Peut-être le mycroscope nous feroit-il voir ces vestiges des sensations que l'homme avoit éprouvées pendant sa vie ; mais peut-être aussi après cette connoissance ne sçaurions-nous pas plus ce qu'elles désignent, que nous pouvons deviner le sens de l'écriture Phénicienne, ou de ces nœuds dont les Peruviens se servoient, dit-on, comme nous de l'écriture, pour conserver les évenemens de leur histoire. Car nous ne voyons point ces signes dans le cerveau lorsque nous nous rappellons la chose même qu'ils montrent : comment les reconnoitrions-nous dans le cerveau d'un homme mort, quand il seroit vrai que le microscope les rendît sensibles, comme votre auteur le desire. Ce sont des signes qui ne sont pas pour nous, puisqu'ils nous sont inconnus ; ils sont pour celui qui les a institués, qui seul peut les lire, & qui les lit effectivement, pour nous communiquer les idées ou les faits auxquels il les a liés: mais pour nous & pour l'Anatomiste le plus profond, c'est vraiment une lettre clause.

Que résulte-t-il de l'ignorance où l'Anatomie nous laisse sur des objets si intéressans ? Que quelqu'effort que fassent les partisans de l'homme machine, pour trouver dans le cerveau un centre de réunion de tous les organes de nos différentes sensations, il est très-vrai qu'ils n'en trouvent point, & qu'ils sont au contraire obligés de supposer divers départemens fort éloignés les uns des autres. Il faudra par exemple qu'ils soutiennent que les places occupées par les filets nerveux qui servent à la liberté, sont séparées de celles d'autres filets indépendans de la liberté. L'œil dirige la main; ils seront forcés d'avancer qu'entre l'origine des nerfs optiques, & celle des nerfs qui servent à mouvoir les bras, il y en a un grand nombre d'autres, tous différens : où trouveront-ils donc un centre qui représente cette unité de notre être sous une succession de différentes modifications, sous un grand nombre de modifications actuelles, spécifiquement différentes ; telles que la perception d'une image, d'un son, d'une douleur, de la joie, d'une vérité universelle ? La direction, la vîtesse d'un mouvement sont des façons du même mode : mais la vision n'est point une façon d'entendre, une maniére de douleur, une espéce de choix, une idée universelle : or la vision, le son, la douleur, le plaisir sont des façons différentes du même être individuel, & dans le *Sensorium* matériel, quel qu'il soit, chaque sensation appartient à un filet médullaire particulier ; c'est sa façon d'être déterminée. Il seroit ridicule de dire que l'ébranlement de quelques filets du nerf optique, est un mode du nerf auditif, ou du ramule de nerf qui rend le gros doigt du pied sensible : donc il faudra supposer autant de personnes en moi qu'il y a de filets médullaires différens. Qu'ils soient entrelassés, qu'ils fassent des lâcis, des plexus, tant qu'on voudra, en les supposant ainsi disposés, ils pourront être tellement mêlés que l'observateur le plus attentif n'en pourra suivre un seul. Mais dans ce mêlange chaque filet nerveux conservera son individualité, comme chaque fil de soie, quoique l'œil ne puisse le suivre dans sa route, est cependant toujours le même fil dans l'étoffe.

L'Anatomie lève donc effectivement le voile qui dérobe notre ame à ses recherches. Toute sensation est un mode de mon intelligence & ne l'est d'aucun filet nerveux, soit qu'on le prenne à son origine, à son extrêmité, à tel point qu'on voudra : premiere découverte que nous fait faire l'Anatomie. Un choix, un exercice du libre arbitre, est encore un mode appartenant à l'être sensible en moi; il est impossible de confondre l'ordre de remuer mon bras donné par ma volonté, avec le physic qui fait que mon bras se remue : seconde découverte que nous devons à l'Anatomie. Dans le fait, toutes nos diverses sensations, tout exercice de nos sens, toute délibération de notre volonté, toute perception d'idées, appartiennent en moi au même individu, dont elles sont différentes façons d'être. Dans le fait encore, nul méchanisme répondant à nos sensations, qui ne soit propre à un individu particulier, à un filet nerveux : troisiéme découverte que nous prouve l'Anatomie. J'ose donc vous dire, M. qu'il est impossible de bien sçavoir l'Anatomie, & de concevoir que l'homme soit une pure machine : je vous laisse méditer sur toutes les preuves que je viens de vous en donner, & je vous assure que c'est toujours avec le même zéle que je suis, &c.

A Paris, ce 6 Mai 1752.

NEUVIEME LETTRE.

JE conviens, M. que vous vous seriez épargné une Lettre qui vous a beaucoup coûté, si vous eussiez attendu, pour me proposer vos objections, que j'eusse achevé de vous exposer mes Phénoménes. Il ne me restoit plus que ceux que l'Anatomie nous fournit ; mais vous présumiez que faute de lumiére & de connoissances sur le corps humain, comme vous me l'avez assez fait entendre, je n'oserois toucher une corde si délicate. En lisant vos objections, j'ai bien jugé que vous ne les auriez pas trouvées victorieuses, si vous eussiez reçu ma derniere lettre ; & le petit billet que vous m'envoyâtes le jour d'après que vous l'eûtes reçue, m'a confirmé dans ma conjecture. Vous m'y priez donc, M. de me dispenser de répondre à ces objections que vous me proposiez dans votre lettre avec un air de triomphe. » Elles sont misérables, me dites-vous, dans votre billet, » dès qu'elles ne » viennent qu'après les raisonnemens » que vous avez appuyez sur les dé- » couvertes de l'anatomie ; ne vous » donnez pas la peine de les réfuter, si » vous ne prenez plaisir à m'excéder de » honte. » Il ne seroit peut-être pas mal de vous faire boire la honte jusqu'à la lie. C'est un spécifique si puissant que le ridicule pour guérir les hommes de leurs préventions; mais je ne me plais point à vous humilier. Cependant deux motifs m'empêchent de déférer à vos prieres. De votre aveu, ces objections, toutes foibles qu'elles sont, ont décidé je ne sçais combien de gens qui pensent comme vous. Vous proposez la premiere dans tout son jour; & vous lui donnez toute la force dont elle est susceptible : vous la fondez même sur les phenomenes du sens de la coexistence de notre corps : c'est une espece du résultat que vous en tirez; elle mérite certainement quelque attention. Quant aux autres, je les pas-

I v.

courrai legérement : à vous parler naturellement, elles ne valent pas un plus férieux examen. Vous me promettez des difficultés plus profondes, & plus aſſorties à mon goût pour la métaphyſique : je vous prie de les differer de quelques jours, & de les remettre après le réſultat que je dois vous envoyer de tous mes phenomenes : il ſuivra de près cette lettre.

Après des complimens très obligeans ſur la maniere dont j'ai tiré l'idée des corps du ſens de la coexiſtence du nôtre, vous entrez en matiere par un remerciment dont je ne ſuis pas autrement flatté. » Que ne vous devons-
» nous pas pour les nouvelles & pro-
» fondes lumieres dont vous nous fai-
» tes part en nous développant ce que
» vous appellez le ſens intime de la
» coexiſtence de notre corps! Cette pré-
» tieuſe découverte nous procure deux
» vérités de fait, qui ſont paralelles &
» qui s'entr'aident naturellement : l'u-
» ne eſt le ſens d'un principe intelligent,
» ſenſible & libre : ce n'eſt qu'une fa-
» culté complexe à laquelle il faut trou-
» ver un ſujet, car ce n'eſt point un
» être, c'eſt l'apanage d'un être. L'au-
» tre eſt le ſens de l'exiſtence de no-

» tre corps, que nous ne pouvons re-
» garder comme un mode ou comme
» une faculté; il porte trop visiblement
» les caracteres d'une substance. Or, à
» quelle autre substance pourrions-
» nous attribuer cette triple faculté si
» supérieure, de sentir, de raisonner,
» & de vouloir, qu'au seul être que
» nous connoissons, je veux dire à no-
» tre corps, dont l'existence n'est pas
» plus douteuse pour nous que la réa-
» lité de nos sensations, de nos pen-
» sées, de nos délibérations : C'est le
» sujet qui nous restoit à trouver pour
» le revêtir de ces facultés admirables,
» qui ne peuvent exister hors d'une
» substance. Après ces connoissances que
» je vous dois, M. je puis dire avec
» confiance, ce qu'on a plûtôt hasardé
» que prouvé, *je suis corps & je pense*:
» principe paralelle à celui de M. Des-
» cartes, mais qui fait évanouir toute
» la métaphysique de ce grand hom-
» me. »

Vous continuez. » Vous admirez le
» Créateur dans l'assortiment bisarre de
» deux substances disparates dont l'une
» est étendue, l'autre ne l'est point ;
» dont l'une peut être touchée, frappée,
» blessée par tout ce qui l'environne,

» dont l'autre ne peut recevoir aucune
» impreſſion, ni de la part de la ſubſ-
» tance à laquelle elle eſt unie, ni de
» la part des autres ſubſtances ſpirituel-
» les ou corporelles ; dont l'une reçoit
» des impreſſions qu'elle ne ſent point ;
» dont l'autre ſent des impreſſions qu'el-
» le ne reçoit point. Etrange complica-
» tion de contradictions ! Ah que Dieu
» doit paroître bien plus grand dans la
» conſtruction d'une machine, dont les
» jeux admirables ne ſe bornant point
» à des effets purement incorporels,
» vont à lui faire ſentir ce qu'elle fait,
» à percevoir toutes les impreſſions
» qu'elle reçoit, à ſe connoître, à s'ad-
» mirer, & à goûter le bienfait de
» l'être ».

Nous verrons ſi nous avons beſoin
de chercher une ſubſtance pour la revêtir des trois facultés que nous ſen-
tons en nous, lorſque je ferai la réca-
pitulation de mes phénomenes. Maintenant je me borne à vous prouver que
ceux que conſtate l'anatomie, démontrent que le corps n'eſt pas le ſujet de
l'intelligence, de la ſenſibilité, de la
volonté ; & que le ſens de l'exiſtence
ne nous conduit point à dire, *je ſuis
corps & je penſe.*

Sera-ce tout le solide de mon corps qui pourra dire, je suis corps & je pense? Ne vous semble-t-il pas que vos pensées partent de la tête? Au moins est-il vrai que je pourrois perdre bras & jambes, sans être privé d'une seule vérité metaphysique, mathematique ou morale. Ce n'est donc pas votre main qui pourra s'approprier votre proposition; vous ne la prêterez pas non plus à vos vertebres, à vos côtes, à votre estomac, à votre foye, à vos poulmons, à votre cœur, à vos glandes, &c. Vous auriez donc dû mettre moins de généralité dans votre proposition, & dire par exemple, je suis tête & je pense. Mais ce second raisonnement ne seroit-il point encore trop général? Ne faudroit-il pas distraire de votre tête la peau, qui toute sensible qu'elle est n'est pas soupçonnée de réfléchir; le crâne qui ne sent ni ne pense; la dure & la pie mere sensibles à la vérité, mais ausquelles on ne sera pas tenté de rapporter ses pensées; une grande partie de la cervelle qu'on peut nous enlever, en nous laissant tout notre raisonnement. Quelle est donc cette partie de votre tête, qui peut dire, *je suis corps & je pense*? Ne seroit-ce point la substance corticale du cerveau, cet organe qui étant incontestablement d'un grand usage pour nos sensations, donne en même-tems tant de preuves qu'il n'est pas lui-même sensible ? Mais, répondez-moi, en sentez-vous l'existence ? La distinguez-vous de toutes les parties dont elle est environnée. Designeriez-vous l'endroit précis qu'elle occupe dans votre tête ? Si votre substance intelligente & votre substance corticale sont le même être, c'est à celle-ci que j'écris en vous écrivant. Me diroit-elle quel est son volume, quelle est la figure de sa surface actuelle, ou la configuration de ses parties ? Distingue-t-elle bien sa matiere propre de tous les petits corps étrangers, solides ou fluides qui résident ou qui coulent dans ses pores? Car enfin cette substance est exactement déterminée dans le moment où vous lisez ce que je vous écris : elle l'est par rapport à tous les objets sur lesquels je lui fais tant d'interrogtions. C'est tel volume individuel de matiere, figurée en dehors d'une maniere & en dedans d'une telle autre très-distincte : & elle ne peut se sentir exister, qu'elle ne se sente être ce qu'elle est réellement..

Cependant tout cela vous est inconnu, & vous ignorez si profondément l'individualité de votre substance corticale, que vous ne sçavez si son composé est absolument le même qu'il étoit il y a 20 ans. Elle n'est donc point un être que vous distinguiez de tout autre être semblable ; c'est pour vous une partie quelconque, une partie indéterminée de la matiere.

Cette derniere réfléxion me donne encore lieu de relever un autre défaut dans votre proposition. Reprenons-la. *Je suis corps & je pense.* Quel corps êtes-vous ? Car il ne peut être ici question de cette masse totale, dont j'ai dit que vous sentiez la coexistence. Ce n'est pas ce composé de tête, de tronc, de bras, de jambes. Vous en convenez dans la suite de votre lettre : c'est quelque partie de votre cerveau. Mais quelle partie ? Vous hésitez, vous voudriez bien dire que c'est votre substance corticale. Mais vous êtes arrêté, parce que vous prévoyez que je vous demanderois si vous êtes aussi certain que cette partie existe dans votre cerveau, que vous êtes assuré d'exister. Je vais plus loin. Je vous dirois que vous n'avez pour vous que les conjectures d'un seul Anatomiste pour soutenir que la substance corticale est le siege de l'ame : ce n'est pas par le sens intime que vous le sçavez, ni par une sensation qui fixe le lieu qu'occupe cette place. Vous ne pourriez donc assurer que M. de la Peironnie ait découvert la vraie place de l'ame : cette place peut être dans quelque partie plus délicate que nos Anatomistes ne pourront jamais découvrir. Vous en proposez vous-même une autre que la substance corticale ; mais vous ne sçavez où la mettre, parce que vous la prenez dans votre imagination & non dans votre sens intime. Votre proposition donc, *je suis corps*, n'énonce aucun corps particulier, aucun corps numérique. C'est donc comme si vous disiez, je suis un corps en général, une portion quelconque du cerveau, & je pense. Votre sens intime est bien diférent, vous ne sentez pas l'existence d'un être quelconque ; mais d'un être fixe & déterminé, que vous ne pouvez confondre avec rien de ce qui existe, ou qui est possible, en un mot, qui n'est point une substance équivoque pour vous. Si vous pouviez dire, je suis tel corps, tel organe individuel de mon cerveau ; le mot corps seroit déterminé dans votré proposition, à un tel être; mais vous ne pouvez le dire: votre sens intime, celui même de l'existence de votre corps, reclame contre. Donc, aucune partie de votre cerveau n'est le sujet de ces trois facultés, l'intelligence, la sensibilité, la volonté. Quand même quelque partie de votre cerveau sentiroit son existence propre, il est constant que vous n'en sçavez rien: votre Auteur favori l'avoue sans détour.

Ne me dites donc plus, M. que de mon aveu le numérique de mon corps m'est connu. Mais en attendant que je vous fasse bien connoître la difference du sens intime de notre être, de celui de la coexistence de notre corps, ce que je ferai dans la lettre que je me propose de vous écrire après celle-ci: je vous répons par un mot décisif, le sens de la coexistence de notre corps embrasse toute la masse de nos membres, & n'articule aucune partie distincte de l'intérieur du corps. Or vous ne voulez pas prendre cette masse pour le sujet de l'intelligence; vous ne pouvez par conséquent tirer aucun avantage du sens de la coexistence de votre corps. Vous cherchez quelque partie de votre cerveau, & vous n'en trouvez aucune où vous reconnoissiez cet être numérique qui se sent exister, qui réunit les propriétés de sentir, de concevoir, & d'être libre.

Vous avez de très bonnes raisons pour ne pas prendre, comme la plupart de ceux qui pensent comme vous, la totalité de la machine pour le siége de l'ame. Séduits par les sensations qu'ils éprouvent, ils vous disent qu'ils pensent de la tête, & qu'ils sentent dans les différentes parties de leur corps. Que de personnes ils supposent dans leur être ! Il faudroit qu'ils dissent, moi tête, je pense : moi pied je sens de la douleur : moi main gauche, je sens de la chaleur : moi main droite, j'écris. Car enfin chacun de ces membres est un individu très-différent des autres. D'ailleurs, comme je l'ai observé, on peut perdre les bras & les jambes, une partie même de la cervelle, & les trois facultés intellectuelles conservent leur intégrité. Une des deux moitiés du corps peut perdre indifféremment le sentiment & le mouvement ; & l'être sensible, libre & intelligent, n'est point réduit à la moitié. Enfin pour peu que ces M^{rs} eussent connoissance de l'anatomie, leur unique ressource seroit de dire que l'être sensible réside dans le sistême des nerfs. Mais s'ils avoient vu ce que je vous ai écrit dernierement, ils seroient forcés d'abandonner ce retranchement, & conviendroient que le composé des nerfs n'est point cet être sensible dont nous ne pouvons révoquer l'existence en doute.

Que deviennent, M. toutes vos antitheses? Il est très-vrai que notre corps reçoit des impressions qu'il ne sent point : aucun nerf ne sçait son état physique, ni les changemens réels que les impressions du dehors font en lui. Dire le contraire, ce seroit parler en l'air ; mais notre ame sent certainement les impressions qu'elle reçoit. J'avoue que les corps, ni le sien en particulier, ne peuvent rien sur elle : mais elle sent l'action du Tout-puissant; & les sensations qu'elle reçoit sont des impressions senties que Dieu produit. Quant à l'union des deux substances, dont l'une est matérielle, & l'autre immatérielle, elle est très-intelligible, dès qu'on sçait que le Créateur s'est chargé lui-même d'entretenir entre elles une correspondance mutuelle, quoiqu'elles se ressemblent si peu.

Croyez-vous vous être choisi un poste

fort avantageux en concentrant toutes les facultés de l'ame dans ce que nous avons appellé le corps primitif, qu'il vous plaît de loger au cerveau? Vous le faites à la vérité d'une maniere ingénieuse; mais votre sistême n'en est pas mieux lié: il n'a quelque chose de spécieux, qu'autant qu'on se retranche dans les généralités: il échoue contre les détails de l'expérience. Il est bon de vous rappeller vos propres expressions. » Je
» ne dirois pas, comme le commun des
» Sçavans qui réduisent notre ame au
» pur méchanisme, que nous pensons
» de la tête; que nos sensations sont
» dans les parties du corps, ou bien,
» ou mal affectées; que nos mouvemens
» libres sont dans nos muscles: qu'ainsi
» les trois facultés qu'on appelle spiri-
» rituelles sont réparties sur toute la
» machine, où l'expérience nous ap-
» prend qu'elles occupent toutes un
» lieu particulier. Je ne confondrois
» pas l'ame avec toute la masse du corps:
» toute matérielle qu'elle est, je la dis-
» tinguerois de nos membres, & je la
» releguerois dans le cerveau, de l'état
» duquel toutes nos sensations, tous
» nos mouvemens libres, & le ton mê-
» me de notre raison dépendent. Mille

» expériences favorisent ma maniere
» de penser. » Vous parlez, sans doute,
M. de celles qui font l'objet de ma sixiéme lettre. Vous faites très-bien de
vous séparer de ceux qui font autant
de personnes individuelles en vous,
que vous avez de points sensibles dans
votre corps. Mais je crains fort que
vous ne tombiez dans les inconvé-
niens que vous voulez éviter, quelque
parti que vous preniez. Vous ajoûtez:
» Vous avez vu une certaine araignée
» qu'on rencontre dans nos jardins; elle
» fabrique sa toile de façon qu'un grand
» nombre de raïons partent du même
» centre, & sont assujettis par des fils
» de traverses qui les unissent. L'animal
» se tient à ce centre. Aucun raïon de
» sa toile n'est ébranlé par les mouve-
» mens de quelque moucheron, qui s'y
» laisse prendre, que l'araignée n'en
» soit avertie: peut-être même que par
» quelques secousses qu'elle donne à ses
» fils, elle empêche sa proye de lui
» échapper. Cette image peut servir à
» vous faire entrer dans ma pensée. Rap-
» pellez-vous, M. ce corps primitif que
» vous m'avez proposé d'adopter, qui
» represente en petit l'organisation com-
» plette de notre corps. Au lieu de sup-

» poser qu'il s'étend à mesure que no-
» tre corps prend de l'accroissement,
» comme vous l'imaginez, placez-le
» dans quelque point du cerveau. On
» peut se le représenter si petit, qu'un
» point invisible au plus fort microf-
» cope suffise pour le renfermer à l'ai-
» se. Mais la place que vous lui don-
» nerez doit être le rendez-vous de
» tous les nerfs. Chaque nerf doit naî-
» tre de la partie du corps primitif cor-
» respondante à celle où il porte le
» sentiment & le mouvement dans le
» corps grossier. Les nerfs optiques naî-
» tront des deux yeux du corps primi-
» tif : les filets nerveux par lesquels le
» gros doigt du pied droit est rendu
» sensible dans le corps visible, naîtront
» du gros doigt du pied droit du corps
» primitif; & ainsi du reste. Voilà l'a-
» raignée au centre de sa toile. Comme
» un aveugle, dont quelqu'un arrête
» ou repousse le bâton, juge qu'un corps
» s'oppose au mouvement du bout de
» son bâton : le corps primitif sentant
» un certain ébranlement au gros doigt
» de son pied droit, occasionné par l'o-
» rigine du filet nerveux, qui y reçoit
» quelque choc dans le corps grossier,
» jugera, par exemple, que la partie

» où le nerf se termine dans le même
» corps grossier est tourmentée par l'hu-
» meur qui fait la goutte. » Si le corps
primitif veut remuer le bras du corps
grossier, il remue apparemment son petit bras, il tire en même-tems le nerf
qui va se terminer au bras du corps
grossier ; & de ce mouvement résulte
celui du bras. » C'en est bien assez,
» dites-vous encore, pour un homme
» intelligent : vous comprendrez aisé-
» ment à l'aide de ces comparaisons,
» que le corps primitif sentant son exis-
» tence, doit s'appercevoir de tout ce
» qui se passe dans l'énorme machine à
» laquelle il préside. »

Ici, M. vous ne faites que renouveller le sentiment des Anciens sur la
nature de l'ame, que plusieurs néanmoins distinguoient de l'esprit. Vous
parlez sans doute d'après l'expérience.
Vous sentez ce petit-homme exister
dans votre cerveau : vous y distinguez
une tête, un tronc, des bras, des jambes. Permettez-moi, M. d'en douter ;
je le puis : car vous ne sçavez dans
quel point de votre cerveau réside cet
homme en petit ; vous me laissez même la liberté de le placer où il me
plaira, pourvu que ce soit dans l'en-

droit d'où partent tous les nerfs; & ce lieu n'est pas connu. Peut-être même cet endroit n'est-il nulle part : car vous avez vû dans ma derniere Lettre que les découvertes de l'Anatomie nous laissent dans une grande incertitude sur ce point. Vous comparez votre petit-homme à un aveugle, ce qui est assez raisonnable, puisque le petit homme ne voit & ne sent rien de toutes les parties qui l'avoisinent; qu'il ne sent aucun des nerfs dont les origines partent de tous les points de sa surface. Cependant si mon ame est une machine, toute sensation n'est qu'un choc senti, ou du moins un ébranlement, un tiraillement dans le petit-homme, causé par quelque nerf, ou par quelque filet nerveux : or cette action des nerfs n'est sentie en aucun point du cerveau, lorsque nous sommes affectés des sensations les plus vives. C'est une vérité de fait que vous ne pouvez contester, M. l'état physic des nerfs dans le cerveau & même dans tout leur cours, nous est entiérement inconnu. Le corps primitif n'aura donc pas les mêmes avantages que nous trouvons dans l'aveugle : les obstacles qui s'opposent, les coups que l'on donne

à

A UN MATÉRIALISTE.

à l'extrémité de son bâton, l'effort qu'on feroit pour le lui arracher, tout cela retentit à sa main, & lui fait juger de ce qui se passe au bout de son bâton : au contraire le petit-homme primitif ne recevant aucune impression des nerfs, puisque dans le vrai, nous ne sentons, ni l'origine, ni l'état physic de nos nerfs, il manque de tout secours pour juger des impressions que reçoit le corps grossier, auquel il préside selon vous : les faits déposent donc contre vous, aussi-bien que les exemples que vous rapportez.

D'ailleurs dans votre corps primitif, comme dans le corps grossier, la tête n'est pas le bras, la jambe droite n'est pas la gauche, l'oreille n'est pas l'œil : donc quand il seroit vrai, ce qui est insoutenable, comme vous venez de le voir, quand je conviendrois, dis-je, que le corps primitif sentiroit le contre-coup de tout ce qui le blesse, de tout ce qui ébranle l'extrêmité des nerfs dans le corps grossier, il faudroit reconnoître dans le corps primitif autant de petits individus que nous avons de points sensibles dans ce même corps, que vous appellez grossier, autant de personnes que de nerfs & que de filets nerveux.

Je crois bien que vous vous êtes attendu à cette réponse; j'en juge par ces mots : » Il seroit peut-être plus sim-
» ple de substituer au corps primitif un
» point du cerveau qu'on pouroit re-
» garder comme le principe commun
» de tous les nerfs. » C'est revenir d'où vous êtes parti : quand on a quitté la voie de la vérité, on ne fait qu'errer comme un voyageur égaré dans une forêt. Quel point, s'il vous plaît ? Un point physic, apparemment compris sous une superficie, laquelle, par ses différentes parties, répondroit aux différens nerfs : mais, je ne cesserai pas de le répéter, aucun point du cerveau ne sent, ni l'origine des nerfs, ni leur état physic actuel ; & chaque partie de la superficie, répondant à l'origine de quelque nerf, appartiendra à une partie individuelle du point : vous serez donc forcé de reconnoître autant d'individus distincts, autant de personnes qu'il y a de points dans la surface de votre point. Voudriez-vous, pour prévenir ces deux inconveniens, que le centre des sensations fût un point mathématique, c'est-à-dire, un être abstrait? Comme il ne présenteroit aucune surface aux principes des nerfs, non

seulement il ne sentiroit pas leur impression, mais même il ne pourroit la recevoir.

„ Par l'un des deux moyens que je „ propose, ajoutez-vous, on expliquera „ avec une grande facilité, un phéno- „ méne, le désespoir éternel des Phi- „ losophes, qui reconnoissent dans „ l'homme une ame immatérielle. „ Vous parlez sans-doute, M. de la dépendance si révoltante où est notre intelligence à l'égard du corps. Sa constitution n'est-elle point altérée? nous jouissons de tout notre bon-sens. Le cerveau se trouve-t-il surchargé de ces esprits vagabonds que le vin y fait monter? il ne s'y trouve plus ni raison ni liberté. C'est là le grand argument de ceux qui matérialisent l'ame. Mais est-ce une objection contre nous? Ces effets sont des suites naturelles de l'union de l'ame & du corps. Nous croyons que Dieu unit la substance spirituelle au corps, non-seulement en donnant à cette substance le sens de la coexistence du corps, mais encore en établissant un commerce réciproque entre deux sujets très-dissemblables, en sorte qu'il affecte l'ame selon la disposition de la machine, & qu'il agit sur la machine conformément à la volonté de l'ame. D'où suit cette conséquence si naturelle, que lorsque le cerveau ne fournit point au Créateur les occasions d'opérer sur l'ame, de lui présenter des images, ou des idées suivies, d'agir sur la liberté, l'ame sera dans l'impuissance de penser, de raisonner, de faire un choix, d'appercevoir, même de sentir. Peut-on objecter un phénomene contre un système, lorsque ce phénomene se conclut évidemment du système même ?

Encore si ceux qui nous proposent cette objection, faisoient voir que c'est une suite de la construction du cerveau ; que tel méchanisme est une pensée, ou bien une sensation, ou bien une délibération ; que les fibres du cerveau étant montées sur un certain ton, leurs jeux sont des raisonnemens ou des déterminations ; que la machine est alors en son bon sens & veille ; on concevroit que toutes les facultés de l'homme se terminent à divers mouvemens dans le corps, & qu'il seroit inutile de rechercher une substance immatérielle, pour la charger de ces fonctions : mais ils sont bien éloignés de nous dire là-dessus rien de précis. Je présume, M. que vous vous êtes appliqué aux mechaniques; vous voulez bien que je vous demande ce qu'il faudroit ajouter à une oreille artificielle afin qu'elle entendît des sons, pendant qu'elle seroit frappée par quelque ondulation de l'air : une supposition rendra ma pensée plus intelligible. Si vous voyiez M. de Vaucanson occupé du soin de combiner une lame spirale faite en limaçon, garnie de fils mésurés sur le système de la Musique avec un tambour, des osselets semblables à ceux de l'oreille, &c. & qu'il vous dît qu'il prétend mettre dans la tête de son fluteur automate tout l'appareil d'une oreille, de sorte que les sons que rendroit sa flûte retentiroient sur cet organe artificiel, comme ils rétentissent sur l'intérieur de notre oreille, vous l'en croiriez bien capable, & je n'oserois vous contredire après tous les miracles qui sont sortis de ses mains intelligentes. Mais s'il vous demandoit quel système de roues, de pignons, de ressorts, de léviers, de cordes, de cliquets, de bascules, de vaisseaux pneumatiques ou hydrauliques il faudroit adapter à cette oreille artificielle, afin que le flûteur automate entendît & goûtât l'air qu'il exécute; en vérité, M. je suis bien persuadé que toutes ces questions vous feroient rire : tant vous seriez vivement convaincu qu'on parle sans idée, lorsqu'on dit que la perception d'un son est un jeu méchanique de l'organe de l'oreille. Vous voyez que cette supposition peut s'appliquer à tous les sens.

Enfin, si ces Messieurs s'obstinent à soutenir que le bon sens dans l'homme n'est pas occasionné à la vérité par un certain ton des fibres du cerveau, mais qu'il est lui-même un certain ton, une certaine harmonie du cerveau; & qu'une pensée, une sensation, un vouloir, sont des jeux différens, exécutés sur un instrument bien monté; je les arrête par l'expérience. 1°. Nous sentons notre état de bons sens, nous percevons nos sensations, nos pensées, nos volontés. 2°. Nous ne percevons point cette harmonie de notre cerveau, ni les jeux qui répondent à nos sensations, à nos raisonnemens, à nos choix. Il est donc démontré que nos fonctions spirituelles sont fort distinguées & de l'état & des jeux méchaniques, & de tout le physic de notre cerveau.

Je vous fatigue, sans-doute, M. en vous ramenaut sans cesse à des vérités de fait; cependant vous deviez y compter: vous sçavez que c'est là toute ma métaphysique; vous m'assurez même que vous la goûtez, & que ceux qui veulent que la matiére puisse penser, crient de toutes leurs forces & en toute occasion, qu'il faut abandonner la voie de philosopher par abstaction, & rappeller tout aux expériences. Mettez, je vous prie, à profit le dépit secret que vous devez ressentir, de vous être retranché dans des suppositions incompatibles avec l'expérience, & soyez persuadé que je vous aurois volontiers épargné cette petite mortification, si j'étois moins véritablement & mois sincérement votre, &c.

A Paris, ce 12 *Mai* 1752.

DIXIEME LETTRE.

COMPARONS, s'il vous plaît, M. les phénomenes que vous donne le sens intime de notre ame, & celui de la coexistence de notre corps.

1°. Nous ne pouvons douter que nous n'éprouvions ces deux sens; mais le premier a cet avantage, qu'il ne peut être démenti par aucune réflexion, ébranlé par aucune hypothése, suspendu par aucune distraction : ce qu'il nous apprend est aussi réel que lui-même. Car comme il nous est impossible de douter que nous n'ayons le sens de notre existence, nous ne pouvons pas plus hésiter sur la réalité de notre existence, objet immédiat de ce sens intime.

Il n'en est pas de même du sens de la coexistence de notre corps. Il est certain que nous l'avons; l'objet qu'il énonce, l'est aussi ; mais si nous étudions ce sens, si nous le soumettons au raisonnement, nous voyons alors des raisons de douter : voici quelques unes de ces raisons. Nous tenons d'une force étrangere la perception que nous avons de notre corps : or cette force nous fait voir pendant le sommeil des corps qui n'existent point, qui nous causent néanmoins des affections très-réelles. Elle pourroit donc absolument parlant, nous imprimer une très-vive idée d'un corps qui ne seroit qu'un phantôme. On a vû des foux se croire coqs, liévres, loups. Les sorciers qui s'imaginent avoir été au sabat sous la forme de quelques-uns de ces animaux, n'en sont persuadés que parce qu'ils ont été troublés par les accès de cette espéce de folie.

Le sens de la coexistence de notre propre corps nous le représente d'une maniere indéterminée : il ne nous en fait pas connoître la masse absolue ; il ne nous le fait pas distinguer des matiéres étrangéres qui le traversent, qui parcourent ses vaisseaux sans en faire partie, telles que l'air, l'éther, la matiére electrique, &c. c'est-à-dire, qu'il nous le représente d'une maniére qu'il est impossible qu'aucun corps existe. Nous avons vû dans l'hypothése où Dieu auroit réduit notre corps & tous ceux qui nous environnent, à la dix-milliéme partie de ce qu'ils sont, que nous croirions avoir le même corps, ou au moins nous n'aurions aucune raison de penser autrement : donc le sens de la coexistence de notre corps ne nous le représente pas comme un être fixe & déterminé.

Lorsque nous sommes absorbés dans de profondes méditations, il s'en faut peu que nous n'hésitions sur la réalité de notre propre corps ; nous avons recours à des épreuves pour nous rassurer : & si ce moyen que nous employons ne nous prouve pas que ce sens intime soit éteint en nous, mais seulement qu'il est affoibli, au moins nous fait il sentir que nous pouvons douter de l'existence de notre corps ; & que la persuasion où nous sommes naturellement de ce fait est très-compatible avec la possibilité du doute.

Je ne fais point ces observations pour infirmer le témoignage de ce sixiéme sens : ce sont des hypothéses que je crois aussi fausses que vous les jugez vous-même chimériques. Je conviens même avec vous qu'elles ne conduiront jamais personne à un doute pratique, & qu'elles ne peuvent tout au plus donner lieu qu'à un doute spéculatif; mais ce que je veux vous faire remarquer, c'est que le sens de l'existence de notre ame n'a rien à redouter de pareilles suppositions; qu'il exclud également & le doute spéculatif & le doute pratique, & qu'il ne peut être combattu par aucun raisonnement, tel qu'il soit: preuve incontestable de la distinction de l'ame & du corps. Le sens intime de notre ame met son existence au-dessus de toute discussion & de tout examen; mais celle de notre corps est sujette à des motifs de douter, lorsqu'on en examine de près les preuves: & cela doit être, puisque notre union avec le corps n'est pas nécessaire, & que ce même corps est un individu contingent par rapport à notre ame: & comme il est d'ailleurs constant que nos sens nous peuvent représenter des êtres qui ne sont point; & que Dieu peut faire sur nous, sans occasion, les mêmes impressions qu'il a voulu faire dépendre de certaines occasions: nous ne pouvons avoir le même genre de certitude de l'existence de notre ame & de celle de notre corps.

2°. Le sens de la coexistence de notre corps nous en fait connoître l'individualité, en sorte que nous ne prenons jamais un autre corps pour le nôtre, tant que nous consultons ce sixiéme sens. On pourroit néanmoins opposer quelques hypothéses assez délicates, & qui fourniroient des raisons de douter ; mais nous n'avons pas besoin de pousser la précision jusques-là. Ce sens est visiblement défectueux, en ce qu'il nous représente l'individualité de ce corps comme inaltérable depuis que nous nous connoissons jusqu'à l'âge le plus avancé : à la vérité on sçait qu'il a pris de l'accroissement, on a éprouvé qu'il avoit été sujet à des alternatives de volumes différens ; mais enfin dans l'idée du *moi*, qui renferme, & le sens de l'existence de notre ame, & celui de la coexistence du corps, est comprise la même personne individuelle. Cependant tout homme qui aura bien examiné la structure du corps humain, qui aura comparé la nourriture qu'il prend tous les jours avec la dissipation qui se fait par la transpiration & par la perspiration, conviendra qu'à vingt ans il ne reste rien à un homme de la nourriture qu'il a prise dans le sein de sa mere, & peut-être rien du tout de l'être corporel qu'il en aura reçu : en sorte que la vive persuasion où nous sommes de la persévérance de notre individu corporel dans le même état pendant toute notre vie, ne paroît être fondée que sur l'ignorance où nous sommes de la construction de notre machine, de la maniére dont elle vegete, dont elle est réparée, dont plusieurs parties devenues inutiles sont rejettées & remplacées : car dans les vieillards mêmes, si quelque chose du corps meurt continuellement & en est chassé, quelque chose aussi s'y renouvelle sans cesse.

Il est vrai que si vous adoptiez le systême que je vous ai proposé : si vous conveniez que les traits du corps original de chaque homme, & sur-tout certains lineamens essentiels à la vie, ne sont point sujets à ces vicissitudes ; qu'il est un fondement d'être corporel, qui ne périt que quand nous mourons, & que ce fonds est le germe préexistant ; au lieu d'en faire la substance de l'ame, comme vous l'avez tenté, vous le regarderiez comme l'occasion de la persuasion naturelle où nous sommes d'être constamment les mêmes personnes, quant à l'ame & quant au corps, dans tous les tems & dans tous les âges: vous concevriez que cette persuasion ne seroit plus une suite de notre ignorance des diminutions insensibles que notre corps éprouve, & des réparations & des accroissemens qui s'y font journellement; mais qu'elle est de l'institution du Créateur: vous y trouveriez des ressources contre certaines objections des incrédules touchant la résurrection des corps: ressources qu'un sçavant Anglois a fait valoir avec beaucoup de succès, & qu'il a trouvées en suivant une route si différente de celle que j'ai prise pour les découvrir, que je dûs être fort étonné il y a quinze ans lorsque je lûs son ouvrage, qu'un célébre Religieux de la Congrégation de S. Maur m'avoit communiqué, & auquel j'avois fait part de mes vues sur l'usage qu'on pouvoit faire de ce système d'un corps primitif.

Mais par cela même que ce système de la perseverance du corps primitif dans chaque homme, nous peut rassurer sur l'idée que nous avons de notre individualité, nous voyons clairement combien il faut mettre de différence entre ce que le sens intime de notre ame nous apprend de son individualité, & ce que le sens de la coexistence de notre corps nous annonce de la perseverance habituelle de la sienne. L'individualité numérique de notre ame est telle que nous ne pouvons penser que nous soyons à cinquante ans une intelligence autre que celle que nous étions à quinze, à six même. Quelque difficulté, quelque objection qu'on nous proposât là-dessus, nous n'en serions ni touchés ni ébranlés. Et vous venez de voir combien la raison se trouve embarassée lorsque nous rappellons à quelque discussion notre manière naturelle de penser sur la perseverance de notre corps. Les vues de cette raison sont si courtes, qu'elle en est effrayée, & qu'à ce seul titre elle sent combien elle auroit besoin que Dieu voulût bien les étendre sur cet article comme sur beaucoup d'autres, par le secours d'une révélation : seconde preuve très-sensible de la distinction de l'ame & du corps. L'ame sent son individualité si différemment de la maniere dont elle sent celle du corps, qu'il n'est pas possible que l'individualité de l'une soit identique avec celle de l'autre.

3°. L'ame est distinguée du corps, qui lui est approprié, par un caractére qui est incommunicable à toute substance corporelle ; je parle de son unité & de sa simplicité. Sous combien de faces ne vous ai-je pas montré cette précieuse prérogative de l'ame ? Mais je ne puis trop vous la remettre sous les yeux : elle résulte du sentiment de son individualité ; son corps ne peut recevoir d'impressions différentes, que dans des parties numériquement différentes, & elle réunit à la fois toutes les sensations relatives à ces impressions : c'est le même individu auquel appartiennent toutes ces diverses sensations.

Combien en reçoit-elle tout à la fois de différentes par le sens de la vue ? Les corps extérieurs peuvent être peints dans quelque endroit du cerveau ; mais chaque impression de la lumiére ne pourra parvenir qu'à un seul point du cerveau : & pour voir l'image, il faut qu'un seul être ait une perception unique de tous ces points. Considérez un tableau peint sur toile : chaque point d'un trait de la figure qu'il représente, tombe sur un fil de cette toile, ou tout au plus sur deux, à l'endroit où ils se croisent. Qui ne voit qu'un point d'une figure, ne la voit point : afin que le tableau soit vû tout entier, il faut nécessairement qu'un seul & même être en voie en même tems & tous les points & tous les traits : or notre ame, quand nos yeux regardent un tableau, sçait bien qu'un seul individu en voit toutes les parties ; que c'est elle qui est cet individu, & que l'ensemble ne peut être saisi que par un être unique.

Les accords de l'harmonie que l'ame perçoit, prouvent encore la même vérité. Un ton de la Musique n'est pas une simple perception, comme on l'imagine, puisqu'il renferme plus d'une consonance, sans laquelle il ne seroit qu'un bruit grave ou aigu, comme on peut s'en convaincre en prononçant les tons de la gamme d'une maniere brusque & séche. Ce n'est pas ici le lieu d'expliquer ce que je pense sur ces consonances, & sur ces tons que j'appelle secs : mais toujours, est-il vrai qu'un accord ne peut être perçu que par un seul être. Si quatre personnes entendent chacune une seule partie d'un concert, aucune d'elles n'en profite ; mais mon ame entend l'ensemble de plusieurs voix & de plusieurs instrumens. Ce ne sont pas plusieurs personnes qui les entendent en moi : celui qui juge en moi de la Poësie est le même qui entend les instrumens, qui prend plaisir à l'harmonie, & qui trouve quelquefois la versification foible & languissante. Un sentiment de douleur peut me surprendre pendant que je suis occupé de la Musique : ma vûe peut être en action aussi-bien que mes oreilles, & je sçai très-bien que dans mon corps, la même partie individuelle de l'oreille ne reçoit pas deux sons, n'est pas affectée par la lumiére, & ne souffre pas.

Non-seulement les rapports harmoniques, mais tout rapport en général, suppose nécessairement que le même être en voit ensemble les termes. Que ces rapports soient arithmétiques, géométriques ou moraux, leur espéce ne change rien à la maniere dont notre ame les connoît. Il n'est pas nécessaire de prouver qu'il en est de même de tous nos raisonnemens, qui se reduisent tous à des différences, à des rapports d'égalité ou d'inégalité, ou à l'identité. Or notre ame étant occupée très-souvent de différens rapports, elle sent par cela même son unité, & est très-convaincue qu'il n'y a qu'un être qui soit simple & *un*, qui puisse saisir un rapport ou former un raisonnement.

Elle a bien une idée d'unité en pensant à son corps, dont la totalité des parties fait une machine ; mais elle fçait que cette unité de machine, que cette proportion des membres, réfulte d'une multitude d'individus abfolument différens ; & c'eft précifément parce qu'elle fent cette multitude d'êtres réunis & rapprochés & qu'elle les compare, qu'elle fe fent une & très-fimple.

Ces trois obfervations tirées du double fens intime de l'exiftence de l'ame, & de la coexiftence du corps, font une démonftration complette de la diftinction de ces deux fubftances. L'ame fent fon exiftence fans en pouvoir douter, ni dans la fpéculation, ni dans la pratique. La certitude inébranlable qu'elle en a, comprend auffi la conviction de la perfeverance de fon individualité, comme fon unité parfaite fous une infinité de perceptions & de modification. Voilà dans le fait ce que le fens intime de fon exiftence énonce.

Le fens de la coexiftence du corps n'eft point accompagné de cette certitude & de cette perfuafion : l'ame ne peut fe diffimuler qu'un grand nombre d'hypothéfes, qu'elle ne peut refufer d'admettre, lui fourniffent de très-fortes raifons de douter, tant de la réalité du corps, que de sa perseverance dans la même individualité. Elle voit enfin que les occasions des différentes sensations & des perceptions qu'elles éprouve, étant distribuées dans des organes numériquement différens, elle ne peut allier l'idée qu'elle a d'un être simple avec celle qu'elle a de son corps.

Je me borne pour cette Lettre à ce peu d'observations. Elles suffisent pour remplir la promesse que je vous avois faite de vous envoyer un précis de tout ce qui nous avoit occupé jusqu'ici, & qui se réduit principalement à établir une distinction bien réelle entre le corps & l'ame. Elles vous rappelleront comme sous un coup d'œil, si vous voulez bien y réfléchir, toutes les preuves que j'ai tâché de vous en donner dans mes Lettres précedentes. Je suis toujours avec une égale consideration, M. votre, &c.

ONZIEME LETTRE.

Quoi ! M. un seul mot renverse tous les raisonnemens par lesquels j'ai cru démontrer l'immatérialité de l'ame. Le pensez-vous sérieusement ? Quel est donc ce mot si prodigieusement efficace ? « Nous ne connoissons « aucune substance, s'Gravesande est « mon garand, & vous sçavez, me « dites-vous, quel nom ce grand « homme s'est acquis parmi les Philo-« sophes, ainsi ne nous hâtons point « de prononcer avec tant d'assurance « que le sujet de nos facultés intel-« lectuelles soit immateriel. » Si c'est là une de ces objections formidables dont vous me menaciez il y a quelque tems, vous me permettrez d'attendre les autres fort tranquillement. Mettons d'abord à part l'autorité de s'Gravesande ; celle qui doit nous décider c'est l'expérience : or la vôtre propre vous apprend que vous sentez en vous l'existence d'un sujet qui subsiste le même invariablement sous diverses modalités successives, que vous ne pouvez confondre avec aucun autre être: auquel

de ces deux oracles ajouterez-vous foi
ou à celui de votre sens intime, ou à
celui de s'Gravesande ? Vous distinguez
en vous ce fond d'être de toutes les
sensations que vous éprouvez actuellement, vous sçavez qu'il seroit le même, s'il ne les avoit pas, & qu'au contraire ces modifications dont vous êtes
affecté ne peuvent être individuellement les mêmes & exister dans un autre sujet ; & vous me dites froidement
que vous ne connoissez point de substance. Qu'est-ce donc qu'une substance ?
Ce qu'on ne peut enlever à un être
sans l'anéantir, disent quelques-uns,
ou bien un fond d'être qui demeure
toujours le même de quelque maniere
qu'il existe. Vous ne reconnoissez rien
en vous de semblable ?

D'où vient donc cette idée de substance dans l'esprit de ceux qui veulent que nous tirions toutes nos idées de
nos sens ? Au moins celle-ci n'en vient-
elle point, puisqu'ils ne connoissent
rien dans la nature qui puisse l'occasionner : cependant s'Gravesande lui-
même donne une définition de la substance : c'est donc à son égard une idée
sans modéle connu. Et qu'est-ce qu'u-
ne idée sans modéle, sinon un ta-

bleau qui ne repréfente rien ?

Vous ne devriez pas, M. avoir befoin de méditer beaucoup pour trouver le principe de la fubftance ; je l'ai fixé dès ma feconde Lettre, & vous ne l'avez pas contefté : il faut donc que je me répéte. Ce fond d'être fixe que je fens en moi le même individu fous tant de modifications, qui n'a été fujet à aucune variation depuis que j'exifte fous la fucceffion d'un nombre infini de modes, étant rapporté à la caufe fuprême, devient le tipe de toutes les fubftances. Voilà l'idée de fubftance que je trouve dans mon fens intime. De même mes façons d'être, telles que la douleur, le plaifir, &c. que je puis perdre, & que je perds effectivement, fans perdre mon individualité, deviennent les modéles de tout ce qu'on appelle façon d'être, auffi-tôt que je fens leur rapport avec la fouveraine puiffance qui me modifie : voilà l'idée des modes. Et parce que je fens que ces façons d'être actuelles qui m'appartiennent, ne peuvent exifter les mêmes hors de ma fubftance, j'en conclus que nul mode ne peut être cenfé exifter hors de toute fubftance ; que la douleur ne peut fe trouver que dans un être fenfible.

J'entrevois dans votre Lettre, mais comme au travers des nuages dont vous cherchez à vous envelopper, que vous reconnoissez en vous une substance, mais que vous ignorez quelle elle est. c'est-à-dire, M. que vous êtes pour vous-même un je ne sçai quoi, une substance en général, une substance quelconque, une substance indéterminée : ainsi quand vous voyez pour la premiere fois dans une foule un homme, sur lequel vos yeux tombent sans dessein, c'est bien pour vous un homme, un individu de la nature humaine ; mais comme vous ne pourrez le reconnoître, faute de l'avoir assez envisagé, c'est pour vous un homme quelconque : de même votre ame se sent exister, se sent une substance ; mais quelle substance ? Elle n'en sçait rien. Comment pouvez-vous être une substance en général, vous qui en sentez tellement l'individualité, qu'il vous est impossible de vous prendre pour tout autre être : ne connoît-on pas bien distinctement ce qu'il n'est pas possible de confondre avec quelque chose que ce soit ?

Nous avons aussi découvert que le sens de la coexistence d'une masse qui nous

nous est propre, nous donne l'idée de la matiére; parce que nous avons rapporté l'objet de ce sens à son auteur tout-puissant. De même en nous appercevant que le volume de matiere auquel nous sommes unis, est mobile, non-seulement dans son tout, mais même que ses parties peuvent être déplacées, sont susceptibes de divers arrangemens, qui font perdre à une masse sa figure, nous concevons dans cette masse des variétés de formes, de situations des mouvemens, en un mot de de manieres d'être, dont la masse est le sujet, & qui périssent sans que ce sujet souffre aucune diminution de son être: les témoignages de nos yeux étendent encore les connoissances que nous avons des modalités des corps. Nous distinguons donc dans la masse qui nous appartient, & dans tout ce qui lui ressemble, un fond d'être qui reste invariablement le même, sous des modifications qui perissent successivement; & n'est-ce pas, M. ce qu'on appelle une substance?

Ainsi nous connoissons deux substances différentes, sujettes à changer de maniere d'être; l'esprit & le corps. L'esprit a ses modes particuliers; nous les connoissons : le corps a les siennes; nous les connoissons aussi très-bien. Un esprit ne peut avoir les modes des corps, parce que si l'on supposoit qu'il pût les avoir, sa maniere d'être actuelle seroit celle des corps; il existeroit donc de la même maniere que les corps, il seroit par conséquent un corps : de même, & par la même raison, aucun corps ne peut avoir une seule modalité de l'esprit : d'où nous pouvons tirer ce principe que M. Descartes a toujours supposé, qu'il est impossible de connoître un mode, qu'on ne connoisse la substance à laquelle il appartient.

J'examinerai dans cette Lettre les connoissances que notre sens intime nous donne de notre ame. Je remets à un autre tems l'examen des prétentions de M. de s'Gravesande : ainsi je ne réponds actuellement qu'à la partie de votre Lettre, où vous me dites : » Dans quel cahos me jettez-vous, M.
» Plus vous me donnez de lumiére,
» moins je vois ce que je suis. Vous
» m'avez appris à la vérité qu'en moi
» le sujet revêtu des qualités intellec-
» tuelles, n'est aucun organe de mon
» cerveau; que mes sensations, mes
» pensées, & le reste, ne sont pas

« le méchanisme actuel d'aucun de mes
« organes. Je ne reviens plus sur ces
« articles dont je suis pleinement con-
« vaincu : mais que suis-je donc, moi
« qui ne puis révoquer mon existence en
« doute ? Je n'en sçai rien, & je me
« trouve forcé de dire avec le Pere
« Malebranche, que je n'ai aucune
« idée de cette substance que j'appelle
« mon ame.

Il faut donc vous développer ici le riche fond de connoissances que vous procure votre sens intime. Je viens de le dire, qu'il est impossible de connoître des modifications & d'ignorer le sujet modifié. Que voyez-vous sous tous les modes dont vous êtes affecté ? Quel est ce fond d'être invariable ? l'unité simple & individuelle, je l'ai prouvé dans ma derniere Lettre. Il n'en est pas de l'ame comme du corps : celui-ci change de figure par la maniere dont on arrange ses parties, les unes à l'égard des autres ; & chacune de ses parties est un être isolé : je distingue donc très-bien la nature de mon ame de toute nature corporelle.

Connoissons-nous les propriétés de cet être simple ? Nous les connoissons très-exactement. En voici les principaux caractères.

Cet être simple sent son existence, & les variétés de son existence : il se sent susceptible de félicité & de misère à l'infini : cette faculté est inhérente au fond même de sa substance. Premiere propriété.

Il est intelligent, capable de vues universelles, de connoître les êtres qui existent, les êtres possibles : il peut ajouter à ses connoissances d'autres connoissances à l'infini. Seconde propriété, qui fait partie du fond même de sa substance.

Il se sent un amour invincible pour le bien-être : le pouvoir de choisir entre des biens particuliers, de délibérer sur les moiens d'en jouir ; de balancer son suffrage entre des partis opposés ; d'admettre ou de rejetter des propositions ; de tirer différens usages de son corps, & de modifier par le moyen de ses membres la matiere étrangere dont il est environné. Troisiéme propriété encore attachée au fond même de ma substance.

Il a la faculté de reconnoître ce qu'il a vû, de se ressouvenir de ce qui s'est passé en lui-même, de se rappeller une infinité de faits. Quatriéme propriété inséparable de ce fond de ma substance.

Enfin, ce même être en fentant que fa fubftance & fes propriétés font des effets d'une caufe toute-puiffante, voit clairement dans ce rapport une infinité d'êtres poffibles tels que lui, & avec les mêmes attributs. Il eft pour lui-même le tipe de tous les efprits: il a donc l'idée univerfelle de l'ame.

Quelle idée plus claire & plus feconde pourriez-vous propofer, M.? En eft-il quelqu'une, de quelque courbe, de quelque figure que ce foit dans toute la Géométrie, qui puiffe nous procurer une fource de lumiéres plus abondante?

De la première faculté de l'ame, c'eft-à-dire, que toute ame, quoique néceffairement bornée eft fufceptible de félicité & de mifére à l'infini, j'infére fa dépendance abfolue d'un être tout-puiffant: j'en conclus, qu'il n'eft point de ton de douleur, de dégré de bonheur qu'il ne puiffe me donner. Ainfi cette premiere propriété renferme, non-feulement tout ce que l'ufage de mes fens peut m'occafionner de douceurs & des peines, mais une infinité de degrés, de plaifir, & de fouffrance au-delà du fyftême prefent, de mes fens; mais une infinité de fens abfolument différens des cinq qu'il a plu au Créateur de m'accorder.

XI. LETTRE

Je découvre dans la seconde propriété de mon ame son commerce intime & continuel avec Dieu. Par cette société si noble, elle se trouve capable de saisir toute vérité, de connoître les rapports & les différences des objets : ainsi Dieu seul est sa lumiere. Elle sent, comme je l'ai dit plusieurs fois l'entiére dépendance où elle est à son égard ; elle sent l'obligation d'aimer cette dépendance, puisqu'elle en a reçu un bien qu'elle estime nécessairement, je veux dire l'être : d'où résultent ses devoirs d'amour, de reconnoissance envers son Créateur, & les loix inviolables de la charité, qui sont les liens aussi doux que nécessaires de la société.

Toutes ces connoissances diverses qu'elle trouve dans son sens intime, sont des richesses qui semblent passer dans sa substance, qui l'élevent, qui la perfectionent. Veut-elle entrer dans la carriére des sciences ? elle n'est point effrayée de ce lointain prodigieux que les Mathématiques lui laissent entrevoir dans les vastes routes de l'infini. Les conquêtes des Newtons, des Leibnitz, dans ces régions sublimes, les riches découvertes de la Physique dans l'empire de la nature, toutes lui devienment aussi propres, qu'à ceux qui les ont faites. Mesurer le cours des astres; analiser les traits déliés de la lumiére; assujettir à la rigueur du calcul jusques aux nuances des couleurs; discerner dans l'harmonie ces rapports numériques dont l'oreille est si agréablement flattée; estimer le poids de l'air; étendre des forces presque nulles à des effets prodigieux; faire servir les vents contre leur direction même; vaincre l'affectation des eaux à conserver le niveau; faire des foudres artificielles aussi redoutables que le tonnerre; séparer les principes des corps, les réunir ensuite pour faire revivre les mêmes substances, ou les combiner pour former en quelque sorte de nouveaux êtres: ce sont les avantages & les ressources que l'homme trouve toujours dans son intelligence.

L'idée même de la matiere que le P. Malebranche juge si claire, auroit-elle autant d'étendue que celle de notre intelligence? La premiere renferme toutes les figures possibles: on y peut découvrir toutes les propriétés des courbes, de tous les solides formés par la révolution de ces figures & de ces courbes. Qu'on pousse ce détail aussi loin qu'on le désirera, je prouverai facilement que l'idée de mon intelligence est plus féconde. J'y vois très-clairement qu'il n'est aucune propriété de l'étendue que je ne puisse concevoir. Elle renferme donc universellement la susceptibilité de toutes les vérités que les figures, les courbes, les combinaisons des lignes droites, peuvent fournir; & sa capacité embrasse encore par dessus cela une infinité de connoissances qui n'ont aucun rapport aux propriétés de la matiere, telles que sont les notions de l'ordre, les loix de la morale, les attributs de la divinité, &c.

Vous croyez avoir une idée bien claire de l'hyperbole, quand vous y avez découvert les étonnantes propriétés des asymptotes. Quoi ! cette idée est claire, elle est universelle, parce que vous y découvrez une multitude inépuisable de vérités ; & votre ame, où sans calcul, sans effort vous appercevez une étendue d'intelligence supérieure à tous les théorèmes possibles de l'hyperbole, le pouvoir de saisir toutes les propriétés de toutes les courbes & de toutes les figures, vous assurerez que vous n'en avez point d'idée ? Est-ce donc parce que vous n'arrivez pas à cette connoissance par des penibles démonstations, & par un grand apprêt des preuves compliquées, que vous ne croyez rien tenir ? Ne voit-on donc distinctement que ce qui fatigue la vue.

Que l'on vous demande, M. si les Géomètres ont épuisé tout ce qui se peut connoître de l'hyperbole, vous répondrez d'après l'idée de cette courbe, & très-affirmativement, qu'on y pourroit découvrir de nouvelles merveilles à l'infini. Mais cette réponse ne viendroit-elle point aussi de ce que votre sens intime vous dit, que l'intelligence de l'homme est beaucoup au-dessus de toutes les connoissances actuelles qu'il possede ? Ces découvertes à l'infini seroient-elles possibles, si l'esprit humain ne pouvoit porter ses recherches beaucoup au-delà de certaines bornes ? Non sans-doute.

Après cela ne devons-nous pas être surpris que le P. Malebranche ne trouve dans notre sens intime, que des connoissances stériles & obscures, & qu'il le mette beaucoup au-dessous des avantages que nous procure l'usage de nos yeux ? Sous les couleurs, nous voyons, selon lui, dans Dieu même, es essences des figures : cependant que est l'homme qui découvre les plus simples propriétés d'une figure en s'en tenant à ce que la vue seule peut lui en apprendre ? Je n'ai pas cru parler au hazard en soutenant qu'un Sauvage qui verroit pour la premiere fois un cercle, dont le centre ne seroit point marqué, ne s'aviseroit jamais de penser que tous les points de la circonférence sont également éloignés de ce centre. Si un homme suit des yeux la route que décrit une bombe en l'air, supposez-lui tout l'esprit possible, si les Mathématiques ou la Physique lui sont absolument étrangeres, ce chemin que fait cette bombe lui donnera-t-il jamais l'idée de la la Parabole, s'il ne consulte que ses yeux ? Pour lui faire comprendre la nature de cette courbe, il faudroit l'instruire de la loi des mouvemens composés, & lui faire connoître la combinaison des deux mouvemens, & de gravité, & de projectile. Employons un exemple encore plus simple: prenons le triangle: qu'un homme en considére un, & qu'il s'en rapporte uniquement au témoignage de ses yeux, apprendra t-il par l'idée qu'ils lui donnent de cette figure, que les trois angles de ce triangle sont égaux à deux angles droits ? ?

Par sa troisiéme propriété l'esprit sent en même tems, & le domaine de la vérité sur lui, & le droit de se refuser à tout ce qui n'en a que les apparences, ou de suspendre son jugement lorsqu'elle est obscurcie par quelque nuage qui la rend équivoque; & ce pouvoir est tellement universel, que quelque proposition qu'on vous fasse, vous êtes sur que vous serez le maître de vous y rendre attentif, ou de ne pas l'approfondir; & que dans le cas où vous seriez déterminé à l'examiner sérieusement, vous serez dans l'une de ces trois dispositions, ou d'acquiescer nécessairement, si la proposition est évidente, ou de suspendre votre jugement, si vous y appercevez quelqu'obscurité, ou enfin de la rejetter si vous y voyez de la contradiction. Ce pouvoir embrasse donc toute vérité, soit dans l'ordre moral, soit dans l'ordre physique, ou dans l'ordre mathématique.

Mais ce n'est encore qu'une partie du vaste champ que notre liberté présente à notre esprit. Nous nous sentons susceptibles de joie, de bonheur & de plaisir à l'infini; mais nous sçavons aussi que quelque dégré de félicité que nous puissions goûter, il sera toujours nécessairement borné, aussibien que tous les êtres auxquels il pouvoit être attaché. Or notre liberté, considérée dans notre propre fond, se trouve supérieure à tout dégré de bien-être particulier : il n'en est point qu'elle ne puisse sacrifier, fût-il en son pouvoir d'en jouir actuellement, à l'espérance de posseder un bien qui lui paroît plus grand : il n'est point d'espéce de misére qu'elle ne puisse se résoudre d'essuier, pour parvenir à ce qu'elle regarde comme un plus grand bien. Les Malabranchistes entendent ce langage ; c'est celui de leur Maître.

Enfin, notre liberté se sent une activité qui la met au-dessus de tous les êtres créés. Elle ose aspirer au bonheur de voir la Majesté divine & de s'unir à elle. La raison seule ne lui propose rien de bien précis sur les fondemens de cette espérance, mais elle en fait entrevoir la possibilité. Elle soupçonne que celui dont l'action se fait sentir immédiatement dans le fond de notre être, dans les modifications qu'il lui donne, pourroit se manifester lui-même, au lieu de se cacher. Qu'il est tout aussi difficile de comprendre comment Dieu nous fait sentir la préfence des corps, qu'il le feroit de fe repréfenter comment Dieu pourroit fe rendre intimement préfent à l'ame : elle a même de la peine à concevoir, quand elle s'éleve au-deffus des fens, comment les corps peuvent être une occafion de bien-être pour l'efprit ; elle n'en auroit point à penfer que l'ame ne pouvant trouver fon bonheur en foi, & étant forcée de le chercher ailleurs, le faifit dans fon Auteur, & que la plus grande félicité fût attachée à l'avantage ineftimable de voir Dieu. Ces foupçons qui approchent beaucoup de la certitude, fuffifent pour attirer la volonté, & pour la tenir, pour ainfi dire, en haleine : elle fent en foi un vuide que Dieu feul peut remplir ; trop heureux fi nous ne nous fentions pas en même tems capables de négliger un fi grand bien, de préférer les dons du Créateur au Créateur même, & fi notre choix n'étoit pas abfolument décidé pour tout ce qui n'eft pas lui

Je ne vous dirai rien fur la quatriéme propriété de l'ame. Vous voyez que la mémoire peut comprendre indéfiniment bien d'autres faits, d'autres vérités que celles dont elle eft actuellement le dépôt. Il est donc bien prouvé que du sens de notre existence nous tirons quatre propriétés universelles, je veux dire la sensibilité, l'intelligence, la volonté, la mémoire, dont nous avons quatre idées très-distinctes; & que notre ame devenant le tipe des esprits, nous avons une notion claire de tout esprit en général : les faits déposent donc contre cette partie de la Métaphysique du P. Malebranche. C'est tout ce que j'avois entrepris de vous faire voir dans cette Lettre. Je suis avec mes sentimens ordinaires, M. votre, &c.

DOUZIEME LETTRE.

JE conviens avec vous, M. que le P. Malebranche est un Auteur, qui, par la réputation qu'il s'est si légitimement acquise, mérite certainement qu'on pése ses raisons; mais vous m'avouerez aussi, que toutes respectables qu'elles sont, elles ne le sont pas tant que des faits : au reste vous me permettrez de vous dire, qu'il ne m'a pas paru dans votre derniere Lettre que vous connussiez beaucoup ce grand Philosophe. C'est la mode de plaisanter sur sa brillante imagination, dont il fut, dit-on, la duppe en bien des occasition ; mais il n'est plus du bel usage de le lire : on trouve si peu de traits de sa méthode dans un grand nombre de Livres éblouissans dont on inonde le Public, que quand on ignoreroit quel est le ton des Philosophes de notre siécle, on devineroit aisément que les Auteurs de tous ces ouvrages, plus séduisans que solides, ont très-peu médité *la Recherche de la vérité*. On ne veut point d'autorité dans les matiéres Philosophiques ; on ne parle que d'évidence, on ne fait cas que de la vérité connue : mais si cette protestation est bien sincére, pourquoi ne veut-on plus entendre parler d'un Philosophe, dès qu'on l'a surpris dans quelque erreur ? pourquoi dès-lors ne mérite-t-il plus d'être lû ? Mais puisque vous ne le trouvez pas infaillible, lisez-le en juge ; discernez les principes qu'il a hazardé, de ceux qu'il a solidement établis. Faites-vous un fond des connoissances réelles qu'il vous a données ; exercez votre esprit à l'augmenter. C'est notre fureur de reprendre les sciences par les fondemens, on a raison pour quelques parties : mais de prétendre qu'on en est encore au point d'inventer, & de renoncer à toutes les acquisitions que nous ont laissé nos prédecesseurs : en vérité c'est une extravagance qui tend évidemment à la ruine des sciences.

Vous me pardonnerez, M. cette petite sortie contre le mauvais goût de notre siécle, qu'on peut bien définir le siécle de l'imagination ; mais comment parler de sang froid de tout ce qu'il enfante chaque jour ?

La seule raison qui m'oblige d'entrer dans quelque détail sur les prétentions du P. Malebranche, c'est que ne les ayant pas examinées par vous-même, vous ne les croiriez que plus solides, si je négligeois absolument de les examiner : car j'agis en cette occasion contre mon goût & mes principes, aussi-bien que dans la réfutation de s'Gravesande à laquelle je me suis engagé. Quand la vérité est connue, qu'importe de sçavoir les routes perdues que les hommes ont suivies pour s'en écarter ?

Qu'oppose donc le P. Malebranche à des faits si constans, & qui doivent être si familiers à quiconque sçait rentrer en soi-même ?

„ 1°. Nous ne connoissons point l'a-
„ me par idée..... nous ne la voyons

» point en Dieu, nous ne la connoiſ-
» ſons que par conſcience..... Encore
» que nous connoiſſions plus diſtinc-
» tement l'exiſtence de notre ame, que
» l'exiſtence de notre corps, & de ceux
» qui nous environnent ; cependant
» nous n'avons pas une connoiſſance ſi
» parfaite de la nature de l'ame, que
» de la nature du corps. »

<small>Rech. de la Verité, liv. 3. Eſprit pur chap. 7. a. 4.</small>

Je ne crois pas, M. que la raiſon qui décide ſi pleinement le P. Malebranche, opére ſur vous une ſi grande conviction. Quoique vous ne voyiez point votre ame en Dieu, vous n'en ſerez pas moins perſuadé que vous pouvez avoir l'idée de votre ame : mais concevez-vous comment nous connoiſſons plus diſtinctement l'exiſtence de notre ame que de toute autre choſe; & comment nous en connoiſſons moins la nature ? Ne répondriez-vous pas au P. Malebranche ce que je vous diſois derniérement, je me ſens donc exiſter une nature quelconque ? Mais comme un être qui n'a qu'une nature indéterminée ne peut exiſter, il s'enſuit évidemment que ſi je ne ſçai d'une façon fixe & préciſe ce que je ſuis, je me ſens exiſter d'une maniere qu'il eſt impoſſible que j'exiſte; & vous croiriez je pense, avoir satisfait à l'objection.

2°. Le P. Malebranche dans ses eclaircissemens entasse d'autres raisons dont je vais vous faire le précis. Il suffit, selon lui, de consulter l'idée qui représente un corps, pour reconnoître les modifications dont il est capable; mais nous n'avons point d'idée de notre esprit qui soit telle que nous puissions découvrir, en la consultant, les modifications dont il est susceptible. Si nous n'avions jamais senti ni plaisir ni douleur, nous ne pourions pas sçavoir si notre ame peut être affectée par l'un ou par l'autre : si nous n'avions jamais vu de rouge ni de bleu, on auroit beau consulter l'idée prétendue de son ame, on ne découvriroit jamais distinctement, si l'ame seroit ou ne seroit pas capable de tels sentimens, ou de telles mofications.

J'avoue, M. que tout ce qui tient à la maniere dont nous voyons les corps, est le côté ténébreux de notre ame: ainsi cette difficulté du P. Malebranche est considérable, mais je ne la crois pas insoluble. Car en supposant même qu'un homme qui n'auroit jamais vu de couleurs, ne sçauroit s'il est susceptible de cette espèce de sensations, on n'en pourroit pas conclure qu'il n'auroit point d'idée de son ame. Un aveugle né n'a-t-il pas l'idée de l'étendue? pourra-t-il, quoiqu'il soit capable de quelques notions géométriques, décider si tout ce qu'un Mathématicien lui dira de la nature des courbes, pourroit être tiré de l'idée qu'il a de l'étendue? Un Lapon seroit à peu près dans la même thèse. Or le P. Malebranche se croiroit-il autorisé par l'ignorance de ces deux hommes à penser qu'ils n'ont aucune idée de l'étendue?

Prenons un autre exemple en nous-même. Les Disciples du P. Malebranche conviendront que nous avons une idée du corps organisé, auquel notre ame est unie: que diroient-ils si je prétendois qu'ils se trompent, en leur alleguant l'impossibilité où nous sommes de démêler dans l'idée de ce corps les principes de l'organisation, du mouvement du sang, du gonflement des nerfs; le plan organique qui répond à notre mémoire; ce que la lumière peut opérer par le moyen des nerfs optiques au-delà de la retine? Ces Messieurs se moqueroient de moi, & ils auroient raison.

Mais négligeons ces avantages, &

venons au fond de l'objection. J'avoue que l'art de nous modifier par le plaisir, par la douleur, n'est point renfermé dans l'idée que nous avons de notre ame : comme il est reservé au Créateur, il nous feroit fort inutile. Il ne s'agit pas de l'art de nous modifier, répondront les défenseurs du P. Malebranche : nous sçavons que l'ame ne renferme pas cet art : il est question des modifications que Dieu tire de l'ame. A cela je répons que l'ame ne peut voir en elle ces modifications quand elles n'y sont point : elle ne peut trouver chez elle la douleur, lorsque Dieu ne lui cause aucune sensation penible : d'ailleurs la douleur de la goutte, par exemple, a été attachée très-arbitrairement du côté de Dieu, à un certain état de mon pied, de ma main ; & me demander, à moi qui n'en ai jamais ressenti d'atteinte, ce que c'est que la goutte, c'est me demander qu'elle sensation il a plu au Créateur d'attacher à tel état d'un de mes membres : c'est me proposer de déviner ses volontés libres.

Vous voyez un bloc de marbre, un Sculpteur s'apprête à le dégrossir. On vous demande, Tireriez-vous bien de l'idée que vous avez de ce bloc, quelle est la figure que le Sculpteur veut faire, quoiqu'il vous cache soigneusement son projet? Vous répondriez que la question n'est pas proposable : je répons de même au P. Malebranche. Mais, me direz-vous, M. si j'ignore le dessein du Sculpteur, je sçai pourtant, en général, que c'est quelque figure qu'il se propose de faire; elle est réellement dans le marbre; l'Artiste la découvrira, en rétranchant du bloc tout ce qui la couvre; tout son art consiste à faire disparoître, à l'aide des coups rédoublés de son ciseau, toute la matière superflue. Je dirai à cela, que la statue que le Sculpteur veut tirer de son marbre, n'y est pas plus que toute autre figure; c'est le dessein du Sculpteur qui la détermine; c'est son art qui l'en tire : mais cet art, j'en conviens, est pris de l'idée que nous avons de la matière. On conjecturera encore, en réfléchissant sur l'idée de la matiere, ce qu'il faudroit faire pour employer une certaine quantité fixe de cire, à représenter, par exemple, un fruit, il ne sagiroit plus ici de rétranchemens à faire, mais de la combinaison des parties de la cire.

Mais dans mon ame il n'est point

de parties qui puiſſent être retranchées ou ſcombinée. On peut dire en un ſens que la ſtatue du Roi eſt dans un bloc de marbre, & qu'un volume de bronze contient toutes les parties d'une ſtatue quelconque: il ne faut que leur donner l'arrangement convenable: l'idée de la matiére nous ſuffit pour le concevoir. Au contraire, mon ſens intime ne me permet en aucune façon de penſer que la douleur de la goutte, ou que les les élemens de cette douleur ſoient dans mon ame, lorſque je n'ai point cette maladie, qu'on dit être trèscruelle. Ainſi quand vous me demanderez, à moi qui n'en ai jamais été affligé, quelle eſpéce de douleur on éprouve lorſque certaines humeurs ſe gliſſent dans les articulations d'un doigt d'un pied, lorſqu'elles y cauſent, ou une enflure ou une inflammation? Je n'en ſçai rien, vous dirai-je: j'ignore, parmi toutes les eſpéces de douleur poſſibles, quelle eſt celle que le Créateur a librement déterminée, pour l'état du pied dont vous me parlez: je ne l'ai jamais éprouvée, elle n'eſt point en moi, mais elle eſt contenue dans l'idée générale de ma ſenſibilité: j'y vois trèsclairement que quelque ſorte de miſére que soit la goutte, j'en suis susceptible ; comme vous décidez d'après l'idée du bloc de marbre, que le Sculpteur en pourra tirer qu'elle statue il voudra.

Le P. Malebranche dit quelque part que Dieu connoît la douleur & ne la sent pas, & que nous sentons la douleur, mais que nous ne la connoissons pas. Certainement Dieu connoît la douleur autrement que nous ; c'est lui qui nous l'inflige : il sçait ce qu'il fait ; il produit la douleur, il la connoît, comme cause : mais je sens l'impression que je reçois, & je la connois si bien, que je la distingue de toutes les autres espéces de modifications qu'il m'a fait éprouver. S'il m'affligeoit de la goutte, ne pensez pas que je la confondisse jamais avec le chatouillement, ni le plaisir avec la légere douleur d'une piqueure d'épingle.

Les questions que l'on feroit à un aveugle-né sur les couleurs, seroient les mêmes que je me suis faites sur la goutte. Entrons dans quelque détail, & vous en conviendrez, M. En faisant valoir l'idée de l'étendue que vous ne contesterez point à cet aveugle, vous pourriez lui faire soupçonner la maniere dont la vifion s'opére, fur-tout, fi avec de l'efprit il étoit capable de méditation, & qu'on l'eût rempli de bons principes de raifonnement: vous armeriez chacune de fes mains d'un long bâton, & vous lui feriez croifer ces deux inftrumens : il placeroit enfuite, aidé du tact, le bout d'un des deux au haut d'un corps & l'autre au bas ; vous l'accoutumeriez ainfi à juger de la hauteur des objets par l'ouverture des bâtons. Par le même artifice, vous lui feriez contracter l'habitude de juger de toute largeur & de toute longueur. Il concevroit encore aifément qu'à proportion qu'il s'éloigneroit d'un objet, à proportion l'angle qui en comprendroit les diverfes dimenfions, devroit devenir aigu. Quand il feroit bien exercé dans toutes fes pratiques, il n'auroit aucune peine à entendre, que de chaque point d'une ftatue, par exemple, partent des traits extrêmement déliés, droits comme fes bâtons, & qui fe croifent dans la prunelle : car il feroit embarraffant de lui faire comprendre les réfractions que les raïons fouffrent dans l'œil) & que chacun d'eux va toucher un point de l'intérieur de l'œil. Il pourroit aifément

ment concevoir que ces filets qu'on appélle raïons, ne sont pas solides comme un bâton, que ce sont des files de molécules contiguës ; qu'il y a sept especes de molécules, soit qu'elles diférent par la grosseur, soit qu'elles diférent par certains tons d'oscillation ; que chaque raïon n'est composé que d'une de ces espéces de molecules ; & que les coups de ces molécules sur la prunelle étant très variés, le Créateur doit y avoir attaché des sensations differentes, comme il en a attaché aux sept differentes espéces d'ondulations qui répondent aux sept tons de la musique. Mais ces sensations qui viennent de la maniere, dont s'exécutent les chocs des traits lumineux, sont aussi différentes des sons de la musique, que ces sons different du goût, de l'odorat & de la douleur. (On le suppose, comme vous vous voyez, instruit de la nature de son ame & des causes occasionnelles.) Mais comme l'ame sent la douleur dans le membre mal affecté ; de même l'ame sent, pour ainsi dire, cette impression qu'on appelle la couleur à la superficie des corps.

Après ces instructions préliminaires, demandez à votre aveugle, s'il pense que son ame puisse recevoir ces sensations, si Dieu ne pourroit pas les lui faire éprouver, quoiqu'il ne survînt aucun changement dans ses yeux, ou bien en rétablissant en lui ces précieux organes; il vous répondra que la chose est très-possible, & qu'il lui suffit de sçavoir que Dieu lui a donné quatre manieres différentes de connoître les corps, pour juger qu'il pourroit lui en donner une cinquieme. Et ne sommes-nous pas dans le même cas que l'aveugle, lorsqu'on nous demande si Dieu pourroit nous donner un sixieme sens ; hésitons-nous ? Pourquoi ne doutons-nous pas, si ce n'est que nous sentons que Dieu est tout-puissant, & que nous sommes nous-mêmes susceptibles de toutes les impressions qu'il lui plaira de nous faire éprouver ? C'est donc en consultant l'idée que nous avons de nous mêmes, que nous satisfaisons avec tant de précision à de pareilles questions. Vous parlez de couleurs à un aveugle ; ce mot n'est lié dans son ame à aucune idée : vous n'essaïez pas même de faire en sorte qu'il signifie quelque chose pour lui ; & vous êtes étonné qu'il ne comprenne rien à ce que vous lui demandez. Mais après l'avoir instruit selon la méthode que je viens de vous indiquer, vous voudriez qu'il vous dît ce que c'est que le verd : il vous répondra que c'est une certaine impreſſion que le Créateur a voulu faire ſur nous à l'occaſion de l'eſpece de choc que telles molecules font ſur le fond de l'œil. Vous inſiſtez, mais quelle eſt cette impreſſion en particulier ? Puis-je deviner, vous repliquera-t-il, les volontés très-libres du Tout-puiſſant ? Le voila préciſément au point où nous étions, quand il s'agiſſoit de déterminer quelle idée peut avoir de la douleur de la goutte, une perſonne qui ne l'a jamais reſſentie.

3°. Le P. Malebranche continuë ainſi dans ſon onzieme éclairciſſement. » Quoiqu'on ſente actuellement de la » douleur, ou qu'on voye de la couleur, » on ne peut découvrir de ſimple vue ſi » ces qualités apartiennent à l'ame. On » s'imagine que la douleur eſt dans le » corps, à l'occaſion duquel on la ſouf- » fre, & que la couleur eſt répandue » ſur la ſurface des objets, quoique ces » objets ſoient diſtingués de ſon ame. » Pour s'aſſurer ſi les qualités ſenſibles » ſont ou ne ſont pas des manieres d'ê- » tre de l'eſprit, on ne conſulte point » l'idée prétendue de l'ame. Les Car-

» tésiens même consultent au contraire
» l'idée de l'étendue. Ils raisonnent
» ainsi, la chaleur, la douleur, la cou-
» leur, ne peuvent être des modifica-
» tions de l'étendue ; car l'étendue n'est
» capable que de différentes figures &
» de différens mouvemens. Or il n'y a
» que deux genres d'être, des esprits &
» des corps : donc la douleur, la cha-
» leur, la couleur & toutes les autres
» qualités sensibles appartiennent à l'es-
» prit. »

J'ai déja prouvé que nous ne pouvons, d'une simple vue, découvrir les
propriétés des figures que nos yeux
nous représentent ; & cet inconvénient
n'empêche pas que le P. Malebranche
ne prétende que par le sens de la vue,
nous avons des idées des figures. On
ne prouve donc pas que nous n'avons
point d'idée de notre ame, parce qu'on
ne peut découvrir d'une simple vue,
si la douleur appartient à l'ame ou au
corps ; si la couleur est une affection
de l'esprit, ou des objets matériels.
La suite de l'objection attaque uniquement la maniere de raisonner des Cartésiens.

Je suis bien éloigné de vouloir infirmer les démonstrations qu'ils ont

données de la distinction de l'ame & du corps, elles sont solides & pressantes. Mais où réside leur force ? Dans le témoignage du sens intime, par lequel nous connoissons la substance spirituelle. Car ces Philosophes supposent visiblement dans tous leurs raisonnemens, la connoissance distincte de deux diverses substances, dont l'une est spirituelle & parfaitement simple, & l'autre est matérielle. Mais si je prouve au P. Malebranche, que les leçons de notre sens intime suffisent pour nous desabuser des erreurs de nos sens dont il parle, n'aurai-je pas démontré par ces faits même qu'il nous oppose, que nous avons l'idée de la substance spirituelle ? Que nous annonce notre sens intime ? que notre ame est une substance simple & numérique. Qu'apprenons-nous du sens de la coexistence de notre corps ? que c'est une masse composée de parties, dont chacune est un être numérique différent de toutes les autres ; un individu particulier. C'en est assez. Remanions maintenant un des exemples que j'ai employé déja plusieurs fois.

Je sens de la douleur au pied droit, une demangeaison au pied ganche, de la chaleur à la main gauche, du froid à la droite, mon état d'infirmité m'attriste, je réfléchis sur les divers remedes qu'on me propose : j'opte. Y a-t-il en moi six ou sept *moi*, ou n'en est-il qu'un seul ? Celui qui s'afflige de la douleur du pied est-il simplement témoin de cette douleur, la voit-il dans un être different de lui, comme un de mes amis à qui je fais voir mon pied ? Celui qui délibere & qui fait un choix est-il un autre que celui qui ressent la douleur ? Il n'est pas possible de le penser. C'est donc le même individu, & non des parties différentes numériquement d'un tout, qui sent la douleur, le chatouillement, le chaud & le froid, qui s'afflige, qui délibere, qui choisit. L'expérience décide donc que ces sensations, ce chagrin, cette délibération appartiennent à mon ame. Voilà certainement ce que les Cartétésiens voient, voilà ce qu'ils opposent à la nature du corps. Non-seulement je connois les modes dont mon corps est susceptible ; mais encore je sçais que dans le fait, mes affections de douleur, de plaisir & de chagrin, mes délibérations ne lui conviennent point, parce qu'elles sont inhérentes au même individu, & que mon pied droit n'étant ni mon pied gauche, ni aucune de mes mains, ces affections ne peuvent être réparties entre mes differens membres, qu'elles n'appartiennent à des individus differens. Par conséquent sans approfondir la question si la sensibilité peut être une des propriétés de la matiere de notre corps, il est prouvé par les réflexions que nous faisons sur notre sens intime, que cette sensibilité, que nos diverses sensations de douleur & de plaisir sont uniquement & réellement des modifications de notre ame. C'est ce que j'avois à prouver contre le P. Malebranche.

3°. Ce Philosophe nous oppose encore, qu'on ne peut comparer son esprit à d'autres esprits, pour en connoître clairement quelques rapports; qu'on ne voit point le rapport qui est entre le plaisir & la douleur, entre le verd & le rouge, entre le jaune & le violet.

Cette objection m'étonne de la part du P. Malebranche. Nous ne voïons point les autres esprits, nous ne les connoissons que par leurs actions extérieures. Nous ne sommes que trop portés dans la comparaison que nous faisons d'eux à nous, à nous adjuger la supériorité : ces jugemens font injuſtes & téméraires, parce que nous ne jugeons des autres eſprits que ſur les dehors pour ainſi dire : l'intérieur nous eſt inconnu : il n'eſt donc point ſurprenant que nous ne puiſſions connoître clairement aucun rapport entre les autres eſprits & le nôtre.

Quant aux rapports que le P. Malebranche voudroit que nous trouvaſſions entre le plaiſir & la douleur, entre le verd & le rouge ; nous répondrons qu'effectivement nous n'en voyons point entre des choſes ſi éloignées, & nous puiſerons notre réponſe dans la doctrine même de ce célébre Métaphyſicien. En combien d'endroits nous a-t-il appris, qu'il n'en eſt pas des ſenſations comme des diſpoſitions organiques de notre corps qui les occaſionnent ? Celles-ci différent entre elles par le plus ou le moins. Les mouvemens des nerfs auſquels eſt attaché le chatouillement, ne différent de ceux qui nous cauſent de la douleur, que du plus au moins ; leur rapport eſt arythmétique ou géométrique. Mais le plaiſir & la douleur ſont auſſi diſtingués qu'être bien ou qu'être mal. Quel rapport peut-on trouver entre des choſes qui different eſsentielement, par exemple, entre l'esprit & le corps ? Il suffit que l'ame ne confonde jamais le verd avec le rouge, le plaisir avec la douleur.

4°. Le P. Malebranche objecte de plus, qu'on ne sçait point en quoi consistent les dispositions de l'ame qui rendent plus prompt à agir, & à se representer les objets. Il est certain, ajoûte-t-il, que l'homme le plus éclairé ne connoît point, s'il est digne d'amour ou de haine, comme parle le Sage.

Les sent-on ces dispositions qui rendent plus prompt à agir & à se representer les objets ? On en a donc connoissance ? Mais ces dispositions ne dépendent-elles pas en partie de nos organes, & de l'état de notre cerveau ? Les imaginations vives, les talens pour les sciences, tout cela n'est-il pas en nous sans nous ? ne dépend-il pas du plan de notre cerveau ? C'est Dieu qui le met dans notre ame suivant les occasions qu'il trouve dans la machine. Quant aux habitudes de la volonté, nous sentons fort bien que ce n'est que notre volonté confirmée par son propre choix dans la poursuite de certains biens vrais ou apparens.

Nous ne sçavons si nous sommes di-

dignes d'amour ou de haine. Il n'est pas apparemment question ici du surnaturel des actions chrétiennes. Chacune de nos actions est un acte de notre volonté, qui ne peut nous échapper dans l'instant où nous le formons. Mais souvent nos décisions sont si promptes, qu'il nous est impossible d'analyser le concours des motifs & des sentimens sur lesquels nous nous sommes déterminés. La réflexion ne trouve plus de prise sur ce qui nous en reste dans la mémoire. Mais après tout, que prouve l'ignorance où nous sommes du mérite du gros de nos actions, & de chacune en particulier, contre l'idée de l'ame? Elle ne prouve absolument rien, puisqu'il s'agit ici du mérite actuel de l'ame & non de son essence. Si l'esprit étoit attentif à peser ses actions, il trouveroit dans l'idée de l'ame ces régles sur lesquelles la bonne conscience est formée, & dont j'ai donné une legere esquisse dans celle de mes lettres, où j'expose les phénomenes de l'ame. Il compareroit ses actions à ces régles. Mais la volonté vive & volage se déploie souvent avec trop de promptitude pour pouvoir rapprocher ce qu'elle veut faire, de ces régles. Il faudroit faire cette comparaison avant que d'agir; mais après que l'action est faite avec tant de précipitation sur des vûës si peu distinctes, sur des sentimens si obscurs, est-il bien possible d'en juger sainement?

Enfin le P. Malebranche frappe une derniere objection, & plus fortement qu'aucune autre. Il la presente ainsi, Si la nature de l'ame est plus connue que que toute autre chose, comment arrive-t-il que tant de gens la confondent avec le corps? Peut-on confondre deux idées claires, entierement différentes? Les hommes ont-ils jamais pris le quarré pour le cercle? Néanmoins l'ame differe plus du corps que le quarré du cercle.

Ce seroit au P. Malebranche à répondre à cette question. Il sçait, & il ne le sçait que par le sens intime, que l'ame est plus differente du corps, que le quarré ne l'est du cercle. Chacun peut trouver la même vérité dans son sens intime. Quoique le P. Malebranche ne convînt pas que nous aïons une idée de notre ame, il n'ignoroit pas que tout esprit sent son existence: or le sens intime nous faisant trouver plus de différence entre notre ame & notre corps, qu'entre un cercle & un quarré, comment personne ne prend-il ces deux figures l'une pour l'autre ? Comment plusieurs confondent-ils leur ame avec leur corps ? Cette question pourra trouver sa place ailleurs dans le cours de notre commerce. Mais l'objet a trop d'étendue pour pouvoir être traité d'une façon utile & convenable dans une simple lettre. Je vous communiquerai dans le tems une dissertation que j'ai faite autrefois, où vous trouverez cette question discutée avec soin.

A suivre les vues & les prétentions du P. Malebranche, il sembleroit que chaque idée représente toutes les propriétés de son objet ; comme un païsage représente sous un coup d'œil, tout ce que renferme une belle vue. Mais il n'en est pas ainsi. Combien d'études, combien de méditations ne faut-il pas avoir fait pour déduire de la notion du cercle toutes ses propriétés ? que de lignes ne faut-il pas mener, que de comparaisons nécessaires pour trouver leurs rapports ? Ce n'est que que successivement & très-lentement que nous parvenons à connoître quelques-unes de ces propriétés. Pour peu qu'on foit versé dans les Mathématiques, on fçait très-bien que chaque théorême, par exemple, qu'on découvre avec bien du travail, n'étoit point vu d'abord dans l'idée de la courbe fur laquelle on s'exerçoit. D'où vient donc qu'on concluroit, de ce que nous ne dégageons que fucceffivement, & avec quelque attention, les diverses propriétés de notre être, de l'obfcurité qui les environne; pourquoi, dis-je, affureroit-on que la connoiffance que nous en avons n'eft pas une idée ? C'eft peut-être la feule qui nous prefente plus de propriétés à la fimple vuë, comme vous l'avez obfervé en méditant ma derniere lettre. C'eft donc pour s'être laiffé emporter à trop d'enthoufiafme dans fes propriétés, que le P. Malebranche s'eft mépris fur la nature de nos idées, & qu'il n'a pas voulu en donner le nom à la connoiffance que nous avons de notre ame.

Ce qui prouve bien clairement cet enthoufiafme eft la contradiction où eft tombé le P. Malebranche, quoiqu'un peu difficile à fentir : après quelques préliminaires vous la trouverez palpable. Vous le venez de voir dans le dernier extrait que j'ai fait de ses éclaircissemens, quelle difference il met entre deux idées. L'idée du quarré n'est jamais confondue avec celle du cercle, nous disoit-il : pourquoi ? Parce que très-assurément l'une n'est pas l'autre. Suivant ce Philosophe, les idées ne sont point des fictions de l'esprit ; ce sont des objets que nous voyons en Dieu. Nous ne sommes donc point les causes de ces tipes qu'on suppose dans la sagesse incréée ; le tipe du cercle n'est pas celui du quarré, & nous n'avons fabriqué ni l'un ni l'autre. Je ne demande point comment cette doctrine peut être conciliée avec la simplicité de Dieu.

Après vous avoir rappellé cette opinion du P. Malebranche sur la nature des idées, il faut la rapprocher d'une autre de ce Métaphysicien sur une dispute qui fut agitée autrefois avec beaucoup de chaleur dans les écoles entre les Scotistes, d'une part ; & les Thomistes de l'autre. Les premiers soutiennent qu'outre la distinction entre un être numérique & un autre être numérique, ou bien entre deux êtres de diférente espèce *inter rem & rem*, outre la distinction réelle, dis-je, il en est une autre qu'ils appellent formelle, entre les qualités, entre les modalités du même être. Ils assurent, par exemple, que la mobilité d'un corps & sa figurabilité, si je puis employer ce terme, sont des propriétés dans la matiere, très-distinctes entre elles, indépendamment de nos pensées : l'une n'est pas l'autre. De même, selon eux, l'esprit voit une différence très-marquée entre trois facultés qui lui sont propres, entre la sensibilité, l'intelligence, & la volonté ; il ne l'opere point. Cette doctrine est très-exacte par rapport à ces deux exemples. Elle prouve que Scot avoit une grande étendue de génie, mais dont il étoit bien difficile qu'il tirât tous les avantages, dans un siécle où le plus mauvais goût infectoit toutes les sciences.

Le P. Malebranche rejette ce sentiment. Il passe du côté de ceux qui ne mettent entre les propriétés du même être, qu'une distinction qu'ils appellent virtuelle, qui n'est pas réellement entre les propriétés d'un objet, qui n'est qu'une suite des précisions de l'esprit, sur un fondement que lui donne l'objet même ; cette restriction n'est pas beaucoup intelligible. Ainsi, quand nous distinguons en nous-mêmes la sensibilité de la volonté, ce n'est pas que ces deux choses soient réellement différentes dans notre ame. Notre ame est une ; mais ses diverses opérations nous donnent lieu de distinguer en elle, par exemple, la faculté de sentir, de la faculté de choisir. Comme s'il étoit possible de dire que la passibilité & l'activité sont la même chose. Sous ce point de vue, la doctrine des Thomistes ne peut se soutenir. Mais quand ils l'appliquent aux attributs de Dieu, ils sont forts contre les Scotistes ; quoique les uns & les autres se trompent également. Les Scotistes prétendent que les attributs divins sont distingués en Dieu même, comme la sensibilité & la volonté le sont en nous. Leurs adversaires ont bien de la peine à s'empêcher de crier au blasphême : la simplicité de Dieu leur paroît divisée. Ils veulent que par rapport aux differentes productions de la divinité, l'esprit soit fondé à supposer en Dieu différens pouvoirs. Celui de punir, celui de pardonner, celui de créer, celui d'assujettir les créatures à un certain ordre selon cersaines loix. C'est ainsi selon eux que nous créons ou plûtôt que nous feignons en Dieu quatre attributs, de justice, de miséricorde, de puissance & de sagesse.

Selon les apparences la crainte de diviser la divinité, a porté le P. Malebranche à embrasser le parti des Virtualistes, & ne lui a pas permis de penser aux conséquences qu'on en pouroit tirer contre son système des idées. Que devient effectivement la distinction des idées, de ces tipes éternels ? l'un n'est-il pas l'autre ? Il ne falloit donc pas rejetter la distinction formelle des Scotistes, puisque le P. Malebranche l'admettoit entre les connoissances de Dieu. Mais dans ce cas il s'expose à toutes les objections que les Virtualistes tirent de la simplicité de Dieu. Ces tipes au contraire ne different-ils l'un de l'autre que par une précision de l'esprit : on ne les voit donc point en Dieu, le tipe de la sagesse, celui de l'étendue ne sont donc point vus séparément en Dieu. Cette distinction est cependant ce qui fait que les idées sont differentes. Si notre esprit fait cette distinction, il est donc auteur de celle de nos idées : s'il n'est pas sa lumiere à lui-même, c'est lui qui dispose des raïons de la lumiere; qui les divise pour voir différentes choses, à l'aide de la lumiere divine, où rien n'est divisé ni divisible. Il est donc le créateur de ses idées, & je ne connois de fondement, pour établir leur distinction, que dans les objets particuliers qu'il voit & qu'il compare à la cause suprême; ce seroit la seule issue qui pût rester au P. Malebranche: mais il faudroit qu'il abandonnât ces tipes éternels, qu'il veut que Dieu nous montre; qu'il reconnût que ces tipes sont en nous-mêmes, & que notre ame comparée à celui dans la puissance duquel résident tous les possibles, devient par cette comparaison le tipe des esprits.

C'est-à-dire, qu'il faudroit qu'il abandonnât totalement son sistême sur les idées. A la vérité, l'essentiel demeureroit; mais il seroit toujours constant que l'esprit ne forme pas ses idées. Le rapport de l'amour que l'ame se sent pour l'ordre, avec la source de tout ordre, n'est point l'ouvrage de l'ame, & c'est l'idée de sagesse. Le rapport qu'elle voit entre l'obéissance de ses membres à sa volonté & la cause souverainement efficace, n'est point son ouvrage, & c'est l'idée de puissance. Ces rapports sont differens entre eux indépendamment de toute opération de l'esprit ; ils le sont même quand nous n'y pensons pas.

Les attributs de la Divinité, sont, comme je crois vous l'avoir insinué, les rapports inverses. La cause suprême comparée avec notre amour de l'ordre, forme un rapport, & c'est l'idée de la Sagesse éternelle. Dans l'idée abstraite de sagesse, notre amour de l'ordre est le tipe, nous y voyons que tout esprit est susceptible de sagesse à l'infini, mais qu'aucun ne peut être sage qu'avec mesure. Dans le rapport renversé, Dieu même est le tipe, mais il est infini. De même la substance divine que nous sentons toujours, en sentant l'être, comparée a l'obéissance de nos membres à notre volonté, forme le rapport qui nous donne l'idée de la Toute-puissance : or le rapport où réside l'idée de la Sagesse suprême, celui qui renferme l'idée de la Toute-puissance, sont des objets réels presens à l'esprit, indépendans de lui, distingués l'un de l'autre, même quand ils n'y pense pas. Ainsi les idées des attributs en Dieu sont très-distinctes, & cette distinction n'est point en Dieu. Ces exemples suffisent, M. pour vous donner la facilité d'analyser, pour ainsi dire, toutes nos idées abstraites ; de reconnoître leur distinction ; de sentir la différence énorme que nous voyons entre les idées des perfections dont nous sommes capables, & celles des perfections divines.

Vous voyez par ce détail, comment la nature des idées coule naturellement de notre sens intime. Trouver leur origine en nous par le moyen de ce sens intime ; n'est-ce pas bien prouver qu'il nous presente la notion de notre ame ; puisque nous en déduisons non-seulement des facultés universelles, mais même les idées de toutes choses ?

Je vous aurai, sans doute, fatigué par cette longue lettre ; mais la question que je m'étois engagée d'y traiter, avoit beaucoup d'étendue, il n'étoit pas possible de la diviser. Vous devez depuis long-tems être persuadé du zéle avec lequel je suis, M. votre, &c.

TREIZIÉME LETTRE.

Vous convenez sans peine, M. que vous avez une idée de votre ame; mais le sens intime d'où vous la tirez forme un tableau où vous voyez du brillant, du clair-obscur, & des ombres fieres. Vous me priez de débrouiller ce cahos. Votre inquiétude ne tombe pas apparemment sur ce que vous avez vu des caractéres de notre ame, dans mes deux lettres précédentes, ils sont trop marqués & trop sensibles ; mais sur l'obscurité que vous trouvez dans votre sens intime. Cette matiere ne peut être traitée avec trop de soin ; mais quelques détails vous feront connoître que l'obscurité dont vous vous plaignez environne l'ame, & la cache seulement, & qu'elle n'est point au-dedans.

Toutes nos sensations occasionnées par le corps, se rapportent à quelque partie de nos membres. La douleur de dents annonce un mauvais état de quelqu'un de ces petits os ; mais cet état n'est point clairement exprimé. Ainsi toute douleur renferme quelque inquiétude, causée par un défaut de connoissance. Premiere espéce d'ombre ; elle est extérieure comme vous voyez. De plus l'ame se sent presente intimement à cette partie, non par son activité propre, mais par une puissance étrangere : seconde espéce d'ombre, qui est encore au-dehors.

Rien ne fatigue & ne trouble plus l'ame, quand elle se recherche, que la dépendance d'une main invisible, qui la manie comme il lui plaît. Comment la douleur est-elle imprimée dans sa substance ? comment son activité est-elle suspendue ? comment la recouvre-t-elle ? Tout cela vient du dehors. Comme nous voyons que tout ce qui se passe sous nos yeux, tout ce dont notre volonté dispose, est exécuté par l'interposition de quelques moyens, de quelques instrumens ; nous voudrions voir de même comment nous sommes modifiés. La réflexion nous rassure sur cette inquiétude qui nous est naturelle : elle nous fait observer que la cause qui nous modifie est toute-puissante ; que sa volonté souveraine porte immédiatement son exécution ; qu'il n'est donc point de moyens entre elle & notre ame, quand elle agit sur nous : mais la réflexion n'empêche pas que cette inquietude n'accompagne notre sens intime ; elle est, à la vérité, corrigée par la réflexion, mais non pas détruite. Ainsi, nous qui faisons profession d'étudier la nature, quoique nous sçachions très-bien que les couleurs ne sont que differentes manieres de voir les corps, malgré notre conviction, nos yeux en revêtiront aussi bien les objets que ceux de l'homme qui sçait le moins ce que c'est que physique. Trosiéme espéce d'ombre.

D'ailleurs, puisque avons découvert que la cause qui nous modifie, agit immédiatement sur notre ame par sa volonté ; que c'est la maniere d'opérer qui lui convient ; nous ne serons plus occupés des moyens qu'elle employe pour nous modifier, puisqu'elle agit dans un profond secret. Nous la sentons agir, nous le voudrions voir, effort inutile, mais qui nous annonce que Dieu pourroit lier avec nous un commerce encore plus intime que celui par lequel il nous fait connoître tant d'objets. Nous voudrions voir cette substance souverainement efficace en elle-même, cette curiosité sourde, si digne de l'homme, mais qu'il a une répugnance naturelle à fonder, nous fait sentir un vuide dans notre intelligence; & ce défaut de connoissance est l'ombre fiere dont notre ame est couverte de toute part. Dans la douleur, dans le plaisir, dans l'usage de la mémoire, dans la conscience de notre liberté, dans l'exercice de nos sens, dans l'obéissance de nos membres, la vue de la cause à laquelle nous devons tant de propriétés, nous manque. Quatriéme espéce d'ombre.

De toutes les impressions que nous éprouvons, aucune n'est nécessaire. Elles partent toutes d'une cause libre. Pourquoi nous rappellons nous actuellement tel fait, telle douleur ? Profonde ignorance des causes occasionnelles de toutes ces choses dans notre cerveau. C'est encore un nuage répandu sur notre ame. C'est la cinquiéme espéce d'ombre.

Le sens de la vue est celui dont nous sommes le plus flattés : ce que la plupart des hommes ne voyent point à la faveur de la lumiere corporelle, ne leur semble rien : nous voudrions voir notre ame, comme nous voyons les corps dont nous sommes environnés. L'esprit se voit du dedans de lui-même,
il

il voudroit se voir par le dehors, comme il voit par les yeux le corps auquel il est uni. Desir ridicule, quoiqu'il semble naturel. Car sentir son existence du dehors, ce seroit se sentir où l'on n'est pas. S'il étoit même possible que l'ame se vît par dehors, cette façon de se voir la rendroit étrangére à elle-même. Ainsi, comme nous l'avons observé, lorsqu'absorbés dans des méditations profondes nous regardons nos mains, par le sens de la vue elles nous deviennent étrangeres. Ce contraste de la maniere dont l'ame se connoît, avec celle dont elle voit les corps, est pour le commun des hommes & peut être pour plus d'un Philosophe une raison pour dire qu'ils ne connoissent pas leur ame, & que rien n'est plus obscur pour eux que leur intelligence. Sixiéme espece d'ombre.

Vous êtes, M. dans une disposition toute contraire. » A la lumiere que » mon ame trouve en elle-même, les » corps disparoissent. Je ne conçois ab- » solument point comment je vois les » corps. Il faut bien que je vous impor- » tune, pour obtenir de vous quelque » éclaircissement sur l'optique de l'ame, » si je puis m'exprimer ainsi ; car je vous

» avoue que je n'y comprens rien. »

Suivant mon usage, M. pour toute résolution de vos incertitudes je ne puis vous donner que des faits. Ceux que je vais vous développer sont fort propres à vous faire remarquer une septiéme espéce d'ombre.

I. Fait.

Nous découvrons dans notre sens intime, que notre ame simple dans sa substance est prodigieusement multiple dans ses modifications : non-seulement elle reçoit à la fois plusieurs sensations disparates, telles que le son, les couleurs, les odeurs, mais encore un grand nombre de la même espece, divers sons, diverses couleurs, diverses odeurs : aucune de ces modalités n'est l'autre.

On admire beaucoup, & en cela on ne peut excéder, la quantité de raïons dont notre prunelle est couverte, lorsque nous jettons les yeux sur une plaine à perte de vue, où des millions d'objets differens se trouvent réunis sous un même coup-d'œil. On nous fait observer, « que de chaque point raïonnant de cette campagne part un faisceau conique de lumiere qui couvre toute notre prunelle. Quelle prodigieuse multiplicité de raïons sur un cercle de quelques lignes de diamétre! Tout se débrouille, ajoûte-t-on, par le moyen des réfractions que la lumiere souffre dans l'œil: chaque faisceau conique se reforme en sens contraire, & son sommet va marquer un point sur la retine, correspondant au point de l'objet d'où partoit le premier faisceau. Ainsi tout ce qui est compris sous l'angle de 90 degrez dans une plaine de six ou sept lieues d'étendue, est peint exactement, dans la plus belle mignature, sur la retine: c'est l'ouvrage d'un instant.

Ce prodige, tout familier qu'il est pour nous, n'en est pas moins admirable, je l'avoue. Mais on ne pense pas à un phénoméne encore plus près de nous, c'est qu'à chaque point coloré de la retine, répond dans notre ame une sensation distincte, qui renferme la vue de ce point. Les points qui composent la mignature dont je viens de parler, aussi bien que les sensations relatives à ces points, sont au-dessus de tout calcul. On y fait si peu de réflexion, que je crois qu'on pourra trouver cette observation assez neuve; quoique nous ayons une multitude inexprimable de ces sensations, toutes les fois que nous usons du sens de la vue. Un coup-d'œil ne paroît qu'une sensation, ou tout au plus la perception de chaque objet ne paroît qu'une sensation, on ne pousse pas l'examen plus loin. Cependant il est facile de prouver que la chose est comme je l'avance. Interposez une feuille de papier entre votre œil & un objet ; que ce papier n'ait qu'un petit trou qui ne vous permette d'appercevoir qu'un point de cet objet, qu'une mitte par exemple, sur une statuë, vous appercevez ce point par le trou par une sensation : supprimez le papier, vous voyez la statue toute entiere, & la mitte sur la statuë. Donc la mitte qui n'est qu'un point physique, où vous ne distinguez point de parties, est vue par une sensation particuliere. Donc chaque point physique de la statue est aussi vû par une sensation particuliere. Et conséquemment on doit porter le même jugement de tous les points d'optique d'une vaste campagne qui sont exprimés sur la rétine. Concevez maintenant quelle étrange multitude de sensations un seul coup-d'œil doit occasionner dans notre ame.

J'ai distingué le point d'optique du point physique, parce que dans un certain éloignement, une grande superficie ne fait pas plus d'effet sur la rétine, qu'un point physique vu de près. Ainsi un point d'optique considéré dans Saturne, ne nous paroît qu'un seul point, comme la molecule de sable la plus fine; & sur cet astre c'est une région plus grande qu'aucun royaume de l'Europe. Au contraire ce qui près de nous ne nous paroît qu'un point à l'œil nud, étant presenté au microscope, devient une étendue considérable; parce que ce qui ne faisoit qu'un seul trait de lumiere dans le faisceau conique réfléchi par le point, par le prodige de la réfraction est converti en un faisceau conique de lumiere, ce trait étant divisé en plusieurs autres, tous divergens: ainsi pour un faisceau conique, que le point renvoyoit à l'œil nud, le microscope en fait naître un très-grand nombre. De ces observations, il semble qu'on doive conclure, qu'à tout dernier terme de la vue, répond une sensation propre, laquelle nous represente un point, où nous n'observons aucunes dimensions, la sensation d'un point étant la même chose dans Saturne, dans un objet vu à l'œil nud, dans un objet vu au microscope, à la différence près des couleurs

Permettez-moi de donner à cette sensation, répondante au dernier terme de notre vue, le nom de point de vision, pour la distinguer des points d'optique marqués sur la retine, & des points physiques, dont la superficie des corps est composée.

Ces points de vision sont distingués par la sensation de couleur. Lorsque l'objet est d'une seule couleur, comme un taffetas verd, il est évident qu'à chaque point du taffetas répond un point de vision verd. Nous avons donc autant de sensation de verd, que l'étoffe comprend de points, & ces sensations sont aussi distinctes en nous que celle d'un point verd l'est d'un point rouge. Ce peu suffit pour vous faire comprendre, M. quelle énorme quantité de sensations une seule vue occasionne dans notre ame.

II. Fait.

Tous les points de vision nous rendent présens les points physiques de la superficie d'un corps, leur continuité, leur combinaison qui forme la figure du même corps ; & de plus le rapport de grandeur des corps, leur position les uns à l'égard des autres, & leurs distances respectives de notre propre corps. Les sensations sont des modes de notre ame; mais elles nous annoncent des objets étendus hors de nous. On ne peut confondre l'objet de la perception même avec la perception, la prairie que je vois avec la maniere dont je la vois. Je ne puis dire que cette prairie soit une de mes façons d'être: c'est donc un objet numérique hors de moi. Car il faut bien prendre garde que l'existence actuelle de la prairie est comprise dans ma perception. On se débat dans les écoles pour sçavoir si l'*appréhension* d'un objet peut être fausse. Je vois un loup dans un champ, & c'est un chien. Il n'y a point d'erreur, dit-on, parce que j'ai réellement la vue d'un loup; or l'image d'un loup n'est pas une chose fausse. Non, mais je vois un loup existant, dans un champ existant; voilà l'erreur. Car la vue du champ existant est vraie parce qu'il existe, & la vue du loup énonce faux, parce que l'animal que je vois existant dans ce champ, n'est pas un loup.

Ce second fait, loin de jetter du jour sur le premier, ne semble servir qu'à l'obscurcir, ils sont constans tous deux; mais nous ne voyons pas comment ils sont liés. Dirions-nous que ces points de vision differens, forment sur notre ame une image en petit, telle que celle que la prunelle reçoit? Dirions-nous que tous ces points de vision sont combinés dans notre ame, comme les points physiques le sont sur la surface des corps que nous voyons? Quand même nous pourrions le dire, nous contredirions le second fait en voulant le rapprocher du premier; car alors notre objet seroit notre modification, la plaine seroit l'ensemble de de nos points de vision, son existence seroit notre propre substance modifiée. Eh comment sçaurions-nous que c'est une image, c'est-à-dire, que la réunion de nos points de vision represente quelque chose d'existant, ou qui peut être existant au-dehors? Pouvons-nous connoître une image sans lui connoître de modéle? Tout ce qu'on pourroit dire de mieux dans cette hypothése, dont je vais démontrer la fausseté; c'est que Dieu nous réveleroit qu'il est au-dehors quelque chose qui se rapporte à l'ensemble de nos points de vision.

Si la réunion des points de vision forme une image; quand je vois un clocher, le point de vision répondant à la pointe du clocher, & l'un de ceux qui répond au bas, sont séparés l'un de l'autre par tous les points de vision relatifs aux points d'optique qui dans le clocher séparent la pointe de la base. Tous les points de vision sont placés dans l'image spirituelle, comme les points physiques le sont dans le clocher. Chacun aura donc un lieu fixe dans mon ame, & la partie de l'ame occupée par un de ces points, sera numériquement distincte de celle d'un autre : il y aura donc autant d'êtres voyans en moi, qu'il y a de points physiques dans la face du clocher présente à mes yeux ; & quand je vois une campagne, autant d'êtres voyans, qu'il y a de points d'optiques dans cette campagne. Ce ne seroit donc pas une seule personne qui verroit cette plaine ; mais plusieurs, dont chacune n'appercevroit qu'un seul point de toute cette vaste étendue. Celui qui voit ne peut donc être dans cette supposition cette unique substance que j'appelle *moi*. Ce qui répugne manifestement à mon expérience. Donc l'hypothése est imaginaire. Donc dans la vision des corps, l'ensemble de nos modalités n'est pas l'image des corps.

Verrois-je donc les corps en eux-mêmes? L'expérience contredit encore cette prétention ; car alors je verrois leur grandeur absolue, & je ne vois que leur grandeur relative. C'est un point convenu depuis long-tems, on n'oppose plus rien aux démonstrations que le P. Malebranche en a données. Si mes yeux devenoient microscopes, & que mon corps & tous les autres fussent réduits actuellement par le vouloir du Créateur à la millionieme partie de ce qu'ils étoient il y a un moment, je n'aurois aucun moyen de m'appercevoir de ce changement. Le même objet vu dans le lointain paroît petit : vu de près il est énorme. Que je quitte un livre d'un très-petit caractére, & que j'aurai lu long-tems, un autre que je lis habituellement me paroîtra avoir les lettres plus grosses qu'il ne les a effectivement. Je serois infini, si je voulois rapporter tous les phenomenes qui établissent ce dogme philosophique, que nous ne connoissons les corps que par des rapports.

Je ne sçais même si cette expression, voir les corps en eux-mêmes, a quelque sens : ni l'activité de notre volonté, ni la capacité de notre intelligence, ne nous fournissent aucun moyen de nous convaincre si quelqu'autre chose que nous existe. Et quand on s'est un peu familiarisé avec la méditation, on ne conçoit pas non plus comment tout autre que Dieu pourroit nous modifier, & nous donner des connoissances. Conséquemment on ne peut comprendre comment des corps pourroient toucher notre ame, pour leur faire connoître ou soupçonner leur existence. Nous ne connoissons immédiatement que Dieu, notre propre existence & nos modifications : pour tout le reste, nous ne pouvons ni en être touchés, ni le toucher. L'Etre souverain par le choix libre duquel toute créature existe, est donc le seul qui puisse nous apprendre l'existence des corps, leurs situations fixes ou successives, leurs rapports. Car c'est l'unique source d'où nous puissent venir les connoissances que nous ne pouvons tirer de notre propre fond.

Cependant dans le fait, la plus petite sensation de couleur renferme la presence d'un point existant hors de nous. Donc le point de vue qui porte cette couleur, contient la révélation de l'existence d'un point physique hors de nous. Ensorte que cette révélation & la sensation de couleur sont indivisiblement la même chose en nous. Il ne nous est pas possible de les analyser, de séparer l'une de l'autre. Nous pourrons bien démentir cette sensation par le raisonnement. Après avoir regardé attentivement des vitres, si on leur tourne le dos & qu'on fixe les yeux sur un endroit obscur, on voit encore le panneau de vitres qui n'est plus devant nous. La réflexion nous apprend qu'il n'y a plus de vitres au lieu où nous regardons ; mais la vision énonce l'existence de ce panneau. Toute sensation de couleur est donc la maniere dont l'existence d'un point hors de nous, nous est révélée. Un objet blanc que je vois au travers d'un verre rouge me paroît rouge, tant il est vrai que cette couleur n'est qu'une des manieres de recevoir par une révélation la presence d'un objet.

Mais le sens de la vue renferme encore une autre révélation, celle de l'ordre des points physiques dans la surface que nous voyons, & leur continuité. Or cet ordre ne peut pas être entre les points de vision, entre les perceptions de notre ame. Il est réellement sur la surface du corps que nous voyons. L'ordre de ces points phyfiques, duquel dépend la figure du corps, telle qu'elle est déterminée par les loix de l'optique, nous est donc encore rendu present par une révélation. C'est ainsi que la surface de tous les corps nous est presentée comme existante.

Enfin les différens corps vus d'un coup d'œil, ont aussi de l'ordre entre eux : ils sont voisins, ou séparés par d'autres corps, & c'est encore une troisiéme révélation que renferme le sens de la vue, celle de leurs distances respectives entre eux & de leurs distances à notre corps.

Vous me direz, M. que nos points de vision, étant distingués les uns des autres, pourroient avoir une combinaison entre eux. Trois dames à jouer sont de file, une noire entre deux blanches. Ne pourroit-on pas imaginer aussi que les perceptions sont disposées dans notre ame de la même maniere, la perception de la blancheur entre les deux perceptions de noir ? Non, M. vous ne pouvez imaginer cet ordre entre ces trois differentes perceptions, que vous ne supposiez trois places distinguées & trois images différentes dans l'ame. Or cette supposition, comme je l'ai fait voir plus haut, est contraire à l'expérience.

Enfin les corps ont entre eux des situations fixes, ou quelqu'un d'eux change continuellement de place à l'égard des autres. Vous n'imaginerez pas sans doute, M. en voyant un ciron marcher sur votre papier, que la perception de cet insecte fasse route sur votre ame; qu'elle occupe successivement plusieurs lieux dans une substance où on n'en reconnoît point. Vous serez donc encore forcé de convenir que par rapport au sens de la vue, Dieu nous révéle aussi le mouvement des corps.

Les points de vision étant des modifications de notre ame, sont incapables d'être combinés, de faire un tout, de former une image. Mais la relation que Dieu met par sa révélation naturelle, dont nous ne pouvons plus douter, entre ces points de vision & les points d'optique, tels qu'ils sont peints, leur donne un certain ordre, une certaine combinaison. Et cette relation étant nécessaire, & tellement nécessaire, que les points de vision ne subsisteroient point & ne pourroient subsister sans elle, l'idée de combinaison &

les sensations correlatives aux points d'optique combinés, sont identifiées dans notre ame. Nulle couleur où cette relation ne seroit point, parce qu'il n'est aucun point de vision qui ne se rapporte à quelque objet révélé comme presént. C'est ainsi que les différens points de vision que nous avons tout à la fois, ne pouvant former une image par eux-mêmes, ou par des combinaisons qui leur seroient propres, presentent réellement une image à l'ame par leur relation nécessaire aux points d'optique. Quelle peine n'essuie pas un Cartésien, lorsque persuadé que les couleurs appartiennent à son ame, il voudroit, pour ainsi dire, desabuser ses yeux, & détacher les couleurs de l'étendue qui lui est presente ! Cette peine vient de ce qu'il fait un vain effort, en voulant séparer sa perception de la relation nécessaire & essentielle qu'elle a avec la combinaison des parties corporelles qui frappent ses yeux. Il sent l'impossibilité de cette précision, puisqu'il n'y auroit point de sensation de couleur où cette relation ne se trouveroit point. Il me paroît que les Cartésiens ne parlent pas exactement lorsqu'ils disent que les couleurs sont des modifications de notre ame ; car la couleur eft cette modification néceffairement relative à la combinaifon des points d'optique ; à la révélation de l'exiftence & de la prefence du corps repréfentée par ces points.

Dans combien de travers l'efprit de l'homme n'a-t-il pas donné en voulant expliquer la maniere dont nous connoiffons les corps, travers qu'il fe feroit aifément épargnés, s'il avoit obfervé les phénomenes que nous trouvons en nous-mêmes, quand nous le voulons ! Le P. Malebranche nous enfeigne que quand nous voyons un corps, c'eft une certaine partie de l'étendue intelligible, du tipe de la matiere, de la connoiffance que la Sageffe éternelle a de la matiere, & que nous revêtons de couleur. Langage fublime, mais qui n'éclaire point. Quant à l'exiftence des corps, il prétendoit que nous ne la connoiffions avec une pleine certitude, que par la foi. Il défioit M. Arnaud de démontrer l'exiftence des corps, comme fi nous avions befoin de démonftration, lorfque Dieu même nous décide. Il formoit des hypothéfes dont il réfultoit, qu'il fe pouvoit faire qu'un efprit malin, ayant tout pouvoir fur nous, nous donnât toutes nos senfations, quoiqu'il n'existât aucun corps qui les pût occasionner. Quelle rumeur, cette supposition n'excita-t-elle pas dans les écoles? On disoit que la véracité de Dieu se trouvoit interessée dans ce paradoxe du P. Malebranche; mais ce grand Philosophe, renfermé dans ses hypothéses & dans ses suppositions bravoit l'appareil de tous leurs raisonnemens. Il eût été bien plus simple de l'attaquer par les faits: ils l'eussent forcé dans ses retranchemens. Il étoit facile de lui prouver que dans le fait personne ne doutant de l'existence des corps, les démonstrations étoient fort inutiles; que des suppositions, à la vérité, pouvoient nous amener au point de juger qu'il est possible de douter de l'existence des corps, mais qu'elles ne nous conduiroient jamais à en douter effectivement. Tous les hommes se prêtent à la révélation naturelle que nos sens renferment, & le païsan le plus simple n'est pas moins certain de l'existence des corps, fondé sur le témoignage de ses sens, que l'étoit le P. Malebranche en s'appuyant sur la foi; & ses antagonistes étaiés de la véracité de Dieu étoient aussi fermement persuadés à 10 ans, de la réalité de tout ce qui compose le monde, qu'ils l'ont été depuis leurs démonstrations.

L'Evêque de Sloane M. Berklei, dans les Isles Britanniques a poussé les choses plus loin: il a pretendu démontrer l'impossibilité de la matiere. Peut-être son dialogue n'est-il qu'un pur badinage, & que son intention en le composant a été de pousser à bout ceux qui croïent l'ame matérielle. Il est vrai qu'il leur donneroit bien de l'embarras, si la révélation naturelle ne décidoit pas tous les hommes de maniere à leur faire trouver plus que ridicules tous ceux qui s'efforcent de la contredire. Son livre roule uniquement sur un paralogisme, qu'on peut réduire à ce peu de mots. Nous ne connoissons des corps que les qualités sensibles; or les qualités sensibles ne peuvent être dans les corps; ce sont des affections d'une substance spirituelle: donc nous ne connoissons aucun corps. Et comme les corps ne sont, selon que le pensent tous les hommes, que le concours des qualités sensibles, que la couleur, l'une de ces qualités, renferme essentiellement des dimensions: cet assortiment de qualités ne pouvant être que la réunion des modes d'une substance immatérielle & spirituelle : il est évident que ni les dimensions, ni les propriétés des corps ne peuvent être hors d'un esprit.

Les observations que je viens de faire sur la vuë des corps, suffisent pour faire évanoüir tout ce que ce raisonnement a de spécieux. Car il est prouvé que l'ame ne voit point en soi-même les dimensions de l'étendue. Elle a tout autant de points de vision qu'une campagne très-vaste contient de points d'optique. Mais ces points de vision n'ont aucun arrangement en elle, ils ne sont ni contigus, ni distans entre eux ; un d'eux n'en peut séparer d'autres ; en un mot ils ne forment ni image ni figure. Cependant, M. Berklei ne sçauroit nier, qu'au moins nous n'ayons présentes des figures corporelles, quand nous faisons usage de nos yeux : ces figures sont donc hors de nous, ne sont point de nos façons d'être, ne sont point la collection de nos points de vision. Ainsi les dimensions sont les objets de nos perceptions & non nos perceptions mêmes.

C'est ce que ce Philosophe se plaît à confondre, la perception qui est dans nous, avec son objet qui n'est pas nous, la vision avec la chose vue. Il abuse continuellement du terme de qualité sensible. Il prend pour la dureté des corps, c'est-à-dire, pour la résistance à ce qui tend à les diviser, la sensation de l'effort inutile que nous faisons pour paîtrir, pour ainsi parler, un corps dur : il prend la vue d'un corps qui se meut, pour le mobile même. Il ne sent pas, que dans une substance, où lui-même ne reconnoît aucunes dimensions, aucune partie ; il implique d'y supposer du mouvement. S'il est permis de badiner sur des matieres si sérieuses & si graves, il ne devroit pas l'être, ce me semble, d'employer son tems à réfuter de pareils paradoxes.

M. de Leibnitz étoit incapable de tomber dans de pareils écarts. Profond dans ses méditations, s'il se trompe, c'est d'une maniere plus difficile à démêler. Probablement il découvrit que l'ame a autant de perceptions differentes, qu'un objet presente de points d'optique. J'ai nommé ces perceptions des points de vision. Il les vit comme il devoit les voir, sans dimensions. Il crut que leur ensemble formoit l'image de l'étendue ; cette fausse conséquence se presentoit assez naturellement. Il conclud que l'image de l'étendue étant composée d'élémens très-simples, l'étendue representée étoit aussi formée d'êtres très simples, qu'il appelle des monades. C'est peut-être deviner que de supposer qu'il a suivi l'ordre des pensées que je rapporte ici. Mais je ne devine guére où il auroit pu prendre l'idée de ces monades, si ce n'est dans la maniere dont notre ame voit les objets corporels. Quoi qu'il en soit, rien ne ressemble mieux à ces monades que nos points de vision. Rien ne prouve plus sensiblement que ces monades ne peuvent être les élémens des corps, ni d'aucune dimension. Il est vrai qu'il veut que chaque monade soit une substance, au lieu que nos points de vision ne sont que des modes. N'importe, il sera toujours vrai que nos points de sensation n'étant susceptibles d'aucunes des combinaisons nécessaires pour former les trois dimensions, les monades ne pourront non plus servir d'élémens dans aucune figure. D'ailleurs, quelle espéce de substance seroit-ce, que des êtres qu'on ne pourroit distinguer de nos modalités par aucune difference ? Le fond invariable d'un être pourroit-il être absolument semblable à la façon d'exister mobile d'une autre substance toute différente ?

Pour nous, M. tenons-nous-en inviolablement à la doctrine des faits. Nos propres recherches sur notre ame nous apprennent qu'*une* dans sa substance, elle est très-multiple dans les manieres d'être. Comment concilier des choses si peu compatibles ? Les comment de cette espéce sont les bornes de notre raison ; vous sçavez que j'ai dit quelque part, & je ne me lasserai point de le répéter, que toute notre Philosophie doit se réduire à bien connoître les limites de notre raison, à les respecter, & à n'avoir jamais la vaine témérité d'aspirer à les franchir. Les incommensurables, les propriétés des asimptotes, & tant de choses dans les mathématiques, sont démontrées, & sont incompréhensibles. Nous n'en avons pas moins les idées des figures où nous découvrons ces propriétés si révoltantes pour notre imagination. De même deux propriétés qui nous paroissent incompatibles, mais dont nous trouvons la réalité dans les phénomeres de notre ame, nous prouveront très-bien, que nous avons une idée de notre ame : mais pourroient-elles jamais nous prouver le contraire?

Adieu, M.

En relisant ma lettre, je m'apperçois que j'ai négligé une objection, qui vient cependant naturellement, contre ce que j'ai dit de la révélation de l'existence des corps. Le P. Malebranche l'a très-bien réfutée. Voici cette objection. Dieu nous feroit de fausses révélations dans nos songes, dans nos delires, &c. il nous tromperoit. Je réponds qu'il nous tromperoit tout au plus dans un tems où nous ne pouvons embrasser l'erreur, puisque nous ne sommes pas libres ni dans le sommeil ni dans le délire. Mais loin de nous tromper il nous éclaire. Les songes sont des illusions en ce sens que nous devenons susceptibles d'erreur à notre réveil ; mais ces illusions nous apprennent ces vérités importantes, que les corps ne peuvent se rendre visibles ; que nous ne les voyons pas en eux-mêmes, mais par des rapports ; qu'ils ne sont pas les occasions immédiates de la sensation de la vue ; que ce sont certaines dispositions de nos nerfs optiques ; que ces dispositions peuvent venir du mouvement des esprits, indépendamment de toute action de la lumiere sur nos yeux ; que notre ame est très-distinguée de tous les corps, puisque nos sens peuvent nous les representer comme existans, quoiqu'ils n'existassent point ; & qu'au contraire il est impossible que nous sentions notre existence & que nous ne soyons en même-tems qu'un pur néant. Ces illusions qui sont des moyens très-propres à nous instruire, peuvent donc nous garantir d'erreurs grossieres & pernicieuses. On ne trompe point en voilant la vérité sous des fables.

QUATR.

QUATORZIEME LETTRE.

VOus revenez encore à l'autorité de s'Gravefande & de Newton. Ce n'eft peut-être qu'une pure curiofité de votre part. Vous voulez fçavoir comment on peut réfuter les opinions de ces grands-hommes fur l'efpace. Car affurément j'ai bien prouvé, ce me femble, qu'en connoiffant votre ame, vous connoiffiez une fubftance. C'en eft affez pour ne plus écouter S'Gravefande, lorfqu'il nous dit fi affirmativement que nous ne fçavons ce que c'eft que fubftance. Vous pouviez même tirer de tout ce que je vous ai expofé jufqu'ici des inductions qui vous euffent conduit à la connoiffance de ce qui caractérife des fubftances matérielles. Car vos fens vous font reconnoître l'étendue fous les trois dimenfions, comme le fond invariable des corps. Mais, qu'il me foit permis de le dire, j'ai obfervé depuis longtems, que ceux qui veulent que nos fens foient nos docteurs univerfels, ne reconnoiffent plus leur autorité dès qu'il s'agit de juger de la nature des corps, quoique leur destination unique soit de nous en instruire. Ecoutons donc nos sens, M. ils nous font connoître dans les trois dimensions un sujet qui ne peut être ni changé ni détruit, sous toutes les variétés qui spécifient les corps de differente nature (c'est-à-dire sous toutes ces variétés, qui font que telle matiere est plûtôt de l'or que du fer ;) & sous toutes celles dont tout corps est susceptible, comme la figure, le mouvement, le repos, la divisibilité, la continuité. Si vous ôtez les trois dimensions à une cube d'or, de fer, de pierre ou d'eau, il n'en restera rien ; ni partie, ni figure, ni mouvement, ni repos, aucune façon d'être. Au contraire, faites passer successivement un cube de matiere, tel qu'il vous plaira, par toutes les formes imaginables. C'étoit un cube, faites-en un globe, la statue d'un homme, celle d'une bête, faites lui prendre toutes les figures régulieres & irrégulieres, l'une après l'autre, un mode sera détruit, un autre lui succédera. Mais, supposé que la même quantité de matiere ait été employée de toutes ces manieres differentes, le même individu subsistera. Si vous avez mis en œuvre trois pieds cubes de matiere, sous toutes ces differentes figures, ce seront toujours trois pieds cubes de matiere. Je considere donc dans ce bloc de matiere, 1º. le produit de ces trois dimensions, comme quelque chose que je ne puis anéantir, sans anéantir toute figure, tout mouvement & tout repos. 2º. Des modes qui périssent, sans que le produit des trois dimensions périsse. Donc ce produit est la substance individuelle de ce corps.

Faisons une autre supposition. Considérez un pied cube de terre, composé, comme vous l'imaginez aisément, de parties élémentaires de terre, mêlées avec plusieurs autres héterogenes, comme des parties métalliques, animales, salines, aëriennes, &c. Croyez-vous que Dieu agissant au-dedans, sur toutes ces matieres d'espéce si diverses, ne pourroit pas en faire un pied cube d'or? Vous n'hésitez pas. Or il est évident que la même matiere numérique, qui étoit de la terre melangée est devenue or. Donc dans deux choses aussi differentes que la terre & l'or, je vois une même substance, qui peut recevoir ou la forme de terre, ou la forme d'or. Cette substance est un produit fixe & numérique de trois dimensions. Qu'on l'enleve à de l'or, qu'on l'ôte à de la terre, il ne restera ni or ni terre.

Enfin, M. aucun mouvement, aucune figure, aucune situation, rien de tout cela n'est essentiel au corps ; mais il est tellement nécessaire que tout corps soit le résultat de trois dimensions, que si vous en supprimez une seule, vous le jugez dès lors entierement détruit. Supposez que vous conçussiez que la hauteur d'un dez à jouer est anéantie, vous n'y retrouverez plus ni longueur ni largeur : car une superficie existante sans épaisseur, est une chimere. Nous pouvons bien par une précision de l'esprit, penser au quarré sans nous occuper de la troisiéme dimension ; mais il est très-facile de démontrer qu'une simple surface ne peut exister. Reprenons l'exemple du dez, qu'il soit posé sur la face du cinq, si vous détruisez la hauteur verticale de ce dez, la face du deux & celle du cinq ne subsistent plus, car chacune de ces faces est composée des points extrêmes de toutes les lignes verticales dont la somme fait la solidité du cube ; mais ces lignes sont supposées anéanties, lorsqu'on suppose que la hauteur du dez n'est plus : leurs extrêmités dont les surfaces sont composées n'existent donc plus. Que ce dez soit d'or, d'yvoire, d'os, de buis, d'une matiere quelconque, si vous ôtez une de ses dimensions, les deux autres sont détruites.

Ce peu d'observations vous démontre, M. que vous distinguez très-clairement ce qui, dans le corps, est substance, de ce qui n'est qu'une façon d'être passagere & non essentielle.

Que Messieurs Newton & s'Gravesande se refusent à ces observations, leur opinion n'en obscurcira point la vérité. On a tort, selon eux, de regarder les trois dimensions comme constituant l'essence de la matiere, parce que l'espace est étendu comme la matiere ; or les essences sont incommunicables. Je conviens de ce principe ; mais quelle que soit l'application qu'ils en font, il est toujours vrai, que si l'on détruit les trois dimensions & même une seule, le corps est réduit au néant ; que le produit des trois dimensions est ce qui subsiste, quelque changement qu'on fasse subir à la même masse numérique de matiere,

& que ce fond d'être permanant est une substance, ou ce mot *substance* est un son vuide de sens. Cependant, me direz-vous, le sentiment de Messieurs Newton & s'Gravesande, & les raisons sur lesquelles ils l'établissent, forment une difficulté contre vous, qui mérite bien d'être éclaircie.

Entrons donc dans une discussion plus épineuse qu'aucune de celles où nous nous soïons engagés. Vous le souhaitez passionnément, me dites-vous, vous ne me reprocherez point la contention d'esprit que je vas peut-être vous occasionner.

M. Newton & M. s'Gravesande ont cru que le mouvement étoit impossible dans le sistême du plein. Il est vrai qu'il n'est pas aussi facile de justifier ce sistême qu'on l'imagine communément. Mais les démonstrations que ces Philosophes ont employées pour le renverser, ne sont pas aussi décisives qu'ils l'ont pensé. Ils ont calculé combien un corps perdroit de son mouvement, en déplaçant le fluide dont il doit occuper le lieu. Ils ont trouvé que ce mouvement devoit être éteint après un assez petit espace parcouru. Mais ces calculs n'ont pas fait beaucoup d'impreſſion ſur les Cartéſiens ; & d'ailleurs cette maniere d'entrer en preuve, ne peut conduire à la démonſtration dans la queſtion preſente. Car la communication du mouvement étant déterminée par les loix libres du créateur, des calculs oppoſés à celles que nous connoiſſons donneroient tout au plus lieu de ſoupçonner que cette oppoſition apparente vient de l'ignorance où nous ſommes de quelque loi générale, qu'il faudroit ajoûter aux loix connuës, & qui ſeroit propre à les concilier ; & qui nous empêcheroit, par conſéquent, de recourir à la néceſſité du vuide. N'entrons donc point dans la queſtion de cette néceſſité, pour établir dans le monde un mouvement progreſſif. Suppoſons qu'il eſt effectivement du vuide dans le monde, ou plutôt que le monde n'eſt pas plein. Tout mon but eſt de prouver que le vuide étendu eſt une choſe inconcevable. Si je réuſſis à le prouver, il faudra que les diſciples de Meſſieurs Newton & s'Graveſande cherchent un autre expédient pour faire aller le monde, qui cependant ira toujours bien, pourvû que la Providence continue de le régler, & qu'elle ne charge pas notre imagination du soin d'en faire jouer les ressorts.

Accordons d'abord à nos deux célébres Philosophes que l'espace est une grandeur réelle, indépendante de toute matiere. Qu'est-ce que cette grandeur ? Cette question les divise. M. Newton hésite, il voudroit bien que l'espace fût l'immensité divine. M. s'Gravesande le juge créé, aussi bien que la matiere. L'opposition entre deux sentimens ne peut être plus marquée, pour l'un l'espace est le Créateur, pour l'autre c'est un être créé. Il faut que l'idée de l'espace, loin d'être claire, soit bien obscure, contre ce que pensent ces Messieurs, puisqu'elle donne lieu à deux définitions si contradictoires.

Suivons d'abord M. s'Gravesande. Selon lui l'espace est une substance créée, vuide, étendue, dont les parties sont distinguées, inséparables, cependant immobiles, impénétrables entre elles, mais pénétrables par les corps. Combien de mysteres !

Poussons la précision encore plus loin. L'espace est étendu, mais les dimensions sont-elles le fond même de la substance de cet être, ou n'en sont-elles que des manieres d'être ? La question ne paroîtra pas déplacée. M. s'Gravefande femble croire que l'étendue eft une fubftance dans l'efpace. Je penferois cependant qu'il ne regarde l'étendue que comme une maniere d'être, dont le fujet nous eft inconnu ; puifqu'il foutient que nous ne connoiffons aucune fubftance, il a dû conclure que nous ne connoiffions point celle de l'efpace. Au refte, s'il foutenoit le contraire, nous lui dirions qu'il implique que les trois dimenfions caractérifent une efpece d'être, & qu'elles foient modes d'une autre efpece. Les trois dimenfions feroient le fond de l'être, elles diftingueroient l'efpace de la nature de la matiere. Cependant, elles fe trouveroient dans la matiere, elles diftingueroient & ne diftingueroient point en même-tems ces deux êtres fi differens. Je crois que cette démonftration nous peut tenir lieu d'une déclaration précife de la part de M. s'Gravefande, que l'étendue n'eft qu'une modalité de l'efpace & du vuide.

Quelqu'effort que faffe M. s'Gravefande en nous définiffant l'efpace, il ne nous prefente que l'idée de la matiere. Une fubftance créée, étendue, dont les parties font impénétrables entre elles ; à ces premiers traits nous croyons certainement voir la matiere. On y ajoûte l'immobilité, la pénétrabilité par une autre substance, qui est la matiere, l'inséparabilité ; mais ces noms mystérieux ne nous déguiseront pas l'espace-substance de M. s'Gravesande. Et pour mieux nous assurer que la définition qu'on en donne reveille en nous l'idée précise de la matiere, je vous prie, M. de me passer une supposition qui peut beaucoup éclaircir, & par conséquent abreger notre discussion.

Imaginons que Dieu n'a point créé d'espace, on ne doutera point qu'il n'en ait été le maître ; mais qu'il a fait la matiere parfaitement contiguë & infinie. Le sçavant homme que je refute, prétend qu'il ne peut y avoir de mouvement dans le plein. Les parties de ce continu parfait ne pourront donc être déplacées. Dans cet état la matiere sera composée de parties étenduës, impénétrables entre elles, immobiles & par conséquent inséparables. Je demande instamment quelle différence on pourroit assigner entre la matiere ainsi créée & l'espace-substance de M. s'Gravesande..

Étendons encore notre supposition. Qu'après avoir créé la matiere ainsi continue & immobile, Dieu crée des parties d'espace immatériel, qu'il les forme isolées, taillées comme les élémens de nos corps, en aussi grand nombre que celui des parties matérielles de ce monde, qu'il leur fasse pénétrer la matiere produite antérieurement ; à l'aide de cette pénétration, le transport de ces parties d'espace sera facile. La matiere constamment immobile marquera toujours le lieu, d'où un volume d'espace sera parti. Ainsi les parties d'espace pourront aller, venir, se choquer, se communiquer leurs mouvemens ; & s'il plaît au Créateur de les combiner, & d'en régler les mouvemens sur le plan du monde present, il en résultera un monde semblable au nôtre, & des corps entierement organisés, comme les nôtres. Vous me prévenez, sans doute, M. & vous avez deja tiré la conséquence.

M. s'Gravesande auroit-il prétendu détruire ma supposition, en m'objectant qu'il reconnoît la solidité dans les corps, mais qu'il n'en admet point dans l'espace ? Car, il dit que « l'idée » de la solidité est une de celles que

„ nous acquerons par l'expérience &
„ le sentiment (& par quelle autre
„ voïe aurons-nous celle de l'espace ?)
„ La résistance que nous éprouvons de
„ la part des corps sur lesquels porte
„ le nôtre, & qui l'empêchent de des-
„ cendre au centre de la terre, nous
„ donne lieu de penser, qu'un corps
„ exclud tout autre corps du lieu qu'il
„ occupe. Mais, continuë-t-il, l'idée de
„ la solidité n'est pas comprise dans l'i-
„ dée de l'étendue, elle ne nous vient
„ que par le tact. „ Les corps insensibles n'ont donc aucune solidité. Mais
laissons cette prétention, nous aurons
bientôt lieu d'en faire reconnoître le
faux. Je soutiens que dans ma supposition, les parties de l'espace étant impénétrables les unes aux autres, l'une d'elle
exclura nécessairement toute autre du
lieu qu'elle occupe; il faudra qu'elle
céde sa place, ou bien l'autre ne pourra
la remplir. Les corps humains formés
des parties de la substance de l'espace
de M. s'Gravesande auront le sens du
tact, & tireront par conséquent les
mêmes inductions de la résistance qu'ils
éprouveront de la part des autres corps.
Ma supposition reparoît donc ici avec
tous ses avantages; & je crois pouvoir

Phil. New. Inst. p. 63.

conclure par ce sillogisme, Deux définitions développent, non deux objets differens, mais le même objet, lorsqu'on les peut également appliquer à l'un ou à l'autre de ces objets. Or on peut appliquer à la matiere tout ce que M. s'Gravesande dit de l'espace-substance, ou dire de cet espace tout ce qu'il dit de la matiere : donc l'espace-substance & la matiere sont le même objet dans son esprit : donc ce ne peut être que sur les idées de la matiere que celle de cette nouvelle substance a été formée.

Quand j'ai supposé la matiere créée la premiere & infinie, je me suis prêté à la façon de penser de M. s'Gravesande. Ce n'est pas que je croïe qu'aucune étendue puisse être infinie. Mais puisque M. s'Gravesande veut que l'espace comme étendu soit infini, j'ai le même droit de donner cette propriété à la matiere. » L'espace est infini, dit-il, » & il paroîtra à celui qui voudra exa- » miner attentivement la chose, qu'il » ne peut être terminé par aucune limi- » te ; car on ne peut concevoir un » espace borné dont les limites ne » soient pas environnées d'un autre es- pace. Et l'idée d'une étendue circons-

» cripte & non enveloppée d'une autre
» étenduë, se détruit d'elle-même.
» C'est pourquoi les bornes de l'espa-
» ce, en faisant attention à tout cela,
» emportent contradiction ; mais les
» corps sont bornés. »

J'examine donc attentivement la chose, selon l'avis de M. s'Gravesande, & je vois tout au contraire, que ce qui renferme contradiction, c'est une étendue actuelle infinie. 1°. J'y vois, qu'elle peut être augmentée infiniment au-delà de ce qu'elle est ; je parle de l'espace de nos Philosophes. Dieu y crée un ciron, voilà déja plus d'étendue ; il y crée une terre, des cieux un monde, mille mondes ; à chaque création paroît une nouvelle étenduë qui n'existoit point, & je sçai que Dieu en peut produire à l'infini.

2°. Je vois qu'une étendue actuelle infinie, contredit l'idée de la toute-puissance, qui seroit épuisée par cette création, c'est-à-dire réduite à l'impuissance ; puisqu'elle auroit produit toute l'étenduë possible ; & non épuisée, puisqu'elle en pourroit encore produire autant, en créant autant de matiere qu'il y a d'espace.

3°. Si l'idée d'un espace borné, dont

les limites ne feroient pas bornées d'un autre efpace, eft contradictoire, l'idée d'un volume de matiere créée avant l'efpace, comme dans ma fuppofition, & qui ne feroit pas environnée d'une autre matiere, n'implique pas moins contradiction. Mais dans le vrai tout le monde conçoit que chaque partie de l'étendue, ne devant pas fon être à ce qui l'environne, mais à l'efficace de cette volonté qui opére immédiatement en voulant; fi cette volonté ordonne qu'un pied cube d'efpace forte du néant, fuppofé que ce foit un être, il fortira du néant; s'il ordonne qu'il en exifte plufieurs, plufieurs exifteront. Si elle prefcrit que ce foit des globes, des prifmes, des figures régulieres, des parties crochuës, des lames fpirales, tout fe fera comme elle l'aura prefcrit, rien de plus, rien de mieux. Si rien d'extérieur ne contient le corps dans la figure que la Toute-puiffance aura déterminée, l'efficace du Créateur fuffira pour l'y maintenir. Il eft donc vifible que M. s'Gravefande n'apporte pas la vraie raifon qui l'engage à faire fon efpace infini; cette raifon eft qu'il faut que les parties en foient immobiles, ce qui ne peut être, vû l'opinion de cet Auteur sur le plein, qu'autant que l'espace seroit infini. Tant il est vrai que M. s'Gravesande avoit l'idée d'un mouvement dans le vuide : car il ne suppose son espace infini, que parce qu'il sent que si son espace avoit une superficie déterminée, s'il étoit borné par sa propre superficie, les parties pourroient se desunir, s'écarter les unes des autres & se disperser dans le vuide, qui, n'étant rien, seroit incapable de tenir les parties de l'espace serrées les unes contre les autres.

Il faut bien prendre garde que notre Philosophe n'a point dit que les parties de l'espace fussent immobiles de leur nature, il pressentoit trop bien la réplique qu'il se seroit attirée, & la voici. Cet espace étendu étant une substance créée, chaque partie n'est-elle pas l'effet de la volonté du Créateur ? Or cette volonté étant libre, chaque partie individuelle de l'espace sera exactement située comme il l'aura voulu. Voudroit-on nier que le cube d'espace B, qui se trouve placé à la droite de l'espace cubique individuel A, n'auroit pû être créé à la gauche, & que le cube C, qui est à gauche, n'ait pu être créé à la droite? On ne le pourroit. Ces trois cubes ne font donc pas fixés nécessairement & par leur nature, dans la situation où ils sont. Donc ils ne sont pas immobiles de leur nature. Donc les parties de l'espace ne peuvent être aussi immobiles de leur nature. Donc on sera réduit à dire qu'elles sont immobiles par une raison étrangére; c'est-à-dire que B ne pourroit être déplacé & occuper le lieu de C, sans faire un déplacement impossible selon l'Auteur, dans un continu parfait & infini. Vous conclurez, M. que l'hypothese de l'infinité actuelle de l'espace étant contradictoire, & que cet espace ne pouvant conserver la propriété d'être essentiellement immobile dans toutes ses parties sans cette hypothese, vous conclurez, dîs-je, que l'espace-substance est une vraïe chimere.

Venons à présent à la double qualité de l'espace, qui consiste en ce que ses parties sont impénétrables entre elles, & pénétrables à la matiere. Elles fournissent encore deux contradictons. Voyons d'abord quelle idée nous avons de l'impénétrabilité. Je la tire, (& je présume que vous, & moi sommes là-dessus d'accord avec tout le genre humain,) de ce qu'il est impossible que deux substances numériques ayent une commune existence. Toute substance existante exclud de son être tout ce qui n'est pas elle. Votre ame & la mienne ne peuvent avoir la même existence, parce qu'essentiellement l'une n'est pas l'autre. Or si deux pieds d'espace cubique, c'est-à-dire, si deux étendues cubiques d'un pied étoient pénétrées, elles auroient une existence commune. Car leur façon d'exister étant la figure cubique, la même figure numérique leur appartiendroit, toutes deux seroient comprises sous les mêmes six faces quarrées : or deux substances existant de la même façon individuelle auroient leur existence commune. Donc ces deux cubes feroient, étant pénétrés, deux substances qui auroient la même existence. M. s'Gravesande se feroit rendu à l'évidence de cette démonstration ; car il nous enseigne que « le même mode ne sçauroit être inhérent à deux substances, & que c'est parler improprement que de dire, que deux corps ont la même figure. Le mode n'est autre chose que la substance modifiée. » Or comme de deux substances differentes, l'une n'est pas l'autre; il est évident que les façons d'exister de l'une & de l'autre, fussent-elles parfaitement semblables, différent individuellement. Mais ce n'est pas seulement par cette induction tirée de l'identité de la surface sous laquelle ces deux corps existeroient, qu'on prouvera qu'ils ont une existence commune, on le démontrera directement. Car ils auroient exactement les mêmes dimensions, c'est-à-dire, un pied pour longueur, pour largeur & pour profondeur; ensorte que l'un de ces cubes étant appellé A, l'autre B, le double de chacun de ces corps seroit égal à ce seul corps, ce qui renferme une contradiction manifeste, puisqu'il s'ensuivroit que le tout est exactement égal à sa partie; que le double du produit de la surface quarrée d'un pied par un pied de hauteur, est égal à un seul de ces produits; c'est-à-dire qu'une seule partie équivaut au tout.

Il est donc démontré qu'en supposant que l'espace est une substance étendue, ses parties sont impénétrables; mais il l'est aussi, contre les vuës de M. s'Gravesande, qu'elles sont en même-tems impénétrables à la matiere, & que la pénétrabilité de l'espace par la matiere est impossible. On ne sauve point la contradiction en disant que l'espace & l'étendue sont deux substances inconnues, mais d'especes opposées: on la rend au contraire plus palpable. Car si deux individus differens s'excluent réciproquement, s'ils ne peuvent avoir une existence commune, à plus forte raison, deux substances de differente nature. Donc il seroit prouvé de ces deux substances, toutes inconnuës qu'on les suppose, qu'elles ne pourroient être pénétrées.

Mais en admettant qu'elles pussent être pénétrées, il est évident qu'un pied cube de l'une ne pourroit pénétrer un pied cube de l'autre, sans que le double du produit des dimensions ne fût égal au sou-double; & que deux êtres differens ne fussent modifiés sous une figure commune individuellement la même; c'est-à-dire les deux pieds cubes, sous six faces d'un pied quarré chacune. Par conséquent les mêmes démonstrations dont nous nous sommes servis, pour prouver que deux pieds cubes de matiere ne peuvent se pénétrer, décident également, qu'un pied cube de matiere ne peut pénétrer un pied cube d'espace prétendu substance. Il faut avoir une tournure d'imagination bien aguerrie contre les meilleures raisons pour digérer de pareilles contradictons.

Peut-être M. Newton avoit-il entrevu les premiers raisonnemens que j'ai employé contre le vuide-substance créée, & les difficultés insurmontables qu'il entraîne après lui auront pu l'engager à donner pour espace aux corps, l'immensité de Dieu : c'étoit, au reste, une conjecture de sa part qu'il proposoit modestement ; mais ceux qui se passionnent pour un grand maître, recueillent avec le plus de soin les demi-mots qu'il ne prononce qu'avec timidité ; ils n'attribuent sa retenuë qu'à des égards qui gênent sa liberté de penser, & ils croyent qu'il est de leur générosité de soutenir hautement ce qu'à peine il osa faire entendre. Quoi qu'il en soit, la hardiesse de l'expédient m'a toujours étonné, & m'a paru trahir le desespoir de la raison. Dieu est-il donc une machine que nous laissions à l'écart, tant que nous nous imaginons que notre raison peut nous suffire, & dont nous voulons bien tirer quelque service lorsque nos lumieres naturelles se trouveront en défaut? Ma derniere démonstration contre le vuide créé de M. s'Gravesande combat également les parties prendues de l'immensité. Un cube de l'immensité dans le système de M. Newton aura ses trois dimensions communes avec le cube matériel dont il sera pénétré, l'un & l'autre auront dans les six faces quarrées, sous lesquelles ils seront contenus, une même maniere d'être. Ainsi M. Newton ne se dérobe pas aux raisonnemens dont j'ai fait usasa contre M. s'Gravesande. Mais comme le premier sistême avoit ses contradictions particulieres, le second a les siennes, & malheureusement celles-ci attaquent plus les attributs de la Divinité qu'elles ne sont opposées aux notions que nous avons de l'étendue. Je ne ferai que vous indiquer, M. les conséquences qui résultent naturellement de l'opinion de M. Newton. Il seroit inutile de les étendre ; elles sont si révoltantes, que leur simple exposé peut m'épargner l'appareil des plus fortes démonstrations.

Comparons deux cubes de l'immensité qui soient contigus. Si le cube A, est véritablement distingué du cube

C, il s'enfuit nécessairement, 1°. qu'éxactement parlant, l'être divin n'est pas actuellement & précisément en A, ce qu'il est en C, qu'il n'est dans le cube A que par une partie de l'immensité, & qu'il est en C par une autre partie numériquement différente. Donc il n'est ni dans A, ni dans C, tout ce qu'il est. 2°. Que par rapport à la totalité des parties de l'immensité, chaque partie, quelque grande qu'elle soit, est finie ; & elle est par conséquent un infiniment petit par rapport au tout. Ainsi il faudra admettre en Dieu, non-seulement de l'infiniment grand, mais aussi de l'infiniment petit ; ce qu'il est impossible de concilier avec l'idée que nous avons de cet être souverainement parfait. 3°. Supposons maintenant que le corps cubique D, occupe la partie cubique A de l'immensité, la créature se trouvera donc commensurable avec Dieu même Et si ce corps cubique est en mouvement, il parcourra successivement plusieurs parties de l'immensité : en changeant de place, il changera de rapports avec la Divinté, comme il en change avec les autres corps. Il y aura dans l'immensité une suite d'événemens correspondans aux révolutions des tems,

& à la diversité des mouvemens. La façon dont Dieu est present au corps, variera comme la position du corps dans l'immensité ; & parce que l'idée du mouvement est aussi peu séparable de l'idée du tems, que de celle de l'espace; si le corps est mû dans l'immensité, ce ne peut être que par une suite d'instans aussi distingués que les points de l'espace qu'il parcourt. On distinguera donc en Dieu des momens & des tems, comme on y distingue les lieux. L'Etre immuable à qui tout est present, sera assujetti à la mobilité de ce qui passe ; il ne sera nulle part immense, puisque son étenduë est limitée dans chacun des points de l'Univers. Etranges paradoxes, certainement incompatibles avec l'idée que les Disciples de M. Newton ont eux-mêmes de la Divinité.

Il paroît que ce grand Philosophe & M. s'Gravesande ont voulu développer l'idée obscure que M. Locke s'étoit formée de l'espace. « Nous acquerrons, » dit l'abréviateur de M. Locke, l'idée » de l'espace, qui *est une idée simple*, par » la vue & par l'attouchement. L'es-» pace a plusieurs noms, il est appellé » distance, quand on considére sa lon-» gueur en tant que bornée par deux » corps ;

<small>Abregé de M. Locke par M. Bosset, p. 67.</small>

» corps ; capacité, si on le considère
» par rapport à sa longueur, sa largeur,
» & sa profondeur ; & étendue, lors-
» qu'on le regarde comme renfermé
» entre les limites de la matière, la-
» quelle *on suppose remplir la capacité* de
» l'espace par quelque chose de solide,
» qu'on peut toucher & mouvoir. Donc
» notre idée sur l'étendue suppose l'idée
» du corps : mais on peut concevoir
» l'espace sans songer au corps. » A la
lecture de ce texte, ne jugerez-vous
pas, M. que j'ai pu dire que M. Locke
avoit une idée obscure de l'espace. On
l'acquiert par la vue & par l'attouchement ; cependant il n'est ni vu ni touché : nous ne voyons, nous ne touchons
que des corps. Et l'on concluroit au
contraire des expressions de l'Auteur,
que nous sommes certains de l'existence
de l'espace, que nous ne voyons ni ne
touchons ; & que nous ne faisons que
supposer que la matière que nous voions
& que nous touchons, remplit la capacité de l'espace par quelque chose
de solide.

Cette doctrine confuse n'est point
éclaircie, par ce que l'Auteur enseigne
du *lieu*. » L'idée sur le lieu nous pré-
» sente une autre modification de l'es-

P

» pace. Cette idée n'est que référer la
» position d'un corps à quelque point
» fixe & déterminé. Cela est si vrai,
» qu'on ne s'imagine pas, qu'un corps
» ait changé de place, tant qu'il ne
» s'approche ni ne s'éloigne des points
» fixes à qui on l'avoit comparé. » Puisque l'idée sur le *lieu* est une modification de l'espace; le point fixe auquel nous référons la position d'un corps, appartient donc à l'espace: c'est-là où ce terme nous est connu. Or en supposant que l'espace est étendu, comme l'a pensé M. s'Gravesande, ou qu'il n'est que l'immensité de Dieu, comme l'a imaginé M. Newton, voyons quel est réellement ce point fixe pour un Voyageur, qui partant d'un point de notre équateur terrestre, feroit dix lieues en huit heures en allant de l'Orient à l'Occident. Arrivé à son terme, quel est le point fixe d'où il est parti? Un point fixe de la terre distant de dix lieues du terme où il est parvenu. Mais ce terme est-il le même que celui de l'espace-substance où il étoit au moment du départ? cela n'est pas possible. Car, 1°. par la rotation de la terre, le point du globe d'où il est parti? s'est éloigné de 3000 lieues du prétendu point fixe de l'espace-substance ré-

pondant au point terrestre du départ. 2°. Par le mouvement annuel, le même point terrestre s'est encore éloigné du point de l'espace. Si cet homme avoit present à l'esprit le point de l'espace-substance, il sçauroit qu'il s'est écarté de plus de 3000 lieues du terme d'où il est parti. C'est assurément à quoi personne ne pensa jamais, pas même ceux qui sçavent que la terre tourne.

Concluons donc que nos sens ne nous donnent aucune idée de ces points d'un espace substantiel, que nous n'en sommes jamais occupés; & que dans le vrai, l'idée du vuide-substance est de l'invention ou de M. Locke ou de M. s'Gravesande.

Vous n'aurez pas de peine, M. à tourner ce raisonnement contre M. Newton. Il rapporte son espace à l'idée claire que nous avons de l'immensité. Mais si nous estimions réellement nos vîtesses sur un point de l'immensité, le Voyageur dont nous parlons, sçauroit qu'il a fait plus de 3000 lieues. Il est donc prouvé qu'aucune des hypothéses proposées ne partent de ce que nous avons dans l'esprit lorsque nous voulons juger des vîtesses des corps; nous ne pensons jamais à ces termes immobiles, mais aux points terreſtres que les corps ont quittés, & ceux où ils arrivent.

M. Newton en particulier n'a pu prendre l'idée de ſon eſpace, de celle que nous avons de l'immenſité. Car, d'où nous vient cette idée de l'immenſité? De la cauſe ſuprême comparée à l'univers qui nous devient preſent par l'entremiſe de nos ſens, & au pouvoir qu'elle nous donne ſur les corps dont nous ſommes environnés. Ce qui ne peut être en nous que par meſure eſt ſans bornes dans cette cauſe & ſans aucun des défauts que nous appercevons en nous. Mais la preſence de notre ame n'eſt point un lieu; nous ne croyons point correſpondre par quelque partie de notre être ſpirituel aux parties des corps. Ainſi nous ne concevons point en Dieu de correſpondance de ſa ſubſtance au corps, & nous ne pouvons en faire, pour ainſi dire, une répartition ſur les corps, puiſque nous ne voyons rien de ſemblable en nous, & que nous ne connoiſſons de Dieu que ſes rapports avec nous, comme cauſe ſuprême, ou comme modele infini de toute perfection. Dans le rapport que nous voyons entre la puiſſance qui nous eſt communiquée ſur les corps

& celle de Dieu, nous trouvons une disproportion immense, parce que notre volonté n'agit sur un corps que par l'interposition du nôtre, secondé même souvent par d'autres corps ; notre volonté n'a point d'efficace immédiate, Au lieu que nous concevons très-bien que la volonté de Dieu agit immédiatement & sur tous les corps & sur tous les esprits. De même les corps nous sont rendus presens par l'entremise de la lumiere, ou par d'autres moyens que fournissent nos sens. Mais nous sçavons que Dieu est present à tout sans aucun moyen. Au lieu que dans le syftême de M. Newton, Dieu n'est present que par parties aux differens corps ; sa presence dans mon cabinet n'est point sa presence dans le vôtre ; il ne voit la distance de l'un à l'autre que par les points de son immensité qui les sépare.

Enfin l'abbréviateur de M. Locke, dans son systême sur les idées, qu'il a ajoûté à son Analyse de l'essai sur l'entendement humain, est convenu de l'obscurité des pensées de son maître par rapport à l'espace substanciel. ” Que ” de conjectures se presentent à l'esprit ” sur l'origine des idées de la quatriéme

p. 375.

» espece, comme l'*espace* & *l'infini* : La
» plus vraisemblable de toutes ne se-
» roit-elle pas qu'on n'en peut rien sça-
» voir, & *la moins absurde qu'on les voit
» en Dieu*, en prenant cette expression
» dans le sens le plus raisonnable qu'on
» peut y donner ? S'exprime-t-on ainsi
quand on parle de ce que l'on conçoit
clairement ?

Que gagne-t-on à suivre des maîtres
qui dogmatisent sur des choses qu'ils
ont à peine méditées ? (Vous me pardonnerez, M. si la patience m'échappe
un peu) on parvient à un aussi étrange
résultat que celui qui suit. » L'idée des
» Chrétiens sur la nature de Dieu, com-
» me ils l'acquierent ou par le raison-
» nement, ou par ce que leur en ont
» appris les autres hommes, & l'*Ecri-
» ture Sainte*, ne prouve point l'existen-
» de cet objet immense ; mais l'idée de
» l'infini démontre, à mon sens, au
» moins l'existence d'un Etre plus par-
» fait que nous, d'un Etre dont les
» perfections sont incompréhensibles,
» qui nous a formés & qui a imprimé
» dans notre esprit ces impénétrables
» sentimens d'infinité. Si la doctrine de
» plusieurs Philosophes ne semble pas
» conduire à cet aveu, c'est par une

» conséquence nécessaire de leur systè-
» me, que l'idée de l'infini est une idée
» de notre formation. » J'avoue à l'abbréviateur de M. Locke que sa méthode
ne conduira jamais à la connoissance de
Dieu ; & c'est par cela même que tout
homme sensé doit s'en défier. Il parle
avec mépris de ceux qui prétendent
que l'idée de l'infini est une idée de
leur formation. M. Locke lui-même
s'est mis à leur tête. Lisez, M. son cha-
pitre 17. du second livre, il vous apprendra comment l'esprit forme l'idée
de l'infini. » C'est du pouvoir que l'es-   p. 40.
» prit se sent de doubler, de tripler
» un pied, une aulne, & avancer tou-
» jours de même, sans voir de fin à ses
» additions. Par ce pouvoir de répéter
» les idées de certaines longueurs, on
» atteint à l'idée de l'immensité ; de
» même qu'on parvient à celle de l'é-
» ternité par le pouvoir de répéter à
» l'infini des idées de quelque longueur
» de tems..... C'est principalement   p. 79.
» à cause que Dieu est éternel & pré-
» sent partout, qu'on lui *attribue* l'in-
» finité. Ses autres attributs, sa puis-
» sance, sa sagesse, sa bonté qui sont
» inépuisables & incompréhensibles à
» notre esprit, nous ne pouvons leur

„ attribuer l'infinité que d'une maniere
„ très-figurée.... Il faut très-soigneu-
„ sement distinguer l'idée de l'infinité
„ de l'espace ou des nombres, de celle
„ d'un espace ou d'un nombre infini.
„ Nous concevons la premiere, ce n'est
„ que supposer que l'esprit a fait une
p. 82. „ multiplication à l'infini de quelque
„ idée de durée ou d'espace ; mais la
„ seconde est impossible à concevoir.
(Que les Disciples de s'Gravesande ré-
fléchissent sur ces deux dernieres paroles, les seules vraïes de tout ce que
je viens de citer.) „ Ce seroit supposer
„ que l'esprit a actuellement parcouru
„ toutes les parties d'une espace, ou
„ d'un nombre infini : une répétition à
„ l'infini ne sçauroit nous representer
„ l'infini. „

C'est donc du pouvoir que nous avons
de doubler & de tripler une aulne à l'infini, que nous acquérons l'idée de l'infini. Mais si nous nous sentons le pouvoir de multiplier à l'infini, nous voyons
donc l'infini dans ce pouvoir ; nous ne
formons donc pas l'idée de l'infini ;
nous la trouvons dans ce pouvoir. Il
renferme aussi la répétition possible d'u-
ne aulne à l'infini : où l'esprit voit-il
cette possibilité ? Dans son pouvoir ? Qui

ne sçait combien il est borné? N'est-ce pas dans la cause suprême, qui me donne l'idée d'un pouvoir de créer, non-seulement dans lequel je ne vois point de bornes, mais où je vois qu'il n'en est point; puisque je sens par ma propre expérience qu'il agit immédiatement sur moi par sa volonté? Et l'Auteur nous dit froidement que la puissance de Dieu n'est point infinie. Ainsi une volonté, dont l'efficace est telle qu'elle produit immédiatement ce qu'elle veut; au choix de laquelle j'attribuë mon existence, celle de mon corps; par par la connoissance de laquelle je vois qu'au-de-là des êtres que je connois, il en est de possibles à l'infini, qui pénétrent mes volontés; cette puissance dis-je, n'est dite infinie que d'une maniere très-figurée. Je soutiens à M. Locke, que le seul caractére d'une volonté active en Dieu, renferme une puissance infinie. Mais puisque la puissance de Dieu est infinie, que nous y voyons clairement une infinité de mondes possibles, tels que le nôtre, ou créés sur d'autres plans à l'infini; ne concevons-nous pas qu'il donneroit à tous les proportions les plus exactes, la simétrie la plus convenable à ses desseins, que dans tous ces mondes; les loix des intelligences par rapport à leur commerce entre elles & avec Dieu, seroient très-sages? Nous reconnoissons donc en Dieu une sagesse infinie. Socrate & Platon, tout étrangers qu'ils étoient à l'égard de la vraïe religion, eussent-ils souffert qu'on eût dit de Dieu qu'il n'est infini que parce qu'il est éternel, & qu'il est present à tout; & que nous sçavons simplement, qu'au moins il est plus parfait que nous? & les Anglois qui pensent si profondément le souffrent. Déplorable liberté de penser qui se réduit à la liberté de déraisonner gravement avec méthode, & dont on se fait gloire, c'est-à-dire, de ce qui est une des plus grandes miséres de l'homme. Car ici M. Locke déraisonne visiblement. Selon lui, Dieu nous paroît infini, parce qu'il est present à tout; & ce tout est borné & ne peut être encore conçu que borné.

Vous me passerez, s'il vous plaît, M. cette digression: est-il possible d'avoir quelque zéle pour la Religion, & de discuter tranquillement une doctrine aussi surprenante, pour en parler encore avec quelque modération? Que l'*Essai sur l'entendement humain*, ait eû de la vogue : j'en suis surpris, le fond de ce livre n'est qu'un vuide parfait des vrais principes d'une bonne Métaphysique : mais je suis encore bien plus étonné que ceux qui le connoissent bien (j'en ai vû très-peu) & qui l'estiment, ayent conservé l'idée de la divinité. Je suis, M. votre, &c.

QUINZIEME LETTRE.

VOus rendez très-bien ma pensée, M. & avec précision, lorsque vous dites : » La vraye notion de » l'impénétrabilité est fondée sur l'im- » possibilité que deux individus diffé- » rens, d'une même ou d'une autre es- » péce deviennent identiques. C'est ce- » pendant ce qui arriveroit, supposé » que l'étendue matérielle pénétrât l'é- » tendue de l'espace de M. s'Gravesan- » de. Deux cubes égaux de l'une & de » l'autre étant pénétrés seroient deux » étendues identiques, c'est-à-dire, en » même-tems deux êtres & le même » être. » Après avoir si bien compris ma démonstration, comment êtes-vous encore embarrassé des raisonnemens de M. s'Gravesande? S'ils étoient concluans ils ne ferviroient qu'à prouver que le double égale le fimple, ils fe termineroient à la plus révoltante de toutes les contradictions. Il me femble que je vous l'ai fait voir : or, n'eft-ce pas avoir bien réfuté des raifonnemens que d'avoir prouvé que les conféquences qui en réfultent menent à l'impoffible ?

Vous me priez néanmoins de diffiper un refte de nuage que les raifons, dont fe fert M. s'Gravefande, ont laiffé dans votre efprit. C'eft m'engager dans un examen très-pénible & pour vous & pour moi. Mais vous le voulez ; à ce titre, je ne puis vous refufer les éclairciffemens que vous me demandez. Votre Auteur s'explique ainfi : » On ne
» peut avoir d'idée du mouvement des
» corps, qu'autant qu'ils font remués
» dans les parties immobiles d'un efpa-
» ce, qu'autant que l'on conçoit qu'un
» corps partant de fa place, la laiffe
» immobile derriere lui. Or cette place
» qu'il laiffe, a des propriétés, elle a
» une étendue déterminée, une figure.
» par conféquent, le néant n'a point
» de propriétés : donc cette place qui
» refte vuide après un corps en mou-
» vement, ou qui eft occupée par un
» autre corps dans le moment n'eft pas.

» le néant, mais une vraye substance. »

Laissons à nos sens l'autorité qu'ils doivent avoir dans cet éclaircissement : ils nous sont donnés pour connoître les corps, & leurs mouvemens. Je vois sortir un homme de mon cabinet, la place qu'il occupoit reste & l'homme s'en va. On fait écouler tout le vin que contient un tonneau : le vin n'emporte pas avec lui son vaisseau. Un boulet part, le canon recule, mais le terrain sur lequel l'affût portoit reste entre deux. Mon cabinet, le tonneau, le terrain sont des êtres. Voilà ce que nos sens déposent. L'espace laissé par un corps en mouvement est donc quelque chose de réel ? Nos sens nous le disent, mais qu'est-ce que cette espace ? Est-ce une substance vuide? Cette expression examinée de sang-froid, n'est-elle pas une contradiction ? Nos sens ne nous disent rien de pareil. C'est cependant de nos sens, que le Maître de M. s'Gravesande prétend tirer les instructions qu'il nous donne sur l'espace, elles sont singulieres, & par cela seul je comprens aisément combien M. s'Gravesande a dû s'égarer en les suivant. » Nous ac-
» quérons l'idée de l'espace, dit M.
» Locke, par la vue & par l'attouche-
» ment. » (L'idée de l'espace telle que

M. s'Gravesande la donne, ne s'acquiert par aucune de ces voïes. S'il nous faisoit voir ou toucher son vuide-substance, nous n'aurions point de dispute.)
» L'espace a plusieurs noms, il est ap-
» pellé distance, quand on considere sa
» longueur en tant que bornée par deux
» corps ; capacité, si on considere sa
» longueur, sa largeur & sa profondeur ;
» & étendue, lorsqu'on le regarde com-
» me renfermé entre les extrêmités de
» la matiere, laquelle on suppose rem-
» plir la capacité de l'espace par quel-
» que chose de solide, qu'on peut tou-
» cher & mouvoir. Donc notre idée
» sur l'étenduë suppose l'idée des corps :
» mais on peut concevoir l'espace sans
» songer au corps. »

Je ne crois pas, M. qu'on puisse imaginer rien de plus obscur sur une chose aussi familiere qu'est l'espace. Entendez-vous cette définition de la capacité ? Celle de l'étendue presente-t-elle quelque chose à votre esprit ? Que veut dire M. Locke quand il avance que c'est par suppofition qu'on conçoit que la matiere remplit la capacité de l'espace, par quelque chose de solide. La solidité est ce qui, de la part des corps, rend leur division difficile, & par conséquent leur changement de forme. S'il prétend opposer par-là l'étenduë des corps à celle de l'espace tel que M. s'Gravesande l'a conçu; je lui dirai que rien n'est si solide que cet espace, dont les parties sont tellement unies, qu'il est impossible de les déplacer.

Ne nous réglons point, M. sur les réponses que ce Philosophe prétend recevoir de ses sens; interrogeons les nôtres. Ils nous montrent dans le tonneau vuide, une capacité, une puissance de contenir telle quantité déterminée de matiere. Pour jetter plus de jour sur tout ce que j'ai à vous dire, je suppose un tonneau vuide, posé sur un de ses fonds, & ouvert par son bout supérieur: je lui donne la forme cilindrique. Dans l'intérieur de ce vase, si vous exceptez la surface de chaque douve en dedans & celle du fond, que voyons-nous? Rien. Il y a sans doute de l'air à la place du vin, je n'en doute pas; mais l'œil le découvre-t-il? Non. Il ne voit que la capacité du tonneau, c'est à-dire la superficie interne que forme l'assemblage des douves avec le fond. Telle est l'idée que nous nous formons dans notre enfance de cette étenduë immense du Ciel: son azur semé d'étoiles faisoit pour nous une surface, qui nous representoit une capacité sans bornes. L'idée de capacité exclud le plein, puisqu'elle énonce, non ce qui est contenu, mais ce qui peut l'être entre les limites internes du vase; & l'idée de l'espace n'est rien de plus que la possibilité de la quantité des corps, de quelque nature qu'ils soient, qui peut en remplir la capacité. Elle renferme donc toujours l'idée de dimensions; mais non pas de dimensions actuelles.

Mais cette possibilité n'a pas aussi pour objet des dimensions indéterminées. Quoique l'œil ne nous apprenne pas quelle quantité précise de vin, de bled, de chaux, &c. peut être mise dans un tonneau, il nous annonce qu'elle est exactement limitée par les parois du vase; & que la capacité qu'ils forment peut être mesurée. En faisant une somme exacte de l'aire du fond & de la surface intérieure cilindrique du tonneau, on pourra sçavoir combien de pieds, de pouces de lignes cubes, on'y fera entrer. Ainsi quand on dit, L'espace de ce tonneau est de huit pieds cubes, on veut dire qu'il peut contenir huit pieds cubes de matieres liquides ou solides;

& l'on ne pense pas qu'il s'y trouve actuellement huit pieds cubes d'air.

Tout est déterminé dans la capacité du tonneau par sa forme intérieure, par exemple, la distance d'une douve à l'autre : mais cette distance n'est pas une ligne physique. On n'en voit point de telle entre deux douves dans le tonneau vuide. Si elle est de trois pieds, on voit le pouvoir d'y faire entrer une verge de trois pieds, & pour faire voir que cette distance est la vraïe à quelqu'un qui en douteroit, on prend une régle ou une chaîne de trois pieds & on l'ajuste à l'ouverture du tonneau. Dès que la circonférence du cilindre est déterminée, tous les diametres le sont, & non-seulement tout diamétre, mais toute corde : les Géométres le sçavent. Ainsi l'idée de distance est celle de la puissance d'une ligne déterminée. De même vous pouvez vous figurer autant de plans que vous imaginerez de cordes toutes paraleles entre elles, dont le nombre est celui des points qui forment le diamétre de l'ouverture du tonneau. Tous ces plans seront déterminés, par la hauteur des douves & par les cordes; mais ce seront des plans en puissance & non des plans réels : la somme de tous ces plans sera la quantité qu'en peut contenir le tonneau. Vous pourriez encore multiplier la surface du cercle du fond par la hauteur d'une douve, & vous auriez la même quantité. Mais vos calculs ne réalisent rien ; cette opération mathématique ne vous donne pas ce qui est dans le tonneau, mais ce qu'on peut y faire tenir : & c'est uniquement ce que l'on cherche.

Voilà, M. ce que nous apprennent nos yeux par rapport à notre tonneau vuide : ils ne nous y montrent aucune substance. (M. s'Gravesande ne prétend pas que nous voyions celle qu'il donne à son espace ;) mais ils nous representent des capacités déterminées, & les idées d'espace & de distance qu'ils nous font naître, ne sont que des idées mathematiques naturelles. Que reste-t-il donc, lorsqu'un corps est en mouvement dans le lieu qu'il quitte ? Un espace, dit M. s'Gravesande, & selon moi une capacité vuide, ou remplie par une autre matiere. Si la capacité demeure vuide, il ne restera plus que les limites & l'espace, c'est-à-dire la possibilité d'y mettre autant de matiere qu'il en est sorti : nos yeux ne nous en montrent pas davantage dans un tonneau qu'on a vuidé : la capacité du tonneau reste, & dans cette capacité la possibilité de remplacer le vin qu'on en avoit tiré, par d'autre vin ou par tel autre corps que l'on voudra, mais exactement en pareil volume que le vin y avoit.

Je sçai bien que M. Descartes nous auroit dit que notre vue nous trompe en cela. Selon ce Philosophe, on ne peut concevoir une capacité vuide ; mais ne contredisoit-il pas le témoignage continuel de nos yeux ? D'ailleurs un corps individuel subsiste en lui-même, il ne tient son existence ni de ce qui l'environne, ni de ce qu'il contient. Je conçois donc très-bien un tonneau, comme existant, sans penser qu'il soit rempli d'aucune matiere. Comment donc M. Descartes soutenoit-il le contraire ? Il étoit ébloui par un paralogisme, qui me paroît aussi en avoir imposé à ses adversaires, qui croyant avoir besoin du vuide pour mettre les corps à l'aise, se sont cru obligés d'en faire un être. Voici le raisonnement de M. Descartes : Supposez que Dieu fît sortir de mon cabinet tout l'air & généralement toute la matiere qu'il contient, il n'y auroit rien entre les murs & les planchers: or des corps entre lesquels il n'y a rien, se touchent; donc les murs & les planchers se toucheroient: ce qui est une absurdité inconcevable. Car il n'est pas ici question de l'effort que tous les corps du dehors feroient pour renverser les murs & le plancher, qui pour réagir ne recevroient plus aucune force de l'air intérieur. Les scholastiques qui ont attaqué M. Descartes sur ce point, ont supposé que c'étoit son idée. Ils ont répliqué que les corps du dehors tenant du Créateur leur action sur les les murs & sur les planchers, la volonté qu'il auroit de laisser subsister tout ce qui compose mon cabinet, conbalanceroit seule cet effort terrible de l'air extérieur. Ils auroient mieux fait de nier tout simplement le principe de M. Descartes, que deux corps se touchent dès qu'il n'y a rien entre eux. Nous ne voyons rien entre le soleil & nos yeux, & l'on se mocqueroit de celui qui en concluroit, que le soleil touche nos yeux. Que suppose le principe de M. Descartes? une idée fausse : que la contiguité est purement négative. Or rien n'est plus positif; car la contiguité parfaite, telle qu'elle seroit entre deux corps, parfaitement polis, fait que ces deux corps ne font plus qu'un même continu, & qu'on ne peut rien inférer entre deux, fans les déplacer l'un ou l'autre. Il ne fuffit donc pas qu'on fcache que rien n'eft entre deux corps, pour juger qu'ils font contigus, il faut encore fçavoir qu'on ne peut mettre aucun corps entre eux fans les déplacer. Or, on fçait le contraire, par rapport aux murs & aux planchers de mon cabinet, même dans le cas où il feroit abfolument vuide. La capacité fubfifte indépendamment de ce qu'elle contient. Pour rendre contigus des murs oppofés, il faudroit les rapprocher l'un de l'autre. Ils font paralelles, il y a entre eux des planchers dont la longueur eft réelle; où les planchers manquent, on peut interpofer des plans égaux en fuperficie à chaque plancher, & perpendiculaires aux murs. Donc puifqu'il eft poffible d'interpofer entre ces murs, fans les déplacer, une grandeur déterminée, ils ne font pas contigus.

Je ne vois donc aucune impoffibilité dans la fuppofition des Newtoniens, qui veulent qu'il y ait dans le monde des capacités vuides. Ils n'ont pas befoin de recourir à une efpace-fubftance, comme l'a voulu M. s'Gravefande. Ils tomberoient même en contradiction s'ils l'admettoient, puisque le vuide-substance seroit un plein parfait, quoiqu'il ne s'y trouvât aucun corps. Cependant je n'ai encore rien vû de la part de ces Mrs, qui démontrât que le vuide est un des élémens nécessaires du monde.

Vous m'objecterez que l'espace étant un pur vuide, un néant, il a cependant des propriétés. Je ne dis pas, M. que l'espace est un pur néant dans l'esprit, puisque c'est la possibilité d'une certaine étendue déterminée par la capacité. Cette capacité n'est pas un pur néant, puisque c'est la superficie interne d'un seul corps, comme d'une sphere, ou de plusieurs corps assemblés, comme les douves dont un tonneau est formé. La capacité d'un tonneau foncé est telle, qu'en le supposant incapable de dilatation, Dieu même n'y pourroit faire entrer une seule ligne cubique de plus qu'elle ne l'exige pour être pleine. Car un vaisseau plein ne pourroit admettre de nouvelle matiere, à moins qu'elle ne pénétrât celle qui y étoit auparavant ; & vous sçavez que la pénétration est impossible. L'idée de capacité fixe donc celle du lieu & de l'espace, & elle la fixe tellement, que quand on fuppoferoit avec M. s'Gravefande, qu'il y a un efpace immenfe, ce feroient, par exemple, les parois & les fonds du tonneau, qui détermineroient le lieu & l'efpace pour telle quantité de matiere. L'exigence d'un tel volume de matiere, qu'on peut loger dans un dans un tonneau, ne fe trouveroit pas dans l'efpace de M. s'Gravefande, puifqu'il eft illimité ; mais dans les bornes que le tonneau même donneroit à cet efpace. Cette derniere obfervation eft très-importante : elle démontre directement l'inutilité de l'efpace-fubftance ; puifque, foit que l'on fuppofe qu'il y en ait, foit qu'on fuppofe qu'il n'y en ait point, la capacité feule d'un vafe détermine la quantité de matiere qui peut y être admife, & fixe feule les limites du lieu qui convient à ce volume de matiere.

Il n'eft pas néceffaire que la capacité foit formée par des corps folides & immuables ; quoiqu'une bulle de favon foit compofée d'une lame fphérique de liquide, qu'on voit dans un mouvement continuel ; la quantité de matiere qu'elle exige pour être remplie, n'en est pas moins déterminée; il n'est pas même nécessaire que ce soit une matiere individuelle qui forme les parois de la capacité. Une vessie enflée & immobile dans un fleuve est environnée successivement par de nouvelles parties d'eau, qui forment au tour d'elle une capacité dont les parois sont composés d'individus, qui se remplacent sans cesse; s'il plaisoit au Créateur d'anéantir la vessie & de défendre à l'eau de la remplacer, l'eau formeroit une capacité fixe, dont la surface intérieure ne seroit pas un seul instant formée par la même eau numérique. Il en est de même de l'air.

Ce n'est donc pas la mobilité ou l'immobilité des parois de la capacité qui détermine ce qu'elle peut contenir de matiere; ce n'est pas même la grandeur de sa surface intérieure: car si la même grandeur de surface prend différentes figures, elle aura des capacités différentes. On sçait que de toutes les figures isopérimétres, c'est-à-dire, dont les contours sont égaux, celle qui a le plus de côtés a toujours plus d'aire: Un cercle dont la circonférence seroit égale à la somme des quatre côtés d'un quarré, renfermeroit
plus

plus d'étendue, que ne feroit le quarré; il en est de même des figures solides. Si six plans quarrés formoient une capacité, & que de ces six plans on fît une capacité sphérique ; ce qui remplissoit la capacité cubique, si l'on peut parler ainsi, ne suffiroit pas pour remplir la capacité sphérique : ainsi, en suposant une vessie parfaitement vuide, on conçoit qu'on pourroit en varier la capacité, en lui donnant la forme sphérique ou cubique, en l'applatissant, en la plissant, &c. mais toutes ces propriétés de recevoir toutes ces formes n'appartiendroient pas au néant : chaque nouvelle figure qu'on donneroit à cette vessie, exigeroit une certaine quantité de matiere pour la remplir, cette exigeance varieroit selon que les parois intérieurs de la capacité varieroient.

Puisque la capacité peut augmenter ou diminuer, quoique la grandeur de la surface interne du vase ne change point, on sent aussi qu'en diminuant cette superficie, ou bien en l'augmentant, on pourroit diminuer ou augmenter la capacité. Vous remplissez un tonneau à moitié, la moitié de ce qu'il pouvoit recevoir est remplie, c'est-à dire que la moitié de ce que le tonneau pouvoit contenir eſt réaliſée ; ſon exigeance eſt donc remplie à moitié, il n'eſt plus poſſible d'y mettre que la moitié de ce que l'on pouvoit y placer auparavant. Vous mettez un troiſiéme fond vers le milieu du tonneau, 1°. Une partie de l'exigence du tonneau eſt remplie par l'épaiſſeur du nouveau fond. 2°. Au lieu d'une ſeule capacité vous en avez deux.

Enfin vous pourriez diminuer la capacité d'une autre maniere. Que le tonneau, dont nous avons tant parlé, eût quatre pieds de hauteur, & ſon fond dans l'intérieur deux pieds, on pouvoit y placer un cylindre d'un pied de diamétre, & haut de quatre : la capacité ne ſeroit plus la même ; c'en ſeroit une autre, formée par la ſurface concave du tonneau, par la ſurface convexe du cylindre, & par une partie annullaire du fond, ſi le cylindre étoit au milieu. En faiſant promener le cylindre ſur le fond, vous varieriez la forme de cette capacité, parce qu'à chaque nouvelle ſtation, les diſtances, c'eſt-à-dire, les lignes droites qu'on pourroit tirer de chaque point de la ſurface du cylindre à chaque point de la ſurface intérieure du tonneau, changeroient.

J'infiste peut-être trop fur ces détails, vous auriez pu aifément y entrer vous-même. Ils prouvent que toutes les propriétés que M. s'Gravefande attribue au vuide, n'appartiennent qu'à la capacité, & par conféquent que ces propriétés ne démontrent pas que le vuide foit quelque chofe, foit une fubftance.

Ici, M. vous me demanderez quel feroit le mouvement d'un corps ifolé dans une capacité vuide ; ou plûtôt vous m'avez déja fait cette queftion. » Un corps dans le vuide, dites-vous, » ne peut être en mouvement : car pour » fe mouvoir il faut parcourir un ef- » pace, & l'efpace n'étant rien felon » vous, il parcourroit un néant d'é- » tendue, & par conféquent il ne feroit » point en mouvement. » Ce raifonnement eft pareil à celui de M. Defcartes, & dans le befoin d'admettre du vuide où fe croyent les Newtoniens, il n'eft rien qu'ils ne tentent pour le réalifer, dans la crainte qu'on ne leur prouve, que tandis qu'ils penfent que le vuide eft néceffaire pour concevoir les mouvemens des corps ; leur vuide, partout où il fe trouve, rend le mouvement impoffible. J'efpére les tranquilifer fur cette vaine terreur.

Proposez cette objection à vos yeux, M. vous voyez voler des oiseaux, vous voyez le mouvement des nuages & celui des astres ; tout cela vous semble marcher dans le vuide, puisque vous n'appercevez ni les fluides où ces corps nagent, ni l'espace-substance de M. s'Gravesande : (car cet Auteur ne prétend nulle part que les points de l'espace fassent refléchir la lumiére à nos yeux.)

Mais vous voulez une réponse directe. Un corps mû dans le vuide ne déplace pas d'autres corps, mais il réalise successivement les parties d'une ligne possible. Vous ne voyez point l'arc de cercle que le soleil décrit sur l'horison, mais à chaque instant il réalise une partie de cet arc.

Ceci vous paroît encore obscur. Un exemple simple, celui de notre tonneau vuide, dont le diamétre interne est de deux pieds, nous donnera les éclaircissemens que nous souhaitons. Supposons - le encore défoncé par le haut. Le diamettre, partout ailleurs que sur le fond qui·lui reste, est la possibilité d'interposer une ligne physique de deux pieds, entre deux douves directement opposées, & dans un plan que nous imaginerons parallelle à celui du fond, mais qui n'a de réalité que dans notre esprit. Tous les diamétres possibles se couperoient en un point qui n'existe pas non plus & qui est le centre mathématique. Qu'un insecte vole, & qu'il ne soit qu'un point; en partant d'un point d'une douve, il a sa direction, il fait un angle avec le plan de la douve. Que cet angle soit de 90 degrez : alors l'insecte est le premier point du diamétre possible. Qu'aucune raison ne le force de changer sa direction, il la suivra donc toujours, au second instant il réalisera un second point. Il réalisera de même les points qui marquent le cinquiéme, le quart, le tiers du diamétre, le diamétre entier. Car tous les points sont déterminés, dès que la longueur de la ligne possible est fixée. Enfin étant arrivé au point directement opposé à celui du départ, il aura réalisé successivement tous les points de cette ligne.

Dans chaque position, par exemple, lorsqu'il réalisera le point du milieu de la ligne, ce point sera commun à toutes les lignes qu'on pourra mener à lui de tous les points de la superficie cilindrique, ou de celle du fond. Enforte que fuivant que l'œil feroit placé, il verroit l'infecte répondre à differens points de la furface interne du tonneau; & nous rapporterions alors l'infecte à la ligne droite qu'on peut tirer de la prunelle par l'infecte au point de la fuperficie où il paroît répondre. Ainfi dans chaque fituation de l'infecte fon lieu eft déterminé même dans le vuide par toutes les lignes que l'œil voit qu'on peut tirer de la ftation où il eft à tous les points de la furface intérieure du tonneau. Enforte que la furface de notre infecte, fi nous lui en donnons une à prefent, fait avec le dedans du cilindre une nouvelle capacité où toutes les diftances font déterminées par la poffibilité d'interpofer des lignes auffi déterminées, & cette capacité varie à mefure que l'infecte avance dans fa route. Et comme l'infecte réalife à chaque inftant un point nouveau, l'œil le rapportera fucceffivement à plufieurs points de la fuperficie, il paroîtra fe mouvoir. L'infecte au lieu d'effectuer fucceffivement les points d'un diamétre, pourroit effectuer de même ceux de l'axe poffible, ou de la ligne perpendiculaire au plan du fond & élevée de son centre ; & de même tous les points de toute ligne oblique. On conçoit donc qu'il pourroit avoir des mouvemens directs en tout sens. Il pourroit de plus réaliser successivement un point dans chaque diamétre, ensorte qu'il pasât à chaque instant d'un diamétre possible dans un autre, ou d'une ligne perpendiculaire au fond dans une autre perpendiculaire. Ce peu suffit pour vous, M. vous l'étendrez à tous les genres de courbes, de mouvemens rompus, en ondes, en zigzags avec une extrême facilité ; je suprime les détails, je ne veux point vous ôter le plaisir de les découvrir vous-même ; d'ailleurs je ne ferois qu'embarrasser ceux dont l'esprit n'auroit pas une étendue propre à saisir le plan général que je viens de vous exposer, de la possibilité de tous les mouvemens dans le vuide pur. J'ajoûte seulement une réflexion. Nous avons vu que deux corps ne se touchent point, dès que l'on conçoit que sans les déplacer, on peut inférer des corps entre eux. Cette possibilité est fixe quand on suppose les corps en repos : un corps allant d'un terme à l'autre dans le vuide ne fait que réaliser successivement la portion d'étendue qui peut être comprise entre ses deux termes.

Dans ce que je viens de vous dire, M. sur la nature du lieu dans le vuide, vous aurez pû reconnoître un article de la doctrine de M. Locke sur le lieu. » L'idée sur le lieu, nous dit-il, nous pre- » sente une autre modification de l'es- » pace, cette idée n'est que référer la » position d'un corps à quelque point » fixe & déterminé. Cela est si vrai » qu'on ne s'imagine pas qu'un corps » ait changé de place, tant qu'il ne s'ap- » proche ni ne s'éloigne des points fi- » xes à qui on l'avoit comparé. Et ce » qui confirme bien ce que je viens » d'avancer, c'est qu'on ne sçauroit » avoir d'idée du lieu de l'univers, » bien que nous en ayons une de cha- » cune de ses parties. Car dire que l'u- » nivers est quelque part, cela n'em- » porte autre chose, sinon qu'il existe. » Quelquefois néanmoins le terme de » lieu ou de place se prend pour l'espace » que chaque corps occupe; en ce sens » il est vrai de dire que l'univers existe » en un lieu. »

Comme nous avons déterminé le lieu dans le vuide, nous le détermi- nons aussi dans le plein par le secours des mathématiques. Lorsque l'on est sur mer, si l'on découvre par l'aspect des astres le degré de longitude & celui de latitude de la partie de la mer où l'on se trouve ; on sçait à quel endroit du monde on est : on rapporte cet endroit à un point du ciel où tel paralelle à l'équateur coupe tel méridien. Ce paralelle, ce méridien, le point où ils se coupent, tout cela ce ne sont que des cercles & des points possibles, dans la vaste capacité que le firmament offre à nos yeux.

Quoique tout soit en mouvement dans l'univers, nous avons cependant des points fixes ausquels nous rapportons le lieu. Un tonneau est le lieu du vin qu'il contient, mais ce lieu n'est pas fixe, on peut transporter le tonneau & le vin : mais le lieu de la cave l'est : alors ce lieu fixe est un point appartenant à tel raïon déterminé du globe de la terre. La surface peut varier : où étoit une cave il y a dix ans, peut être à présent une masse de maçonnerie, une partie du continent peut être où étoit il y a 2000 ans un port de mer. Ainsi quand on cherche le lieu où étoit Athenes, on cherche entre quels raïons du globe étoit renfermée son enceinte ;

car ces raïons sont toujours fixes. Quelque catastrophe qu'éprouve la surface de la terre, l'endroit où j'écris actuellement sera toujours dans un raïon de la terre, qui fait tel angle avec le plan de l'équateur terrestre & tel angle avec le plan du premier méridien qui passe par l'isle de Fer.

Nous n'avons donc pas besoin des parties immobiles de l'espace-substance de M. s'Gravesande pour imaginer des points fixes dans l'univers, sur lesquels nous déterminions les mouvemens des corps, puisque nous en trouvons sur notre terre. A quoi serviroient effectivement, pour nous diriger dans nos voyages sur la terre & dans la navigation, des points fixes invisibles de l'espace, des points, qui fussent-ils réels, ne pourroient déterminer un seul lieu invariablement; puisque comme je l'ai prouvé, moi immobile dans mon cabinet, je suis déja bien loin du point de cet espace prétendu substance où j'étois quand j'ai commencé cette lettre, à cause du mouvement de rotation de la terre dans son orbite. Ce qui reste immobile derriere un vaisseau qui part pour les Indes, c'est le port d'où il est sorti, dont la situation est fixée comme celle d'Athenes, comme celle de toute autre ville.

Après les éclaircissemens que je viens de vous donner, M. sur la nature du mouvement dans le vuide, exigeriez-vous encore que je répondisse aux questions pueriles de Lucrece? Je le crains : car vous me les proposez sérieusement. Quand je ne pourrois vous dire où va la main qu'un homme éleve au-dessus de sa tête, lorsque le sommet de sa tête est de niveau avec la derniere couche de l'Univers ; où va sa tête, si cet homme s'éleve sur ses pieds, ou s'il fait un sault ; où va la fleche qu'il tireroit verticalement au-dessus de sa tête. Si je ne pouvois satisfaire à toutes ces questions, que s'en suivroit-il ? Que mes lumieres finissent où il n'y a plus rien à voir ; que je ne vois point de mouvement, où je ne vois point de raison de déplacer un corps, aucun terme où je puisse le diriger. Quand je vois des hommes sensés, s'occuper sérieusement des raisonnemens d'un impie, tel que Lucrece, desquels il conclud, de ce qu'il ne peut comprendre comment on voyageroit dans le néant, une chose plus incompréhensible encore, je veux dire la réalité du néant, je ne puis m'empêcher de me recrier, foible raison ! un rien te déconcerte.

Mais est-il vrai qu'on ne puisse répondre aux questions de Lucrece ? Notre raison trouve-t-elle, réellement ses limites où sont celles du monde ? Non, M. transportons-nous, puisqu'on le veut, où commencent les espaces imaginaires. Reprenons des questions si méprisées dans le siécle dernier, que l'école a abandonnées, & que la seule opinion, que nous avons du génie de ceux qui les réveillent de notre tems, nous fait regarder comme très-graves & très-sérieuses.

Voyons-nous quelque chose au-delà du monde ? Oui, M. nous voyons la possibilité de l'accroissement de l'Univers. Nous concevons très-bien que de chaque point de l'Univers, soit dans sa derniere surface, soit dans son intérieur, on peut mener des lignes à l'infini. Supposons donc le dernier atôme d'un trait lumineux parti du soleil (je choisis un atôme, parce que nous ne connoissons rien de plus simple) & s'il peut avoir du mouvement au-delà du monde, nous n'aurons pas de peine à comprendre comment une fléche peut suivre la route que cet atôme traceroit.

Détachons cet atôme de la surface de l'Univers. Dieu peut-il faire réaliser à cet atôme tous les points possibles d'un raïon prolongé de cent lieues ? C'est une longueur déterminée dans sa possibilité, & dont tous les points possibles le sont aussi. Je ne crois pas que vous en puissiez douter. Fixons-le après une route de 100 lieues. Vous me demandez quel est son terme ou son lieu. Je répons qu'il est déterminé, 1°. parce que Dieu voit combien il peut interposer d'atômes placés en ligne droite, & dans la direction du trait lumineux entre cet atôme & le terme d'où il est parti. 2°. Quelque point que vous preniez dans l'univers, ailleurs que dans la direction du trait supposé, vous pouvez tirer de ce point une ligne droite à celui que réalise notre atôme ; une partie de cette ligne sera réelle dans l'Univers ; l'autre n'est que le prolongement possible de cette derniere, depuis la surface de l'Univers en dehors. & ce prolongement est connu de Dieu c'est-à-dire, qu'il sçait exactement le nombre de points physiques qu'il peut placer depuis le point où le prolongement commenceroit jusqu'à celui qui seroit réalisé par notre atôme. Il est à present très-facile de répondre à la question que vous m'avez faite. Où iroit cet atôme? Je vous dirois, puisque vous voulez que je vous dresse la carte des espaces imaginaires, qu'il iroit réaliser l'extrêmité d'une ligne de 100 lieues dont le trait lumineux pourroit être prolongé, que toutes les lignes qu'on peut tirer de ce point qu'il réalise à quelque point que ce soit de l'Univers sont toutes déterminées exactement; & que la possibilité de ces lignes entre le point où existe l'atôme & une certaine partie de la surface de l'univers, étant renfermée dans des bornes exactes, je conçois que le lieu de l'atôme est à telle distance du Soleil, de Saturne, du lieu où j'écris, &c. Comment pourriez-vous douter que Dieu voye toutes ces choses, puisqu'un Mathématicicien qui sçauroit quelle est la surface de l'Univers, de quelle espece est sa convexité, & quelle est la distance du Soleil à cette surface, détermineroit aisément toutes les distances du point dont nous parlons à tous les endroits quelconques de l'univers. Si un Géometre voit s'élever sur une ligne droite deux commencemens de lignes aussi droites & qu'il sçache quels angles ils font sur la ligne commune, il trouvera le point où ces lignes prolongées doivent se rencontrer ; le lieu de ce sommet est déterminé pour lui, soit qu'on le suppose dans le monde on hors du monde ; & qui refusera à Dieu une connoissance qu'un Mathématicien peut avoir ?

Ainsi au lieu que la surface de l'univers indique une capacité immense, qui n'a de bornes que celles de cette surface, notre atôme seul placé comme nous le supposons, fait avec une partie de sa propre surface & avec une partie de celle de l'Univers une capacité bornée, qui fixe ce qu'il est possible de placer de points physiques, entre l'atôme & le monde entier.

Je ne vous dirai point, M. comment cet atôme au lieu de réaliser tous les points d'une ligne droite de 100 lieues, pourroit passer continuellement du prolongement d'une ligne physique de l'Univers dans le prolongement d'une autre possible, & effectuer des points dans chaque ligne différente. Il faudroit répéter ce que vous avez vu de la variété des mouvemens dans le vuide. Mais je ne puis m'empêcher de vous faire observer, que sans recourir au vuide-fubftance, en ne confidérant que la poffibilité de prolonger toutes les lignes phyfiques du monde, je déterminerai avec beaucoup de facilité, des lieux fixes pour un corps qui fe remueroit dans le vuide. Il eft donc évident que je puis avoir une vraïe idée du mouvement des corps, qui ne fe rapportera à aucune autre fubftance, qu'à celle de la matiere exiftante ou poffible. Après toutes les preuves que je vous en ai données, je ne crois pas que vous puiffiez être deformais ébranlé par les raifonnemens dont s'eft fervi M. s'Gravefande, pour foutenir fon vuide-fubftance, comme je ne penfe pas que vous doutiez jamais du parfait dévouement avec lequel je fuis, Monfieur, votre, &c.

SEIZIÉME LETTRE.

Vous n'êtes plus à tems, M. de faire valoir les conséquences que vous tirez de l'idée singuliere de M. Locke sur la possibilité de la perception dans la matiere. Et si c'est votre unique ressource, comme vous l'insinuez, pour vous maintenir dans la paisible habitude de vous croire une matiere intelligente, il faut que vous l'abandonniez. Vous vous êtes déja beaucoup rapproché de la vérité, vous n'êtes plus pour vous-même un homme-machine; vous distinguez votre ame de l'organisation. Ces aveux doivent beaucoup me consoler, & je ne dois plus être effraïé de l'air de confiance que vous prenez encore en me proposant votre derniere objection, vous pouvez le prendre pour vous rassurer, mais il ne vous servira point à m'intimider. » Il » est incontestable, dites-vous, en par- » lant de votre ame, que cette substan- » ce intelligente est une partie de ma- » tiere que le Créateur a disposée de » maniere à la rendre susceptible de » sentimens & de pensées. Je me crois.

» en état de le démontrer en partant de
» ce principe très-simple, que Dieu ne
» fait rien d'inutile. Pourquoi nous au-
» roit-il donné une substance d'un or-
» dre different, pour nous faire sentir &
» penser ? Il a pû nous faire tout ce que
» nous sommes par une seule espéce de
» substance, étoit-il nécessaire qu'il
» multipliât les êtres pour faire un com-
» posé de deux substances disparates ?
» Or n'y auroit-il pas plus qu'un soup-
» çon d'impiété à nier que celui qui
» produit, parce qu'il le veut, ait pu
» donner l'intelligence à la matiere ? Le
» combat ne fut pas égal, vous devez en
» convenir, entre M. Locke & ceux qui
» s'obstinérent à donner des bornes à la
» souveraine Puissance. Ce célébre Phi-
» losophe dissipa leurs vains sophismes
» par la force victorieuse de ses rai-
» sons. La conséquence de mon princi-
» pe est naturelle. Donc Dieu n'a fa-
» çonné que de la matiere pour former
» l'homme entier, son souffle sacré suf-
» fisoit pour déposer en quelque partie
» privilégiée du cerveau une étincelle
» vivifiante, qui devoit être le fond
» de l'intelligence & le germe du sen-
» timent & de la volonté. La ma-
» tiere ne peut se soustraire aux im-

» preſſions qu'il juge à propos de faire » ſur elle. »

On ne peut prendre avec plus de chaleur les intérêts de M. Locke, que vous le faites, M. à l'enthouſiaſme où vous jette la paſſion que vous témoignez pour lui ; à votre alluſion aux paroles de l'Ecriture ; & *à votre démonſtration* que vous qualifiez, *de vraiment métaphyſique*, j'oppoſe deux propoſitions auſſi ſimples que votre principe. Voici la premiere : Quand il ſeroit poſſible de penſer que les attributs de l'intelligence ſont compatibles avec ceux de la matiere ; c'eſt un point déja décidé entre nous que notre ame n'eſt certainement aucune partie de la matiere. Voici la ſeconde : L'intelligence n'admet point les principes de la matiere.

Premiere propoſition. Qu'ai-je prouvé d'après mes expériences que vous pouviez vérifier ſur vous-même, & contre leſquelles vous n'avez pas reclamé ? J'ai prouvé que ce qui ſent l'exiſtence en moi, eſt un être très-ſimple, qu'il exclud dans le fait toute compoſition de parties. Quand vous avez voulu ſoutenir que l'ame étoit un organe central, ou bien un corps très-petit, auquel retentiſſoient toutes les impreſfions que recevoit notre corps dans ses differentes parties, vous n'avez pu disconvenir que chaque impression ne fût reçue que par un point particulier de cet organe intelligent; que ces points ne fussent des individus très-distincts, & que cet organe ne comprît pour le moins autant d'êtres sensibles que notre corps a de points. Or, le sens intime dépose tout le contraire, c'est-à-dire, qu'il m'annonce que moi qui pense, je suis un seul individu & non pas un composé de plusieurs.

Je vous ai fait voir de plus que par le sens de la vue, les images pouvoient être réellement reçues sur une molecule ; mais ensorte que chaque point de l'image fût senti par un point particulier de votre organe ; ainsi que chaque partie individuelle de votre molecule (organique ou non, il importe peu) ne recevant qu'un point de l'image, aucun être n'y verroit l'ensemble de ces points. Que dans un concert la partie de l'organe qui recevoit un son, comme l'*ut* de notre sistême de musique, seroit differente individuellement de celle qui recevroit le *sol*; qu'ainsi aucune partie de l'organe ne percevroit cette consonnance, qu'on nomme quinte ; qu'en multipliant les parties dans un concert, la difficulté augmenteroit ; qu'en nous au contraire, celui qui exécute sa partie dans une symphonie, qui lit la notte, qui est attentif au résultat des parties, qui entend les paroles que l'on chante, qui en conçoit le sens, qui en admire la poësie, qui bat la mesure, n'est qu'un seul & même être & n'est point une multitude d'êtres. Enfin vous avez vu, que le raisonnement qui n'est, pour ainsi dire, que l'harmonie de nos idées, suppose évidemment que celui qui compare deux idées à une troisiéme, a la perception des trois idées. Nul rapport pour celui qui ne sent pas deux termes à la fois, & toute molecule ne pourroit recevoir d'empreintes qui n'appartinssent à des parties de cette même molecule qui different numériquement. Donc il ne peut se trouver dans cette molecule, aucune partie individuelle capable de faire une comparaison. Vous vous rappellez, M. tous ces raisonnemens que je ne fais qu'abreger. J'ai donc démontré qu'il est très-vrai que notre ame n'est point une molecule, puisque celle-ci est essentiellement formée d'êtres distincts, dont l'un n'est pas l'autre ; & que l'être sensible au contraire est en nous l'unité la plus simple & la plus parfaite ; que c'est une individu unique. Je ne prévois pas ce que vous pourriez opposer à cette premiere proposition, qui démontre par avance la seconde : car il est bien évident qu'une molecule de matiere ne pourroit être censée susceptible de nos sensations, de la diversité de nos idées & de nos volontés, à cause de la quantité prodigieuse de ses parties : il faudroit au contraire pour la rendre propre à des fonctions si nobles, lui enlever toutes ses parties, la réduire à un indivisible sans surface, sans côtés, & l'anéantir par conséquent. Il est donc prouvé que l'intelligence & la sensibilité sont incompatibles avec les principes de la matiere.

Mais traitons cette seconde proposition indépendamment de tant de faits qui nous sont personnels, & qu'il est impossible de démentir ; & voyons d'abord si la conséquence que vous tirez de l'opinion de M. Locke est bien légitime. Il a battu ses adversaires, j'en conviens : mais pourquoi ? C'est qu'ils l'ont mal attaqué. M. Locke ne soutenoit pas que la matiere peut penser ;

il prétendoit seulement qu'on ne peut découvrir par les lumieres naturelles si Dieu ne peut point donner à la matiere la puissance d'appercevoir & de sentir, c'est-à-dire que, selon lui, nous ne voyons point d'incompatibilité entre la matiere & la propriété de concevoir & de sentir ; quoiqu'il puisse y en avoir. Tous ses adversaires ont pris le change, ils l'ont attaqué comme s'il eut prétendu que la matiere peut penser.

Le texte suivant prouve de la maniere la plus précise, qu'il ne l'a point assuré comme ils l'ont cru. » Il n'est pas » moins au-dessus de la capacité de la » matiere, & du mouvement, de pro- » duire la connoissance, qu'il n'est au- » dessus de la force du néant de don- » ner l'existence à la matiere. La ma- » tiere, qu'on la suppose mobile ou » immobile, ne peut être conçue ren- » fermer originellement en elle, le » sentiment, la perception, la connois- » sance. » Il dit ailleurs. » Il n'y a pas » de moyen de concevoir comment la » matiere peut penser. ».

Que devient votre raisonnement si on le rapproche de cette doctrine de votre maître ? C'est ainsi que vous argumentez: On ne sçait pas si la sensibilité & la perception ne conviennent point à la matiere; on ignore si Dieu par conséquent peut donner l'intelligence à la matiere. Donc comme il ne fait rien d'inutile, il n'a employé que de la matiere pour nous faire tels que nous sommes. Il faudroit être bien éloquent pour donner quelque probabilité à un pareil raisonnement.

On connoît bien peu la Toute-puissance lorsque l'on dit, Dieu peut tout : donc il peut faire un cercle tel que son diamétre pût soutenir le tiers de la circonférence, comme le raïon en soutient la sixieme partie. Car c'est parce que Dieu est tout-puissant, parce que ses volontés absoluës portent immédiatement leur exécution, qu'il ne peut pas composer un sujet de deux principes qui s'excluent mutuellement ; le terme d'une pareille volonté seroit le néant. Dans ce cercle prétendu le diamétre seroit égal à la corde de 120 degrés ; or dans tout cercle le diamétre est nécessairement plus grand qu'aucune corde. Donc dans cette supposition la volonté de Dieu se termineroit à ordonner l'existence d'un cercle qui ne seroit pas cercle.

De même, si l'intelligence & la sensibilité

bilité sont incompatibles avec la nature de toute molecule de matiere, c'est raisonner très-mal, que de conclure de ce que Dieu est tout-puissant, qu'il peut rendre la matiere pensante. M. Locke a des disciples qui le valent bien: je les prie de répondre pour lui, & je leur soutiens qu'il implique qu'une molecule de matiere soit un *moi*, soit un individu pensant. Voyons d'abord comment M. Locke énonce sa these. " Il est impossible de prouver, nous " dit-il, par la contemplation de nos " propres idées, sans la révélation, si " Dieu ne peut point donner à quelque " amas de matiere disposé comme il le " trouve à propos, la puissance d'apper- " cevoir & de penser. "

Je ne diraï point que nous ne pouvons imaginer d'autres dispositions dans la matiere que celles qu'y peut occasionner le mouvement que ses parties peuvent recevoir, d'où résultent différentes combinaisons, differentes figures; cette raison que je néglige est cependant très-forte : car toute molecule de matiere n'est à proprement parler, qu'un tout qui peut être divisé, dont les parties peuvent être arrangées diversement, former differentes figures extérieures, recevoir diverses contextures intérieures ; un tout n'est que ses parties combinées. Mais on ne concevra jamais qu'une sensation, qu'une pensée, qu'une délibération, qu'une perception, puisse être le résultat d'aucun arrangement possible. J'aurois donc droit de conclure de ce seul raisonnement, qu'aucune molecule de matiere n'est susceptible ni de pensée, ni de sentiment.

Mais je ne puis passer legerement sur l'expression dont M. Locke s'est servi. Il parle d'un amas de matiere, il n'entend pas vraisemblablement une molecule de la matiere qui feroit un continu parfait, dont les pores ne seroient remplis d'aucune matiere étrangere ; mais l'assemblage de plusieurs corps, une multitude de parties d'air, de parties élémentaires de fer accumulées, ou plûtôt il n'a pas voulu s'exprimer d'une maniere plus intelligible. Mais quelle que soit sa pensée ; que son amas de matiere soit un certain nombre de molecules qui ne fassent pas corps, comme un monceau de bled, ou un corps dont les parties soient parfaitement homogenes ; il faudra qu'il convienne avec moi que cet assemblage ou cette molecule, sont divisibles & sou-divisibles au-delà de tout ce que nous pouvons concevoir de suite d'ordre de divisions. Ne choisissons dans son amas qu'un seul corps, toutes les observations qu'il me donnera lieu de faire, conviendront à toutes les autres molecules; & s'il n'entend par un amas, qu'un seul corps, ce que je vais dire lui conviendra aussi.

Quelque petite que soit une molecule, c'est un monde par la multitude d'êtres individuels qu'elle comprend. Ces grands déffenseurs de la Toute-puissance, les Sectateurs de M. Locke, m'accorderont volontiers, que Dieu pourroit en faire un monde en petit, proportionnel au nôtre, où il y auroit autant d'astres que dans celui-ci, autant de végétaux, autant d'insectes. Tout y seroit par rapport à la masse de la molecule, ce qu'il est dans l'univers eu égard à l'énormité de sa masse totale actuelle; c'est-à-dire, que le diamétre d'un seul trait de lumiere, dans notre molecule auroit exactement le même rapport avec celui d'un trait de lumiere du monde present, que la molecule a avec la masse de notre Univers. Quelle prodigieuse petitesse, l'esprit accablé ici l'imagination; il va pourtant encore plus loin, car il voit clairement qu'un globule de la lumiere de ce petit monde conserve encore assez de matiere pour fournir aux divisions nécessaires à la construction d'un second monde en petit, proportionnel à celui que Dieu auroit tiré de notre molecule. Enfin il ne voit point de bornes au-delà desquelles, il ne puisse ajoûter de nouvelles suppositions à des suppositions déja si peu concevables.

Je ne vous parle point un langage étranger, M. beaucoup de réflexions répandues dans vos lettres, m'ont fait concevoir une très-grande idée de vos progrès dans les mathématiques, & vous n'ignorez pas ce qu'elles nous apprennent de la divisibilité de l'étendue. La Physique ne contredit pas les Mathématiques, elle familiarise même l'imagination avec cette divisibilité si prodigieuse, soit en nous faisant considérer un assez petite portion d'or repartie sur la surface entiere d'un fil d'argent long de 100 lieues; soit en nous rendant attentif au nombre inexprimable de traits lumineux qui couvrent la prunelle lorsque nous regardons une vaste campagne. Mais nous n'avons pas besoin de pousser cette divisibilité de la matiere à l'infini, quelque droit que nous en ayons, quelque avantage qui nous en revînt pour renverser le système de M. Locke. Nous accorderons même, si l'on veut, que les élémens de la matiere sont indivisibles; que ce sont des points sans parties, sans superficie, n'ayant ni droite ni gauche, ni dessus ni dessous. On ne peut pousser la condescendance plus loin : pourvu que l'on convienne que toute portion de matiere comprend nécessairement plusieurs de ces élémens, qu'essentiellement elle a plusieurs parties, cela nous suffit.

Je reduirai même l'hypothése de M. Locke à des termes encore plus simples, & qui en même-tems lui seront plus favorables. Au lieu d'examiner si quelque amas de matiere peut penser ou appercevoir des objets extérieurs, je demanderai seulement s'il peut avoir le sens intime de l'existence. Le système de M. Locke sera ainsi presenté de la façon la plus avantageuse. Car si on s'en tient à la premiere impression, il semble qu'on ne puisse douter que Dieu n'ait le pouvoir de faire sentir à la matiere l'existence qu'il lui donne : on ne soupçonne aucune contrariété entre exister & sentir que l'on existe. Et ce point une fois accordé à M. Locke, il ne seroit plus difficile d'en conclure, que la matiere est susceptible de connoissance. Mais aussi s'il est prouvé que la matiere ne puisse sentir son existence, il sera démontré qu'elle ne peut penser, parce que toute pensée renferme le sens de l'existence dans l'être qui pense.

Je simplifie encore la question. Je réduis la molecule que M. Locke gratifie du sens intime de son existence, à la plus petite quantité que puissent faire des élémens inétendus. Huit de ces élémens suffiront pour former un petit cube dans l'idée de ceux qui veulent que la matiere soit composée de points sans étendue, tels que je viens de les décrire, c'est-à-dire des monades de M. de Leibnitz. Ils feront un volume indivisible, parce que quoique le cube soit composé de parties, en les séparant, il ne reste ni matiere ni cube. Il n'est certainement pas possible de mettre M. Locke plus à son aise.

Supposons maintenant que Dieu veuille donner à ce petit cube le sens intime de l'existence, ou le tout sentira son existence sans que les parties le sentent, ou les huit monades sentiront chacune la sienne, & leur composé ne sentira rien, ou le sens intime du cube sera le résultat des sens intimes des huit monades.

La premie supposition implique. Car le cube n'étant rien de plus que la sommes des huit monades, dire que le tou se sent exister, & que les parties ne sentent point leur existence; c'est soûtenir que la masse se sent exister sans rien sentir de ce qu'elle est : on pourroit autant prétendre qu'un tout peut exister sans parties.

La seconde supposition n'est pas plus soutenable. Car, si chacune des huit monades sent son existence, comme aucune d'elle n'est matiere, il s'ensuivroit seulement que huit individus, dont aucun n'est matiere, sentent chacun leur existence ; mais que la matiere qu'ils composent ne la sent point : & c'est-là la question.

Il ne reste donc plus que le troisiéme parti. Il paroît d'abord facile à soutenir. On pourroit comparer ce cube à une armée de 100000 hommes, chacun certainement sent son existence : ne pourroit-on donc pas dire que l'armée entiere se sent exister ? Je ne crois pas que personne hazardât de le penser. Chaque Soldat par son sens intime même exclud de son être tous ses camarades : qu'il soit assuré de leur existence, ce sera assurément par une autre voie & qui n'égale pas la persuasion de son sens intime. Et d'ailleurs il ne s'agit pas dans la question que nous agitons, de certitudes d'existence d'êtres étrangers, ce seroit une perception, & notre question exclud toute perception, & se réduit simplement à sçavoir si quelqu'amas de matiere, comme par exemple, un monceau de bled, peut avoir le sens intime de son existence. On ne peut pas même dire, si l'on veut parler exactement, que l'armée se connoît ; quoiqu'on puisse dire que chaque soldat connoît l'armée : parce que les connoissances des Soldats sont des façons d'êtres individuelles, à plus forte raison ne peut-on pas dire que l'armée se sent exister. Car comment pourroit-il résulter des differens sens intimes de 100000 hommes, dont chacun exclud de soi tous les autres, un sens intime commun, qu'on pût dire appartenir à ce corps militaire ? On pourroit appeller ce sens intime un composé de 100000 incompatibilités: s'il est impossible que 100000 ne fassent qu'un seul individu, il est impossible qu'une armée ait le sens intime de son existence.

Ces raisonnemens seront encore plus pressans, si nous les appliquons à nos huit monades, auxquelles nous n'accordons que le sens intime; ensorte qu'aucune d'elles n'ait la perception de l'existence des autres. Il est évident que chaque monade supposée sensible à son existence, exclud de soi tout autre être; que n'ayant point de perceptions des sept autres, il implique que dans le tout qu'elles forment, il y ait une connoissance du tout; & par conséquent que le petit cube se sente exister. Qui diroit donc *moi*, je me sens composé de huit monades; ce n'est aucune monade: donc encore rien dans ce cube, qui n'est composé que de monades, ne peut se rendre ce témoignage de l'existence. Ainsi le cube se sentiroit exister, & ne le sentiroit pas.

Voulez-vous, M. que nous rendions à chaque monade la connoissance de l'existence des sept autres? Chacune seroit un *moi*, qui pourroit dire je me sens exister, & je suis uni avec sept autres êtres semblables à moi pour faire un cube ; aucune d'elles ne pourra penser que je suis cube. Chacune pourra dire, je concours avec sept autres monades, exiſtantes hors de moi, à former une molecule de matiere : aucune ne pourra penſer, je ſuis une molecule de matiere : or il ne ſe trouve rien dans le cube, que les huit monades, non plus que dans la molecule de matiere. Donc il implique que le cube & que la molecule de matiere ſeſente exiſter. Donc on ne peut ſuppoſer dans ce cube, ni dans la molecule un *moi*, qui puiſſe aſſurer qu'il ſe ſent tel cube, telle molecule de matiere.

Permettez-moi preſentement d'oppoſer un ſeul ſillogiſme à la prétention de M. Locke. Dans une matiere qui ſe ſentiroit exiſter, rien ne ſe ſentiroit matiere : donc c'eſt un être qui renfermeroit en ſoi-même & qui en excluroit le ſens intime : donc c'eſt faire injure à la Toute-puiſſance que de dire qu'elle peut produire un tel être : ce ſeroit donner pour terme à la volonté divine le néant : donc il eſt impoſſible que la matiere ſente ſon exiſtence.

Au reſte, je n'ai ſuppoſé la matiere compoſée de principes inétendus ou de monades, que pour rendre autant que je le pouvois, l'hypothéſe de M.

Locke suportable : car on ne concevra jamais que l'assemblage de tel nombre qu'on voudra d'êtres inétendus, puisse former une étendue ; & quoique nos yeux nous donnent une idée du point qui en exclud toute dimension & toute superficie, ils nous font cependant soupçonner que le grain de poussiere le plus insensible ne peut être sans quelque surface & sans quelque épaisseur : ils nous y font reconnoître des aspects differens, à l'Orient, à l'Occident, au Midi, au Septentrion, au Zenith, au Nadir, à tous les points du Ciel. Mais je n'ai pas voulu faire entrer ces trois dimensions dans mes raisonnemens, pour user de quelque ménagement à l'égard de ceux qui ne veulent pas encore reconnoître dans ces trois dimensions les vrais élémens physiques de la matiere. J'ai pris la matiere pour un composé de parties, parce que c'est le point de vuë le plus général, sous lequel on la considere ; & qu'elle est renfermée dans l'idée des trois dimensions. Ainsi ce que j'ai démontré par rapport aux monades, l'est aussi par rapport aux parties de l'étendue, divisible à l'indéfini, & même à l'infini, si l'on veut. Une molecule de matiere sera dans ce cas une multitude d'individus unis, car la séparation des parties ne fait pas de nouveaux êtres, mais elle rompt l'union des individus préexistans. Dans un cube de matiere divisible à l'infini, on pourra considérer les huit huitiémes comme des monades. On démontrera, comme nous l'avons fait, que ce cube ne peut avoir le sens intime de l'existence. Chaque huitiéme peut être divisible en 1000 parties égales : on dira de chacune de ces milliémes parties, ce qu'on a dit d'une monade : on prouvera parconséquent que la huitiéme partie de ce cube ne peut penser, & ainsi à l'infini.

Vous me disiez dans votre derniere lettre, M. que l'étendue n'est peut-être pas aussi essentielle à la matiere que je l'imagine; qu'à la vérité, il n'est guere possible d'assortir l'intelligence avec l'étendue; mais que si Dieu enlevoit les trois dimensions à une molecule de matiere, alors l'intelligence pourroit lui convenir. Je vous demande s'il est possible de concevoir l'espéce d'être qui reste dans un pouce cubique d'or, lorsqu'il n'a plus de dimensions: y voit-on autre chose que le néant? Vous concevez, vous M. quoique les trois dimensions soient détruites, qu'il reste un individu matériel, un composé de parties : & moi dans cette hypothése inconcevable, j'ai démontré que la matiere ne pouvoit penser.

En ôtant les dimensions à la matiere, vous prétendriez la réduire à l'état d'une simple monade Leibnitienne, & vous me demanderiez ensuite, si je ne conçois pas qu'elle pourroit se sentir exister. J'avoue, M. que je ne vous démontrerois pas aisément le contraire, car véritablement je ne sçai ce que c'est qu'un être qui n'a ni parties, ni superficie, & qui par sa nature est cependant un élément de l'étenduë. Il n'est pas étonnant qu'on soit embarrassé de décider ce qui convient ou ce qui ne convient pas à un tel être, dont on sçait seulement ce qu'il n'est pas, sans rien connoître de ce qu'il est. Je ne sçais point comment votre ame & la mienne feroient un tout. Comment 27 ames humaines devroient être combinées, pour faire une étendue cubique; & comme les monades sont aussi simples que nos ames, il doit m'être aussi difficile d'en former une masse cubique, que de comprendre qu'elles en puissent faire une. Tant que vous me presentez la monade, comme un être sans superficies, sans côtés, sans parties, je la conçois très-propre à sentir son existence. Mais quand vous me dites d'après M. de Leibnitz, qu'étant unie à d'autres de son espèce, son essence est de pouvoir composer de l'étendue, je ne vous entens plus ni l'un ni l'autre, & je ne sçai qu'affirmer & que nier d'un être, dont vous ne me donnez aucune idée.

Cependant je suis bien assuré que vous ne pourriez vous prévaloir de mes incertitudes, sur la possibilité de penser de la part de la monade. Vous voudriez en conclure que la matiere privée de l'étendue, seroit réduite à l'état d'une monade; & comme j'hésite lorsque vous me demandez si la monade pourroit penser, vous voudriez bien en tirer cette conséquence, que je ne sçai pas si Dieu ne pourroit point disposer la matiere de maniere qu'elle fût capable du sens intime. Mais je vous répondrois que cette monade ne seroit point la réduction de la molecule de matiere, elle seroit l'unique élément restant de tous ceux dont la molecule étoit composée; on ne pourroit dire qu'elle comprend toute la substance de la matiere privée de ses dimensions : car la matiere contient essentiellement parties, & la monade n'en a point.

Je suis, &c.

DIX-SEPTIEME LETTRE.

MONSIEUR, une erreur dissipée est un songe qui s'est évanoui : on ne comprend pas comment on a pu en être la dupe. Ce sont les dispositions où je conjecturois bien que vos expériences sur ce qui se passe en vous, vous mettroient infailliblement. Il y a quatre mois que vous ne conceviez pas comment on peut distinguer son ame de son corps : à présent vous ne comprenez pas comment l'homme peut devenir matérialiste. Cependant vous me faites la question de maniere à me faire entendre que c'est une objection qui vous arrête encore. Que n'allez-vous plus rondement avec moi ? Ce n'est point à l'homme que vous cédez, quand vous vous rendez à la vérité ; je ne puis m'attribuer la victoire : c'est vous qui vous êtes vaincu, & vous n'avez employé d'autres armes que celles que vous ont procuré les retours & les réflexions que vous avez faites sur vous-même. D'ailleurs, si vous êtes étonné qu'une substance immatérielle se confonde avec la matiere à laquelle elle est unie, ne voyez-vous pas une objection paralelle à faire aux Matérialistes ? Si l'homme n'est pas une autre substance que la matiere, comment cette matiere peut-elle s'imaginer qu'elle est immatérielle ? ne se renonce-t-elle pas elle-même en le pensant ? Elle ne devroit point être sujette à une pareille équivoque, puisque n'étant point unie à une substance spirituelle, il ne se peut faire qu'elle se confonde avec elle. Si par impossible un cube de matiere se sentoit exister, pourroit-il douter de la réalité de ses dimensions, de l'existence de ses parties, & exclure de lui-même l'étendue & la divisibilité ? Or, presque tous les hommes qui philosophent, sont distribués en deux classes. Les uns croient fermement que ce qui pense en eux est simple, est immatériel : les autres doutent si ce n'est point une portion de matiere. Je dis de ceux-ci qu'ils doutent, parce qu'ils n'ont certainement aucune démonstration de leur opinion. Donc si l'ame étoit purement matiere, dans les uns & dans les autres, elle révoqueroit en doute la réalité de son existence, comme le cube supposé pensant, dont je viens de parler. L'Antropomorphite n'a aucun moyen de se débarrasser de cette objection : il ne pourra jamais trouver en soi-même, en se supposant pure matiere, aucun fondement de son doute. Mais l'ame spirituelle n'a que trop de prétextes pour se confondre avec la matiere. C'est ce que je ne puis vous développer, qu'en vous faisant le recit de nos miseres naturelles. Vous en allez voir une ébauche dans un mémoire que j'ai fait autrefois sur cette question, pour un ami desabusé du matérialisme.

Mémoire sur l'origine de l'erreur des Matérialistes.

Le sentiment qui porte notre ame à se confondre avec son corps précéde en nous le raisonnement. Il a donc une cause naturelle, & pour la trouver il faut remonter jusqu'à notre naissance. On n'aime pas à se representer l'état de l'enfance ; on gagneroit cependant beaucoup à l'étudier. Cette partie de notre vie est humiliante, mais elle offre une abondante matiere à nos réflexions. On y découvre la source des principales erreurs qui pervertissent le reste de la vie, & ce qu'il en coûte à notre ame pour entrer en société avec le corps. Destinée à le gouverner & à jouir par lui de toute la nature, elle achette cet empire par l'esclavage le plus dur. Qu'est-ce en effet que l'ame dans les premiers momens de son union avec le corps ? Une substance qui sent à la vérité son existence, mais dont le seul bien est l'impuissance de connoître son état, & de réfléchir sur ses miseres. Pleinement assujettie à la méchanique du corps, la loi qui l'y attache, en fait dépendre toutes ses affections. Créée raisonnable, une profonde ignorance lui rend sa raison inutile; elle n'aura de connoissances & d'idées, qu'autant que le cerveau sera capable de conserver les images qu'il reçoit. Parce que le cours des esprits est trop rapide dans l'enfance, l'ame est incapable d'attention. Nul animal ne paroît si stupide qu'un enfant. Le méchanisme de sa mémoire est à peine ébauché, & il est au moins inutile dans un état uniquement bon à oublier. Plus ses organes sont foibles & délicats, moins il a de pouvoir sur eux, & tant qu'ils ne sont pas en état d'obéir, il est privé de sa liberté. Enfin de toutes les prérogatives dont notre ame paroîtra dans la suite ornée, une seule alors se manifeste, c'est celle qui la rend capable de souffrir. Le sentiment l'absorbe toute entiere. Par la sensation vive de son corps, elle se trouve livrée aux impressions de tout ce qui l'environne ; toutes ces impressions sont fortes & presque toutes douloureuses.

Insensiblement les organes se développent, l'intelligence s'ouvre très-lentement, un jour ne semble rien ajoûter au jour précédent. La liberté commence à se déployer, mais par des progrès si peu sensibles, que jamais l'ame ne pourra se rappeller l'époque de ses premiers choix : ils tombent sur les corps, les seuls objets qui fixent alors son attention.

Cependant enfin elle entre dans le plein exercice de son intelligence & de sa liberté ; mais il est bien tard. Elle goûte peu ces nouveaux avantages : uniquement guidée jusqu'alors, ou plutôt entraînée par la machine, elle n'est accoutumée qu'à sentir, elle n'a connu que des corps, le sens même intime de son existence étoit confondu avec celui de l'existence, & de l'appropriation de son corps, elle étoit incapable d'en démêler les differences. Tout ce qu'elle ne sent pas, ne lui semble avoir aucune réalité. C'est ainsi que l'homme naît Antropomorphite & se trouve Athée presqu'au sortir des mains du Créateur, quoique son ame renferme tant de semences de vérités, qui ont fait dire à Tertullien, qu'elle est naturellement chrétienne.

Mais pour mieux reconnoître le principe & les progrès d'une erreur si humiliante, & ce qui contribue à lui donner tant de force, il est nécessaire d'entrer dans quelque détail & de ranger par ordre nos observations. Je me bornerai à celles qui sont essentielles à la question qu'on m'oblige de traiter. Je me contenterai même de les presenter : je dois connoître la personne pour laquelle j'écris.

I. Observation.

L'Ame n'est jamais abandonnée par le sens intime de son existence, ni par celui de la presence & de l'anpropriation de son corps. Cette double perception forme dans l'homme-fait comme dans l'enfant, un sentiment confus, qui lui presente sous une même vue tout ce qu'il est : il exprime l'idée complette qu'il a de lui-même, lorsqu'il dit *moi*. Quand il le dit, il parle de son corps, aussi bien que de son ame. Il se comprend indistinctement sous ces deux substances. Il a besoin d'une réflexion expresse pour les distinguer, (l'enfant ne réfléchit pas, aussi ne fait-il pas cette distinction.) Il n'est pas plus assuré de l'existence de son ame, que de celle de son corps, quoique la premiere soit indubitable, & qu'il puisse révoquer l'autre en doute.

L'enfance passe, l'homme devient capable de s'étudier & de se connoître : mais le sentiment qu'il a de lui-même ne changera pas : fortifié par une habitude continuelle de treize ou quatorze ans pour le moins, ce sentiment préviendra toujours la réflexion. Il annoncera constamment un tout intelligent & corporel. Si l'homme est attentif & sage, il comprendra que cette idée étant confuse, il doit avant d'en rien conclure, en faire l'analyse & discerner dans ce *moi* complet les caractéres si opposés de deux substances qui paroissent se confondre. Mais tous les efforts de la méditation n'empêcheront pas qu'elles ne s'y offrent réunies comme sous une seule image, & que ces perceptions, qui ne sont jamais séparées, ne paroissent identiques.

S'il neglige de faire cette analyse, s'il raisonne d'après le sentiment, s'il tire des conséquences immédiates d'une idée confuse, elles ne pourront être que téméraires. Il jugera, par exemple, que son ame est étendue, parce qu'il trouve l'idée de l'étendue, dans celle qu'il a de son existence complette. Comme ceux qui n'ont jamais philosophé sur la musique, jugent qu'un ton est simple, quoiqu'il soit toujours accompagné de sons harmoniques, ausquels ils ne prennent pas garde, & qu'ils ne confondent que faute d'attention.

II. Observation.

Par une suite de la presence intime du corps & de son appropriation, il arrive que pendant tout le tems que l'ame est incapable de réfléchir, elle contracte l'habitude d'attribuer aux differentes parties de la machine qui lui est unie, toutes les sensations agréables ou fâcheuses qu'elle éprouve à leur occasion. Le P. Malebranche ne laisse rien à desirer sur la maniere dont il explique cette espece d'erreur. L'ame, nous dit-il, est la protectrice du corps. Pour l'interresser à la conservation d'une machine qu'elle n'auroit pu s'empêcher de regarder comme onéreuse pour elle, le moyen qu'a choisi le Créateur, est de l'affecter d'une façon pénible ou agréable, selon que ce qui arrive au corps, lui peut être nuisible ou salutaire. La simple connoissance du bon ou du mauvais état de ce corps, n'auroit pas suffi pour lui assurer les soins & l'affection de l'ame : le plaisir & la douleur parlent efficacement. Par cette voie courte & qui la décide infailliblement, l'ame est pressée de fuir ce ce qui peut nuire au corps, ou invitée à rechercher ce qui lui sera favorable. Nulle discussion, nulle étude à faire. Si quelque membre est offensé, le même sentiment qui annonce le desordre, indique précisément où il est. Ainsi le Créateur fait-il sentir fortement à l'ame, combien la partie affligée est près d'elle, combien son bonheur actuel en dépend, & la convainc invinciblement de la réalité de son union avec toutes les parties de son corps : il n'en est aucune qui puisse lui être indifférente, & cela sans que ce soin l'occupe & lui ravisse une attention qu'elle doit toute au Créateur.

Mais ce sentiment, si sagement & si utilement institué, tant que l'ame ne s'en sert que pour la fin à laquelle il est destiné, la jettera dans l'erreur, si négligeant d'user de sa raison & de ses lumieres, elle le prend aveuglément pour guide dans ses jugemens. C'est ce qui arrive à ceux qui s'imaginent que c'est véritablement leur main, par exemple, qui ressent la chaleur, ou leur doigt qui souffre la piquure d'une épingle. Dans un enfant ce n'est point une erreur, puisqu'il ne juge pas, & n'est pas capable d'attention. Mais c'est une habitude de confondre deux choses differentes, & qui est contractée dans le tems qu'il est incapable de les distinguer. Il est vrai que la plus legere réflexion suffira dans la suite pour l'éclairer & le garantir de ce préjugé. Un homme a froid aux pieds & sent de la douleur aux mains, il voit bien que la main & le pied sont deux êtres dont l'un n'est pas l'autre : il sçait pourtant que l'être qui souffre le froid est le même qui sent aussi la chaleur, & il exprime très-fidélement cette connoissance en disant, j'ai froid aux pieds & chaud aux mains. Il sçait encore que lui qui sent & qui pense, n'est ni le pied

pied ni la main, & qu'en perdant l'un ou l'autre de ces membres, ou même tous les deux, il ne perdroit rien de son être, quoiqu'il les perdît avec regret, comme une chose qui lui appartient, dont il dispose, & qui lui est intimement unie. Ces réflexions suffisent pour un homme un peu attentif à ce qui se passe en lui. Cependant, combien de personnes, je ne dis pas en Lapponie, ni chez les Hurons, mais dans les païs où on se pique d'esprit, restent dans leur préjugé de croire, que leur corps est sensible, & cela par l'effet d'une habitude contractée, durant 13 ou 14 ans, sur des épreuves réitérées un million de fois, & qui n'ont jamais été démenties.

Pour bien comprendre toute la force de cette habitude, essayons, nous qui sçavons bien que le sentiment n'est pas dans le corps, essayons en approchant la main du feu, d'étouffer le témoignage qui nous annonce que la chaleur est dans la main. A la vérité, nous ne prononcerons pas, que la sensation soit dans ce volume de matiere, cette absurdité nous révolte; mais pouvons-nous faire taire le sentiment qui nous dit qu'elle y est. De même nous n'ignorons pas qu'une canne que nous plongeons dans l'eau y demeure droite, cependant nos yeux nous diront toujours qu'elle est courbée. Leur témoignage ne nous fera pas affirmer qu'elle le soit; mais non-seulement nous ne pourrons le faire changer, ce témoignage, nous sentirons malgré la force de la conviction qui le contredit, une autre force intime qui nous porte à nous y rendre; & c'est celle d'une habitude aussi ancienne que nous, & beaucoup plus ancienne que nos raisonnemens. Il en est de même de l'idée confuse du *moi* complet. Elle nous est toujours presente, même après que la réflexion nous a fait distinguer en nous une substance immatérielle & une matérielle. Une méditation sérieuse nous aidera à séparer ce qui entre confusément dans cette image de nous-même, mais toutes les fois que nous retournerons au train ordinaire de la vie, l'ancienne habitude exercera ses droits; le sens intime de l'existence de l'ame nous paroîtra celui de la coexistence du corps. Nous ne tenons même à la société que par le commerce des corps; ensorte que lorsque je parle de moi relativement aux usages de la société, c'est de mon corps dont il est question. Enfin, c'est notre corps qui constitue notre individualité pour les autres hommes. Ainsi tout nous porte à juger de nous-mêmes, conformément à ce que nous nous sentions être dans l'enfance. Quel est l'homme qu'une heureuse éducation n'aura pas prévenu, qui pensera jamais à analyser l'idée obscure de ce *moi* complet : fera-t-il des efforts pour rentrer en soi-même & pour lutter contre l'habitude qu'il aura contractée, dans les premieres années, de se sentir un tout intelligent & matériel ? Si même il s'avise de philosopher, il regardera les connoissances qu'il a reçues dans l'enfance touchant ce qu'il est, comme des leçons de la nature. Loin de les soumettre a aucun examen, elles lui paroîtront des principes évidens. Il se croira dans l'obligation de partir de l'idée de *moi* complet, pour se connoître soi-même.

III. Observation.

Le secret des causes occasionnelles, qu'on ne découvre qu'après beaucoup de réflexions, épaissit encore les ténèbres, dont l'idée de nous-même est couverte, lorsque nous commençons à user des droits de la raison.

IV. OBSERVATION.

C'est un malheur pour l'homme, qu'il soit capable de ratifier un faux jugement avant que d'être en état de bien raisonner. Sa liberté a déja toute son activité, que sa raison n'est pas à beaucoup près développée, & l'empressement d'user de l'une, devance beaucoup le soin d'écouter l'autre & de la cultiver. Combien de gens vieillissent avec une raison ébauchée; combien d'autres avec une grande pénétration naturelle, la rendent tout au moins inutile, en suivant une mauvaise méthode où une docilité aveugle pour leurs maîtres, les a engagés.

Si nous jouissons de toute l'étendue & de toute la force de notre raison, dès que nous commençons à jouir de notre liberté; si l'une étoit éclairée à proportion que l'autre est active & empressée, combien d'erreurs, combien d'écueils n'éviterions-nous pas? Pourquoi faut-il que l'ame entre en possession de ses droits les plus chers, par des progrès si imperceptibles? Pourquoi arrive-t-il qu'elle a disposé d'elle presque sans le sçavoir? Comment n'est-elle pas avertie de la révolution qui se fait en elle, lorsqu'elle passe de la captivité de l'enfance à l'empire de soi-même ? Quelle surprise ne lui causeroit pas une connoissance si précieuse, & quel avantage la vertu n'y trouveroit-elle pas ?

Tirée tout-à-coup de cet état de ténèbres & d'impuissance, comme d'un profond sommeil, elle ne regarderoit toutes les impressions qu'elle auroit reçues jusqu'alors, que comme les fantômes d'un long rêve. Toute pénétrée de la lumiere divine qu'elle n'auroit point obscurcie par aucun vice ; frappée de l'éclat que lui offriroit le spectacle si nouveau pour elle, des choses spirituelles, elle verroit dans les perfections infinies de son Auteur tous les motifs qu'elle a de l'adorer & de l'aimer sans bornes, & ne seroit flattée du pouvoir qu'elle a de fixer son amour, que parce qu'il lui seroit libre de le lui consacrer sans réserve. Le plaisir qu'elle goûte dans l'usage des corps, ne lui feroit plus illusion. Convaincue de leur impuissance, elle y aimeroit uniquement l'action bienfaisante du Créateur. Découvrant en lui l'origine de tout ce qu'il y a de beautés dans la nature, sans s'en laisser distraire, elle ne cher-

cheroit que dans le principe de son être, celui de sa perfection & de son bonheur.

V. Observation.

Suivons l'homme jusqu'au tems, où l'ame aussi bien que le corps sont arrivés, pour ainsi dire, à l'âge parfait, à ce point où sa raison est dans toute sa force. Les nuages de l'enfance nous ont dérobé le lever de ce flambeau, qui doit éclairer la vie, prenons-le dans son midi. Ici les vains préjugés les errreurs puériles, pourront-elles tenir contre une raison qui connoît tous ses droits ? L'esprit alors pourra-t-il se méconnoître lui-même ?

Non sans doute, s'il s'étudie & se considere. Mais à cet âge où les hommes sont si fiers de leur esprit, parmi ceux même qui l'exercent le plus, quels objets l'attachent ? N'est-ce pas uniquement le corps ? Les soins du corps & ce qui peut le flatter ne le remplissent-ils pas comme dans l'enfance, & plus encore que dans l'enfance, parce qu'il a plus de capacité ? Dans l'administration des affaires, dans les méditations politiques, dans la conduite des armées dans la discussion des procès, dans le détail du commerce comme dans les soins domestiques, partout l'image des corps se presente à l'esprit & le saisit. Suivez les hommes dans leurs travaux, leurs entretiens, leurs rêveries, vous les surprendrez toujours fixés sur la matiere.

S'il en est quelques-uns qui loin des plaisirs & des soins tumultueux s'appliquent à se connoître ; s'il est des méditatifs de profession, quel tems donnent-ils à la contemplation de leur ame, en comparaison de celui où l'ame est elle-même toute remplie du sentiment du corps ? Car sans parler des besoins qui l'y rappellent si souvent, les sens ne sont-ils pas toujours en action ; & ne réveillent-ils pas toujours l'idée de l'étendue ? Quelle ressource donc contre l'habitude contractée dans l'enfance. Nous étonnerons-nous qu'il y ait des Matérialistes ?

Rassemblons sous un point de vue ces observations. L'idée que l'homme a naturellement de lui-même, est une idée confuse, puisqu'elle represente un objet composé, une intelligence & un corps. De ces deux substances dont il est formé, il ne s'occupe que du corps pendant un assez long-tems, parce que de toutes les facultés de l'ame, dont il use alors, c'est la sensibilité; & cette sensibilité, toute spirituelle qu'elle est, lui paroît être dans le corps. Cette persuasion dure assez pour former une une habitude involontaire alors, mais qui devient volontaire dès qu'elle peut l'être; & par l'empressement qu'a l'ame de se servir de sa liberté dès qu'elle en jouit, avant qu'elle soit capable de l'attention nécessaire pour discuter l'idée du *moi* complet; & par la foiblesse de la raison, pour qui tout examen de ce qu'elle est, est pénible. Rarement revient-elle des premiers jugemens qu'elle a une fois adoptés, parce que les mêmes causes qui les ont formés ne cessent de les fortifier. Car d'un côté le sentiment continuë d'avertir fortement de la presence du corps, comme tous les sens de dire, que le sentiment est dans le corps; & de l'autre la raison paresseuse, & peu exercée néglige autant d'examiner, que la liberté est impatiente de juger. Ainsi l'ame toujours s'oublie, ne voit que les sensations, & ne les voit que dans les corps.

VI. Observation.

Ce ne sont là que les causes naturelles & générales de l'erreur des Matérialistes, les mœurs & l'éducation peuvent en occasionner d'autres. Il peut y en avoir de personnelles. Un homme qui n'a d'intérêt d'exister qu'autant qu'il tient par son corps à tous ceux qui font son bonheur, n'ira pas se fatiguer à chercher en lui-même une ame dont la découverte, ne feroit qu'ajoûter à ses devoirs, ou plutôt troubler sa tranquillité. Il met volontiers tout son être où il trouve toute sa félicité. Etre autre chose que corps n'est pas une idée flatteuse pour lui. Il ne pense donc guére à distinguer ces deux substances; il aime la confusion où le sentiment les lui montre; il s'épargne la crainte d'un avenir, dont il n'espére rien; & si la perte du corps est un malheur inévitable, il se fait une consolation de ne pas survivre à ce qu'il aimoit uniquement.

VII. Observation.

La mode même favorise & appuye le Matérialisme. Je dis la mode, car il en est une parmi nous pour les opinions, comme pour les habits. Ciceron croyoit qu'il n'appartenoit qu'à des esprits supérieurs, d'atteindre jusqu'à la distinction de l'ame & du corps. Parmi nous il est du bon air de les confondre. Le Matérialifme eft l'affiche du bel efprit. Du tems de ce grand-homme, ofer s'élever au-deffus du peuple aveugle & groffier, c'étoit le plus grand effort de génie. Aujourd'hui que le peuple eft inftruit de bonne heure de la fpiritualité de l'ame & qu'elle eft devenue une créance commune, c'eft une force d'efprit de n'en rien croire. J'admire la méprife de l'amour propre : car fi nos beaux efprits font flattés de l'intervalle qu'ils mettent entre eux & le vulgaire chrétien, le font-ils beaucoup de fe ranger fi près du fauvage le plus ftupide.

VIII. Observation.

Le Matérialifme adopté par un vraiment bel efprit, offre un problême ; mais un problême que la phyfique feule peut réfoudre.

Le commerce du beau monde roule feulement fur l'imagination & le fentiment. Le méditatif y figureroit mal. Ce qu'on appelle goût, délicateffe, agrément ; une oreille habile à fentir l'harmonie d'un vers, la cadence d'une phrafe, la jufteffe & l'expreffion des accords dans un concert ; un coup-d'œil fûr pour juger de l'Ordonnance d'un tableau, de l'élégance d'un deffein, des décorations d'un spectacle ; une mémoire bien pourvue, & qui serve à propos ; une grande facilité de s'exprimer, de la hardiesse dans l'énonciation, de la variété dans les images, des saillies promptes & heureuses ; c'est-là sans doute ce qui fait briller dans les cercles. Mais ces talens sont-ils bien propres à conduire à la distinction de l'ame & du corps ? Qu'y voit-on qu'un emploi continuel & de l'imagination & des sens ? En un mot, qu'on observe tout ce qui peut faire réussir dans le monde, on n'y voit qu'un jeu continuel de sentimens relatifs aux corps. Car enfin de quel usage tout cela seroit-il, si nos ames n'avoient entre elles qu'un commerce spirituel ?

Or ne doit-on pas s'étonner que des génies si heureux, avec tant de finesse & de vivacité, puissent tomber dans le matérialisme. Ce sont d'excellens connoisseurs dans tout ce que l'art & la nature leurs presentent, & par malheur rien de ce qui les environne, ne ressemble à leur ame. S'ils jettent les yeux sur eux-mêmes, ils y trouvent l'intelligence & l'étendue, l'esprit & la matiere réunis sous l'expression du même sentiment. Un Métaphysicien avant de rien conclure d'une idée si confuse, voudroit la discuter dans le silence des sens, c'est un chemin trop long; la vivacité de l'esprit franchit l'intervalle. Accoutumés à cette espéce de jugemens où le sentiment seul décide, ils jugent d'eux-mêmes comme d'un concert, ou d'un tableau; tout ce qui les affecte agréablement, paroît porter le caractére de la vérité, ces sentimens vifs, sont pour eux une lumiere pure.

IX. OBSERVATION.

Mais que parmi ceux qui, bien au-dessus de ces foiblesses, dédaignent tous ces agrémens qui ne sont dus qu'aux sens ou à l'imagination; qui reccueillent toute la vigueur de leur ame dans la recherche du vrai; ces génies solides que dans le monde on appelle de gros esprits; en un mot, les Géométres, & les Algébristes, qu'il s'en trouve qui donnent dans le même écart, c'est ce qui doit plus étonner.

Le Géométre est toujours loin du corps, & lors même qu'il examine la nature de la matiere, il est infiniment élevé au-dessus de celle qui lui est presente. S'il étudie la sphere, ce n'est pas un globe grossier, de métal ou de pierre ; ce font tous les globes poffibles dans toutes les grandeurs ; c'eft dans l'idée univerfelle de l'étendue qu'il en voit la figure & les propriétés. Il voit ce qu'il verroit, n'exiftât-il aucun corps.

À force de méditer fur l'étendue fans aucun rapport à quelque matiere exiftante que ce foit, il s'accoutume à croire l'une indépendante de l'autre. Il détache de la matiere les dimenfions, il ne lui refte plus que l'idée de l'être en général : or l'idée de l'être prife univerfellement, ne lui paroît pas incompatible avec la penfée.

Mais en difant que la matiere peut penfer, le Géometre ne confond pas l'ame avec le corps ; il n'eft pas trompé par le fentiment, il s'éleve au-deffus. Les autres matérialifent l'ame ; pour lui il fpiritualife les corps. Dans le fond il eft pour nous ; car en ôtant les trois dimenfions à la matiere, pour la rendre capable d'intelligence, il reconnoît dans l'homme deux fubftances, dont l'une étendue eft fufceptible de connoiffance & de fentiment ; l'autre deftituée de dimenfions eft douée de toutes les qualités fpirituelles. Il n'eft donc point Antropomorphite ; & fa méprife confifte, en ce qu'il ne prend pas garde qu'en ôtant les dimensions à la matiere; s'il n'y voit plus d'incompatibilité avec les propriétés de l'ame, c'est qu'il n'y voit plus rien de matériel.

X. Observation.

Le peu de connoissance de la physique a jetté les Anciens dans des erreurs pitoyables. Le feu n'étoit point une matiere arrangée d'une certaine façon & mise en mouvement ; c'étoit une substance immatérielle qui pénétroit la matiere & l'embrasoit ; il en étoit ainsi de l'air. C'étoient des substances d'un ordre, sans doute aussi élevé au-dessus de la matiere, qu'elles l'étoient au-dessus de leurs connoissances. Le mouvement étoit lui-même une substance particuliere, qui prenoit possession d'un corps pour le transporter. Chez les Péripatéticiens, les formes substancielles étoient dans tous les corps des sortes d'ames imaginaires, fort propres à brouiller l'idée de l'ame humaine.

Or, dans les effets merveilleux, de ces prétendues substances, sur la matiere, pour en varier si sensiblement la figure, pour la subtiliser, la mouvoir, lui donner tant d'activité ; ils croyoient avoir à peu près ce qu'il leur falloit, pour expliquer les admirables opérations de la substance qui animoit leurs corps. Ce devoit être comme un feu, comme un air délié, *Spiritus*, un souffle. Je ne sçai même si quelqu'un n'a pas crû, que c'étoit de l'eau. Ils ne connoissoient pas plus assurément la nature de ces trois élémens que celle de leur ame. Mais pour combien de gens, une égale obscurité dans les objets y met-elle de la conformité. Ils se satisfaisoient, s'imaginant donner une définition, & satisfaisoient leurs contemporains en ramenant une chose fort élevée au-dessus des sens & fort inconnue à des objets sensibles, qu'on croïoit assez connoître par l'habitude où on étoit de voir leurs effets.

J'ai bien de la peine à mettre ces anciens Philosophes au nombre des Antropomorphites, quoique plusieurs de nos Sçavans n'hésitent pas à les y comprendre. Maintenant que nous avons des idées plus nettes du feu, de l'air & de l'eau ; que nous sçavons que ce sont des élémens corporels diversement combinés dans leur figure & dans leurs mouvemens ; on ne pourroit s'empêcher de donner le nom odieux d'Antropomorphite à un Philosophe qui diroit, que l'ame est une vapeur legere; une flame subtile, une matiere très-agile & très-déliée. Mais devons-nous user de la même sévérité envers les Anciens, pour qui rien n'étoit matiere que ce qui pouvoit s'appeller terrestre; & qui distinguoient toujours, de la matiere, l'espece d'élément dont ils vouloient composer leur ame. Cette réflexion peut diminuer beaucoup le nombre des Antropomorphites, parmi les Anciens.

XI. Observation.

Enfin il s'est trouvé, comme il s'en trouve encore, des hommes sur qui une imagination ardente a pris tant d'ascendant, qu'ils n'osent plus marcher sans elle. Tout ce qui ne s'offre point sous quelque image, leur échappe. Tout ce qui n'a pas de figure n'est rien. Tel fut Tertullien, (sur l'autorité duquel s'appuyoit si fort l'ami pour lequel j'ai fait cette dissertation.) C'est une chose à peine croyable, que la maniere dont Tertullien soutient son opinion sur l'étenduë de l'ame. Voici le précis de ce livre original.

Il enseigne que l'ame a les trois dimensions, longueur, largeur & profondeur. Il n'accorde cependant pas qu'elle soit matiere. On a peine à concilier ces deux idées ; mais en redoublant un peu d'attention, on comprend qu'il veut seulement écarter la prétention d'Hermogenes, contre lequel il écrivoit. Cet Auteur nioit la création, & vouloit qu'une substance coéternelle à Dieu, eût fourni le fond, d'où la Toute-puissance avoit tiré tous les êtres spirituels & corporels. Il appelloit apparemment cette substance matiere, au sens qu'un ouvrier dit, qu'il lui faut de la matiere, pour la mettre en œuvre. Ceci est plus que conjecture : car, Tertulllien avoit fait contre Harmogenes un livre pour prouver que l'ame n'est pas tirée d'une matiere-préexistante, comme une statue l'est d'un bloc de marbre, mais quelle doit son origine au souffle du Créateur.

Ce souffle n'est point une expression métaphorique, c'est un être émané de la substance de Dieu, lequel tombant sur la face d'Adam la pénétra & se glissa dans toutes les parties les plus insensibles de son corps ; où s'étant moulé, & comme figé, il en avoit pris la figure extérieure, & les différentes configurations intérieures. Représentez-vous une de ces injections anatomiques du fameux Ruifch. A l'aide d'une matiere colorée, qu'il infinuoit dans tous les vaiffeaux, & qu'il faifoit pénétrer jufqu'aux plus petites ramifications, nonfeulement il les rendoit vifibles, & facilitoit les diffections; mais il donnoit même à fes cadavres un air de vie. Voilà jufqu'où s'éleve la Metaphyfique de Tertullien fur la nature de l'ame; elle le conduit à conclure que l'ame a donc une parfaite reffemblance avec le corps.

Il foutient néanmoins qu'elle eft une & fimple. Car, dit-il, elle eft uniforme (il entendoit homogene), ne pouvant non plus être façonnée extérieurement, *ſtructilis*, que divifée intérieurement. Et voici fa raifon : ce qui peut être façonné & divifé, peut être auffi décompofé; ce qui eft fufceptible de décompofition ou de diffolution, n'eft pas immortel : or, l'ame eft immortelle.

On fent ici le frein falutaire du Chriftianifme. Il paroît lui-même s'appercevoir de la foibleffe de fon raifonnement, & pour donner le change, il fe jette dans les comparaifons. Sur ce que la diftinction des parties qui fervent de fiége aux fens, n'empêche pas l'unité du corps; il établit que pareille ment la diſtribution du ſoufle divin dans toutes les parties du corps, n'empêche pas que l'ame ne ſoit véritablement une. Là-deſſus il allegue l'orgue hydraulique d'Archimede. Tant de tuyaux dit-il, de groſſeur & de formes différentes, tant d'iſſuës pour en diverſifier l'action, tant de reſſorts pour enfler les ſons ou les exténuer, les hauſſer & les baiſſer, les faire concourir enſemble ou parler ſeuls; tout cela, continuë-t-il, ne faiſoit qu'une ſeule machine. De même encore, ajoûte-t-il, le vent qui réſultoit de la violente agitation de l'eau, ne ſe diviſoit pas pour ſe diſtribuer à tous les differens canaux; la diviſion n'étoit que dans les effets; & tout cet air ne formoit toujours qu'une ſeule ſubſtance, *ſubſtantiâ ſolidus*, faiſoit corps; comme nous diſons. Quelle Phyſique!

Dans tout ceci on reconnoît le pur langage de l'imagination. L'on va voir juſqu'où elle a mené ce grand génie. Il ſe propoſe une objection de l'école Platonicienne. Tout ce qui a quelque figure, fait-il dire à Platon, eſt méchanique & compoſé. Toute machine ſe peut décompoſer, mais l'ame étant immortelle eſt indiſſoluble: donc elle eſt sans figure. Il observe que Platon admet dans l'ame des formes spirituelles, comme la sagesse, la science, l'amour de la justice, qui de hideuse & de défigurée qu'elle est, si ces qualités lui manquent, la parent & l'embellissent: or comment concevoir des vertus étendues comme les trois dimensions.

L'objection des Platoniciens étoit accablante, & il le sent si bien, qu'il ne s'en démêle qu'en leurs opposant des révélations, ou plûtôt des rêveries d'une sœur enthousiaste; mais des révélations si puériles & si extravagantes que ce seroit abuser de mon tems & de celui de mes Lecteurs, de les traduire ici.

J'en ai déja dit plus qu'il n'étoit nécessaire, pour faire sentir la juste valeur de l'autorité de Tertullien dans cette question: autorité que nos Matérialistes font sonner si haut. Ils auroient honte de produire ses raisonnemens: ils ne citent que le nom qui peut en imposer. Il faut pourtant convenir que dans cet ouvrage, tout mauvais qu'il est, on trouve une connoissance très-étenduë des opinions phylosophiques des Anciens; tant il est vrai que le jugement n'accompagne pas toujours l'érudition.

Arrêtons-nous cependant à deux réflexions très-interreffantes. 1°. Que Tertullien reconnoiffoit avec Platon des qualités fpirituelles, comme les connoiffances, la fageffe & les différentes vertus, & qu'il a defefpéré d'étendre ces fortes de perfections fur les dimenfions d'un corps. 2°. Qu'il a conftamment été la duppe du fentiment confus qui nous annonce l'exiftence de tout ce que nous fommes; du *moi complet* & qui nous reprefente comme fous un unique regard l'ame & le corps. Car en parlant d'une ame que fa Prophéteffe avoit vu fortir du corps d'un homme, avec tous les traits que cet homme avoit eu durant fa vie; il appelle pour garant de cette vifion, le fentiment que l'ame a de fon étenduë. Il eft vifible que par ce fentiment, il entend celui que notre ame éprouve dans les differentes parties de notre corps.

De toutes ces obfervations, il réfulte que l'erreur des Matérialiftes prend fa fource dans le fentiment de notre exiftence complette, qui nous prefente une ame & un corps fous une feule image, où l'expreffion de l'un eft fi vive, qu'elle diftrait fur la fimplicité de l'autre. Ce fentiment auffi ancien que nous, précede de fort loin les premiers efforts de notre raison toujours plus foible que nos habitudes; elle se prête nonchalamment à une créance qu'elle trouve toute formée dès l'enfance. Ainsi de même que sur le témoignage des sens, elle prononce sans autre examen, que la blancheur est sur la neige, que la douleur est dans la main, de même sur la foi du double sentiment intérieur de l'existence de l'ame & du corps, elle tient pour constant, que le corps & l'ame, ne sont qu'une même chose ; & se persuade que ce qui s'unit & se confond dans une même vue, ne fait qu'un seul & même objet. Il ne faut donc pas être plus surpris de voir des Matérialistes, que de trouver des gens qui croyent que les objets sont revêtus des couleurs. Et puisque rien n'est plus commun ni plus naturel que cette méprise : concluons que les hommes sont naturellement Matérialistes, & ajoûtons à cette conséquence qu'ils ne peuvent l'être sans quelque dépravation originelle. Plaignons ceux qui s'y livrent, ne les insultons point ; invitons-les plutôt à rentrer en eux-mêmes, pour y découvrir par des expériences incontestables & familieres à tous les hommes, l'excellence de notre ame, & l'incompatibilité de ses fonctions, avec les propriétés essentielles à la matiere. Admirons enfin la Religion chrétienne, dont la doctrine peut détruire les funestes effets de l'enfance, & qui nous apprend dès l'âge le plus tendre, ce que les plus célébres Philosophes du tems de Ciceron, n'acqueroient qu'à peine après les plus profondes réflexions, en luttant également & contre les préjugés de l'enfance & contre ceux du vulgaire ignorant.

J'espere, M. que mes observations bien méditées, satisferont à la question que vous m'avez faitte sur l'origine du Matérialisme.

Je suis avec le dévouement le plus entier, votre, &c.

DIX-HUITIEME LETTRE.

Vous souhaiteriez, M. que l'immortalité de l'ame fût aussi bien démontré que sa simplicité & sa spiritualité. Parlez-vous bien sincérement ? J'ai quelque peine à me le persuader Vous établissez parfaitement les principes solides du dogme de l'immortalité. » Il n'est donc, dites-vous, aucun » principe de la destruction de l'ame, » puisqu'elle est simple, qu'elle n'est » point composée d'élémens, & qu'elle » n'est ni ne peut être un amas de par- » ticules de matiere. Il est impossible » que l'ame meure comme le corps. » Celui-ci étant une machine, cesse de » l'être par la dissolution ou la dissipa- » tion de quelques-unes de ses parties » essentielles ce : point est démontré ri- » goureusement. » Que demandez-vous donc de plus, M. pour être assuré que l'ame est immortelle ? Le corps ne seroit-il pas lui-même immortel, si l'on supposoit que nulle cause interne ou externe ne peut altérer le jeu de ses ressorts, & la circulation de ses fluides ? Et de cette hypothése ne seroit-il pas naturel

naturel de conclure, que le Créateur en formant le corps, a construit une machine incapable de se déranger, dans le dessein qu'elle durât toujours. J'en dis de même de Dieu, il suffit que je sçache que l'ame l'a créée indestructible, pour juger qu'il a voulu qu'elle subsistât éternellement.

Si, comme vous l'assurez, M. vous avez un intérêt très-vif à vivre toujours, si l'être est un bienfait que vous estimez, que vous goûtez & que vous craignez de perdre, pourquoi ne faites-vous pas le même raisonnement ? comment vous déterminez-vous au contraire à faire les efforts les plus violens, pour vous persuader que l'ame toute immortelle qu'elle est, périra avec votre corps ? Un Gentilhomme fier de sa noblesse s'avise-t-il de chercher avec soin les moyens de rendre tous ses titres suspects & d'en prouver la supposition ?

” Le desir de la perpétuité de l'être
” est naturel à l'homme, continuez-
” vous : malheureusement ses desirs
” sont impuissans, vous l'avez observé
” plus d'une fois, & le desir d'un bien
” en exclud la possession. Il est donc
” *démontré* même par notre goût natu-
” rel pour l'immortalité, que nous ne

„ sommes pas assurez de survivre à no-
„ tre corps, dans la plus noble partie
„ de nous-même. „

Ne vous trompez-vous point, M. en prenant pour le desir de la perpétuité de l'être intelligent, cet attrait si puissant que nous avons naturellement pour la vie du corps ? Nous desirons naturellement que notre union avec le corps ne soit jamais interrompuë : j'en conviens avec vous, M. nous voudrions ne point mourir ; desir impuissant, comme tous nos autres desirs. Mais ce souhait a-t-il pour objet de survivre à ce corps? Si vous interrogiez votre sens intime, il vous répondroit à coup sûr, que vous n'auriez plus d'intérêt à sentir l'existence, dès que ce corps, que l'ame idolâtre, ne seroit plus. Les organes des sens sont pour nous les avenues du bien être ; la nature ne nous fait imaginer d'autres plaisirs que ceux qu'ils nous procurent, & les organes étant détruits, nous ne voyons plus de moyen d'être heureux, au moins de la maniere dont nous aimons à l'être. Ainsi, M. votre prétendue démonstration tirée uniquement de l'amour que nous avons pour la vie presente, ne prouve rien contre l'immortalité de l'ame.

Cet inſtinct qui nous aveugle eſt-il raiſonnable? Le corps ne peut entraîner l'ame dans ſa ruine. C'eſt un être étranger qui n'interreſſe l'eſprit que par l'union qu'il a plu au Créateur de mettre entre deux ſubſtances qui ne peuvent ſe toucher, & qui different eſſentiellement. Les organes prétieux auſquels ſont attachés les occaſions des plaiſirs dont Dieu nous affecte, n'ont pas la moindre analogie avec nos ſenſations; ils n'en ſont les occaſions, que par une loi très-arbitraire du Créateur; ils ne peuvent être en aucune façon les cauſes immédiatement efficaces de nos félicités paſſageres. Qu'ils ſoient détruits, Dieu ne perd rien du pouvoir qu'il a de nous modifier comme il lui plaît. L'ame toute nuë, je veux dire débarraſſée des liens du corps, n'eſt-elle donc plus propre à recevoir telles impreſſions qu'il plaira au Créateur de faire ſur elles? Ce n'eſt donc que parce qu'elle ne veut ni réfléchir, ni raiſonner, qu'elle peut s'imaginer qu'elle ne doit qu'aux organes du corps ſa propriété d'être ſuſceptible & de plaiſir & de douleur; lorſqu'elle croit qu'en perdant ſon corps, elle devient inſenſible & n'a plus d'intérêt à exiſter.

Que de tourmens vous vous donnez pour établir une seconde démonstration (car c'est le nom que vous donnez à tous vos raisonnemens) de l'anéantissement de l'ame! Vous soutenez qu'après la destruction du corps » l'ame » faite pour lui est anéantie, comme » une substance desormais inutile. » L'ame faite pour le corps! pesez bien cette expression, je vous prie. De quel usage est-elle donc pour lui ? Est-ce l'ame qui fait végeter le corps, qui fait circuler le sang, mouvoir les poumons, dilater & resserrer alternativement le cœur, qui sépare les esprits animaux, &c? Il est vrai que l'esprit détermine le corps à prendre de la nourriture, mais elle n'influe point dans la digestion, elle ne décide ni de la préparation ni de la distribution du chile. Dans les enfans même, dans les fols, dans les imbéciles, toutes personnes incapables de délibération & de choix, combien ne remarque-t-on point d'actions & de procédés, qu'il n'est pas possible d'attribuer à l'ame, & par lesquels le corps prend de la nourriture? Ce n'est point certainement par raison que l'enfant cherche la mammelle & la suce. Quelles sont donc les circonstances où l'on pourroit dire que la raison sert à son corps ? Dans les mouvemens libres apparemment, lorsqu'il s'agit d'approcher le corps d'un objet utile ou agréable, & de l'éloigner d'un autre qui peut lui nuire ou lui déplaire. Mais l'agréable & le desagréable ne sont que pour l'ame. Il est fort indifferent à la matiere, dont notre corps est formé, d'être près ou loin de certains objets. Et comme elle ne peut sentir la beauté de son organisation, qu'elle la perde ou qu'elle la conserve, cela importe peu à une substance qui ne se sent pas exister. Les chocs qui la détruiroient, les communications de mouvemens qui en favoriseroient le jeu, sont donc indifferentes pour elle ; puisqu'elle ne les sent point : ainsi rien n'est utile, rien n'est nuisible pour elle, mais seulement pour l'intelligence à laquelle sans le sçavoir, elle fournit l'occasion d'être heureuse ou malheureuse. Les mouvemens libres du corps servent donc aux desirs, aux poursuites, aux goûts, aux craintes, aux autres passions de l'ame ; & les mouvemens qui ne sont pas libres, sont les occasions des passions & des sensations de l'ame. Il est donc bien constant que le corps est pour l'ame & que l'ame n'eſt pas créée pour le corps.

N'inſiſtez donc plus, M. ſur un raiſonnement auſſi foible. Si vous pouviez prouver que l'ame tient lieu dans le corps d'un reſſort eſſentiel qui fixe chaque partie dans ſa ſituation, qui décide de la végétation & des mouvemens internes, en un mot qui fait jouer les machines hidrauliques & pneumatiques du corps, peut-être ſeriez-vous en droit d'en conclure que comme des " ſoufflets ſont inutiles dans un orgue " dont tous les tuyaux ſont exactement " bouchés, ainſi l'ame deſtinée à entre- " tenir la vie du corps devroit être " anéantie, dès que la machine qu'elle " faiſoit jouer, s'eſt totalement déran- " gée. " Mais c'eſt tout le contraire ; cette machine eſt faite pour l'ame ; & ſuppoſer qu'elle doit périr, parce qu'un inſtrument deſtiné à la ſervir n'eſt plus d'uſage pour elle, c'eſt comme ſi l'on prétendoit qu'un homme doit mourir parce que ſa maiſon s'eſt écroulée.

Vous ſentez, M. toute la force de cette comparaiſon, & c'eſt parce que vous la ſentez, que vous me preſentez bruſquement une autre vuë. Vous ne fondez plus la néceſſité de l'anéantiffement de l'ame, quand nous mourrons, fur ce qu'étant uniquement faite pour le corps, dès que celui-ci n'eſt plus qu'une maſſe, dès qu'il a perdu ce qu'il avoit d'organiſé, elle devient inutile. Au contraire vous ſuppoſez maintenant que le corps eſt fait pour l'ame, qu'il ſert d'occaſion au développement des facultés de l'ame, & vous concluez que le corps étant détruit, l'ame doit perdre toutes ces mêmes facultés, qui ne peuvent plus être exercées. C'eſt-à-dire que ſa ſenſibilité, ſa raiſon, ſa volonté doivent être anéanties, & elle-même par conſéquent. C'eſt-là je crois le ſens de vos paroles. Mais n'ai-je pas déja prévenu votre difficulté, en vous faiſant voir que nos organes ne ſont que des occaſions arbitraires de nos ſenſations, & que rien ne peut empêcher que Dieu n'agiſſe immédiattement & ſans occaſion ſur notre ame?

Vous prétendez que toutes les occaſions de nos ſenſations ſont dans le corps. Cela eſt certainement trop général. Car l'ame goûte ſouvent à l'occaſion de ſes propres réflexions, des joïes très-ſenſibles, des plaiſirs très-purs: ſouvent ſes propres penſées l'accablent de triſteſſe; & quelquefois ces penſées la jettent dans un si grand trouble que le cerveau se dérange & que ce dérangement entraîne la destruction du corps. D'ailleurs le sens intime de l'existence ne caractérise pas l'état actuel de l'ame ; pourquoi soutiendriez-vous que ce sens intime ne naît dans l'ame que des occasions que notre corps présente au Créateur ? Mille expériences prouvent le contraire : ces rêveries où l'ame n'est attentive qu'à son être ; ce sentiment d'inertie, par lequel elle est réduite à se sentir exister, tout cela n'est-il pas en elle indépendamment de toute occasion ? n'est-ce pas comme la base de toutes les autres sensations ?

Vous avez très-bien distingué le sens intime de celui de la coexistence de votre corps. Reviendrez-vous contre vos aveux ? Dans ces profondes méditations auxquelles mes lettres vous ont obligé de vous livrer, dites-vous, combien de fois avez-vous éprouvé, que plus le sens de votre coexistence étoit affoibli, plus votre intelligence avoit d'activité, plus vos raisonnemens étoient alors clairs, profonds & exacts ! Vous aurez encore observé bien des fois dans le cours de votre vie, que lorsque vous ne receviez aucune sensation vive, dans le calme des passions, vous êtiez plus en état de délibérer, de peser les motifs d'agir, de prendre un parti sage. Ces expériences sont décisives, elles prouvent que les facultés de l'ame sont resserrées & comme bridées par l'union de l'esprit avec le corps ; que le corps destructible étant dissous, l'ame indestructible conserve toutes ses prérogatives, & sans doute avec encore plus d'avantage ; puisque livrée totalement à la toute-puissance, elle n'est plus restrainte aux effets réglés par les loix occasionnelles.

Vous resserrez votre raisonnement, il ne rend pas meilleure la cause que vous soutenez. « Que d'apparences, » dites-vous, nous portent à croire que » l'ame est anéantie à la mort ! Ses fonc- » tions sont tellement dépendantes du » corps, qu'elles sont suspendues, pour » peu que le cours des esprits soit in- » terrompu. S'il cesse pour toujours, » il est bien croyable que les occasions » du plaisir & de la douleur sont éteintes » pour elle...... Voudriez-vous » que Dieu lui conservât l'être pour la » dévouer éternellement à cette inertie » que vous m'avez fait reconnoître, » afin qu'elle existât pour toujours sans

» être ni bien ni mal, fans réflexions,
» fans penfées, &c ? » Vous changez
de ton, M. vous ne parlez plus de démonftration, vous vous réfugiez dans les probabilités, mais pourrez-vous y tenir long-tems.

De deux fubftances dont l'homme eft compofé, l'une eft indeftructible de fa nature: l'autre ne fert qu'autant qu'elle eft organifée d'une certaine maniere; mais cette organifation, comme une trifte expérience nous l'apprend, n'eft pas ordonnée de façon qu'elle doive durer toujours. Or, la partie de nous-même, qui n'a de rapport avec l'ame que par le bon plaifir très-libre de Dieu, étant détruite, eft-il probable que l'ame, toute indiffoluble qu'elle eft, doive être enveloppée dans la ruine d'une machine qui ne lui eft aucunement effentielle?

Elle feroit réduite à l'inertie pure, me dites-vous, le Créateur n'auroit aucune occafion de la modifier, elle fentiroit fimplement l'exiftence durant l'éternité; & ce n'eft pas la peine d'exifter pour être *éternellement ftupide*. C'eft une de vos expreffions. Non affûrément, le fort d'une ame réduite à cet état, ne nous feroit pas beaucoup d'envie; mais aussi, cette situation ne seroit-elle pas encore trop douce, pour tant de monstres qui n'ont vêcu que pour troubler l'ordre de la société, pour un Neron, pour un Heliogabale, pour tous ceux qui ont abusé de la vie, & qui se sont servi de tous les biens contre la destination sage de celui qui les distribuë. Seroient-ils même assez punis, & ne mériteroient-ils pas de plus le malheur de réfléchir sur leur inanition, sur leur dénuëment, sur la privation totale des biens relatifs au corps ; sur la misere d'être dépouillés de toute communication avec le Créateur ? Opposez, M. cette réflexion à vos probabilités, & vous conviendrez qu'il n'y auroit pas grand mal que de telle ames subsistassent après la mort, sans avoir le moindre intérêt d'exister.

Si vous voulez absolument que Dieu n'agisse sur nos ames, qu'autant qu'il y est déterminé par des occasions ; on vous répondra que les crimes de ces hommes pervers sont certainement des occasions de leur rendre l'être à charge. On vous fera même observer une énorme différence entre ces occasions d'être malheureux dans l'autre vie, & celle, par lesquelles Dieu nous afflige dans celle-ci. Il est dans l'ordre que l'extirpation d'une de nos trente-deux dents occasionne à notre ame une façon d'être très douloureuse, puisque Dieu le fait ; cependant quel rapport voyons-nous entre cette occasion & la douleur ? Aucune. Au contraire, qui ne sent pas qu'une ame qui a abusé de l'être, tant qu'elle a été unie à son corps, mérite d'être mal, lorsqu'elle en est séparée ? La relation du crime à la peine se saisit naturellement ; l'occasion de la douleur & la douleur même ont un rapport d'institution, que nous ne nous pouvons dissimuler : au lieu qu'en supposant que le dépérissement consommé des organes du corps est l'occasion de la destruction de l'être indestructible, pour lequel ils sont faits, on n'apperçoit plus de rapport entre l'occasion & l'effet occasionné.

Pour vous faire mieux sentir l'analogie naturelle entre le crime & la punition, il est à propos de vous mettre sous les yeux certains principes, sur lesquels l'homme n'aime pas à réfléchir. Un volume entier suffiroit à peine pour les exposer dans toute leur étendue ; mais vous êtes très capable de m'épargner la peine d'en développer toutes les conséquences, il suffira donc de vous avoir mis sur les voies.

I. Principe.

Dieu seul est nécessairement & invariablement heureux : il ne peut rien manquer à celui dont la volonté est de sa nature efficace. Le bonheur est donc contingent pour nous, nous ne pouvons nous donner des modifications agréables. Nous sçavons que nous ne pouvons nous suffire à nous-même, que notre félicité doit venir du dehors, & que Dieu seul peut nous rendre heureux. De plus, outre que la félicité est contingente pour nous, elle n'est pas stable en nous : la possédons-nous, il ne dépend pas de nous de nous l'assurer pour toujours.

II. Principe.

Dieu n'a formé des êtres indestructibles & sensibles, que pour les fixer dans le bonheur & dans la justice. La bonté de Dieu sur laquelle tous ceux qui pensent comme vous, M. insistent tant, & avec beaucoup de raison, nous fait découvrir ce principe : mais cette bonté n'affranchit point la créature de sa dépendance : elle n'empêche pas que le bonheur ne nous soit étranger, & qu'il ne soit attaché aux impressions qu'il plaît au Créateur de faire sur nos ames.

III. Principe.

Cette intention du Créateur n'est pas remplie dans cette vie, puisque nous y sommes les maîtres d'être justes ou injustes, & que nous y sommes assujettis à des alternatives fréquentes de bonheur & de malheur. Personne n'est parfaitement heureux dans ce monde, puisqu'on ne peut l'être si la félicité n'est pas complette, ou si l'on ne peut espérer qu'elle le sera sans jamais être interrompuë.

IV. Principe.

On concilie le second principe avec le premier en considérant la vie comme un tems d'épreuve. L'homme est créé, pour ainsi dire, indécis sur la possession d'une félicité durable; suivant le choix qu'il aura fait ou du vice ou de la vertu, Dieu lui prépare un bonheur fixe ou un malheur irrévocable. C'est donc à l'homme à établir dans cette vie les occasions de sa beatitude. Le fait dont nous avons tiré le troisiéme principe, décéle la conduite de Dieu sur ce point,

& l'on conçoit, selon le plan quil s'est fait, combien sa bonté s'y manifeste; puisque dans le système de la nature considérée dans son intégrité, il dépend de la liberté humaine, de profiter des secours de son Auteur, pour s'élever continuellement à lui, & pour mériter une justice & une félicité inaltérable. On voit donc bien clairement que cette vie est un tems d'épreuve, & destiné à se procurer cet avantage, qu'un bonheur invariable soit enté sur une nature sujette par elle même à toute sorte de variations.

V. PRINCIPE.

Celui qui se sent libre & pour le bien & pour le mal, pour qui la vie est un tems d'épreuve donné pour être irrévocablement heureux; & qui non-seulement néglige une destination si prétieuse, mais qui en abuse, qui oublie celui qui l'a créé, qui méprise les loix de la société, mérite d'être éternellement malheureux; c'est-à-dire, qu'il doit être au moins réduit à l'inertie réfléchie: je dis au moins; car si la plus petite menace de desordre dans notre corps, ou le retranchement de quelqu'un de nos membres, ne fût-ce que d'une dent ou d'un ongle eſt l'occaſion de ſi vives douleurs, quelle doit être celle qu'éprouvera l'ame qui ſera pour jamais ſéparée de l'unique principe du bonheur!

VI. Principe.

Le cinquiéme principe eſt vrai, ſoit que l'homme y penſe, ſoit qu'il n'y penſe pas, c'eſt une ſuite de l'ordre que Dieu connoît, & qu'il aime néceſſairement. Cette connoiſſance eſt le fond de la juſtice divine & le tipe de la juſtice humaine relative à la diſtribution des récompenſes ou des peines ſelon le mérite. Ici rien n'eſt arbitraire, la vertu mérite d'être récompenſée, le vice mérite d'être puni. Dieu libéral & bienfaiſant, peut porter les récompenſes au-delà du mérite, mais il n'excede point en infligeant au pécheur la peine qui lui eſt duë, elle eſt déterminée par la raiſon éternelle.

Ce peu de principes que je ne fais que vous indiquer ſuperficiellement, ſuffit pour vous faire concevoir que notre juſtice ou notre injuſtice ſont dans cette vie des occaſions ſur leſquelles Dieu doit fixer le bonheur ou le malheur de la Créature ſenſible & indeſtructible; que ces occasions ne sont point arbitraires de la part de la sagesse divine, comme sont celles que notre cerveau lui fournit pour nous modifier dans cette vie. Le rapport du mérite à la récompense, & du démérite à la peine, forment des idées que nous ne pouvons soupçonner de fausseté. Donc on ne peut soutenir qu'après la mort, il ne reste à Dieu aucune occasion de modifier l'ame; c'est le contraire de ce que vous avez prétendu, M.

Je défére, comme vous voyez, à l'avis que vous me donnez de prendre garde d'employer pour prouver que l'ame doit survivre à son corps, les raisons tirées du desordre qui boulverseroit la société, supposé que tout le monde fût convaincu que tout finit à la mort. Non pas que je croye ces sortes de preuves *usées*, comme vous les appellez; quoiqu'elles ayent été répétées bien des fois, elles n'en sont pas moins solides: la vérité malgré le peu d'usage qu'on en fait est toujours vérité, le tems ne lui fait rien perdre de ce qu'elle est. Mais je les supprime, parce qu'il vous est très-facile de les tirer comme des corollaires, des principes que je viens de vous proposer. Le vice est heureux dans le monde, la vertu souvent persécutée, meurt sans y avoir goûté aucune satisfaction; s'il n'est rien à craindre, ni à espérer dans l'outre vie, il faut l'avouer, c'est être duppe que d'être juste, fidele, tempérant, religieux, sociable, bienfaisant. » Voilà, » dites-vous, ce qu'il ne faut pas que » le vulgaire sçache: comme rien ne le » dédommage de ses travaux, qu'il ne » s'épuise que pour fournir aux plaisirs » du riche, il a bien fallu lui propo- » ser un soulagement dans le lointain » qui suit la vie, & le contenir par des » craintes horribles. C'est une politique » sans laquelle tous les grands Législa- » teurs ont pensé que la société ne pou- » voit subsister. » Y faites-vous réflexion? Si l'espoir, si la crainte d'un avenir après la mort, sont essentiels à la société, le souverain Législateur, le fondateur de la société, aura-t-il laissé aux sages de ce monde, le soin d'imaginer des mensonges pour la soutenir, tandis qu'il n'a pu effectuer les ressources que leur devoit fournir leur politique? Car enfin l'ame étant indestructible, comme vous en convenez, il lui eût été plus facile de la traiter après la mort suivant ses mérites; que de l'anéantir.

J'admire les partisans de votre opinion, ils relevent beaucoup la politique des Législateurs, en ce qu'ils ont retenu le peuple par les terreurs d'un avenir, comme si l'homme du commun étoit seul capable de nuire à la société. Ce sont les Grands qui y jettent la confusion; ce sont ces hommes puissans, qui ont besoin de frein, ce sont eux principalement que les Législateurs doivent essayer de remuer par la crainte. Mais ce qui n'étoit pas possible à leur politique, est facile à la sagesse de Dieu, qui sans acception du grand & du petit, les menace également de châtimens rigoureux après la mort, s'ils enfreignent ses loix. De l'aveu de tous les Législateurs, cette crainte étoit indispensablement nécessaire dans le peuple pour le maintien de la société : elle l'est tout au moins pour réprimer la cupidité, l'ambition & l'orgueil des Grands. Donc, Dieu, instituteur de la société, l'a fondée sur la crainte & sur l'espérance de l'autre vie : ou bien il faudra dire que nos Législateurs connoissoient mieux que lui, les moyens de pourvoir au bien de la Société.

J'espere, M. que vous n'insisterez plus sur l'anéantissement de l'ame. Ce dogme n'offre un point de vuë agréable qu'à ceux qui ne peuvent se trouver bien que dans ce monde. Il n'est appuyé ni sur des faits, ni sur des raisons, ni sur des démonstrations, ni sur des probabilités. L'unique vraisemblance que vous ayez pu trouver, est que l'ame ayant été créée à l'occasion de l'organisation du corps, elle doit être anéantie à l'occasion de la destruction de ce corps. Et moi j'oppose à cette conjecture, qu'un être indestructible, formé à l'occasion d'un corps, n'a pas été fait pour être anéanti à l'occasion de la dissolution de ce même corps, qu'il est fait au contraire pour lui survivre ; & votre vraisemblance s'évanouit en substituant au mot d'ame sa définition. Vous vous êtes beaucoup arrêté à cette raison que les occasions d'opérer sur l'ame manquent au Créateur après la mort. Je vous ai répondu, 1°. que des occasions n'aident en rien la Toute-puissance, & qu'étant arbitraires, Dieu peut agir sur l'ame sans aucun moyen. 2°. Que les bonnes ou mauvaises actions que l'homme avoit faites pendant sa vie, étoient des occasions non-arbitraires, mais nécessaires, sur lesquelles le Créateur décidoit de notre état fixe après la mort.

Félicitez-vous donc, M. en reconnoissant en vous une substance qui jouit d'une si noble prérogative, & ne vous occupez plus que du soin de rendre heureuse pour l'éternité une ame, dont la raison vous démontre l'immortalité, en attendant que la révélation vous en convainque par une lumiere encore plus brillante & plus sûre. Si vous pouviez jamais entrer dans des dispositions si heureuses, je trouverois que vous auriez récompensé au centuple le zele avec lequel je suis, M. votre, &c.

F I N.

APPROBATION.

J'Ai lû par ordre de Monseigneur le Chancelier un Manuscrit intitulé, *Elémens de Métaphysique, tirés de l'expérience, &c.* lequel m'a paru très-digne d'être donné au Public. A Paris le 2 Fevrier 1753.

FOUCHER.

PRIVILEGE DU ROI.

LOUIS PAR LA GRACE DE DIEU, ROI DE FRANCE ET DE NAVARRE : A nos amés & feaux Conseillers les gens tenans nos Cours de Parlement, Maîtres des Requêtes ordinaires de notre Hôtel, Grand Conseil, Prevôt de Paris, Baillifs, Sénéchaux, leurs Lieutenans Civils & autres nos Justiciers qu'il appartiendra ; SALUT. Notre amé CHARLES SAILLANT, Libraire à Paris, nous a fait exposer qu'il désireroit faire imprimer & donner au public un Ouvrage qui a pour titre : *Lettres à un Matérialiste*, s'il nous plaisoit lui accorder nos lettres de Permission pour ce nécessaires. A CES CAUSES voulant favorablement traiter l'exposant, Nous lui avons permis & permettons par ces présentes de faire imprimer ledit Ouvrage en un ou plusieurs volumes & autant de fois que bon lui semblera, & de le vendre, faire vendre & débiter par tout notre Royaume pendant le tems de six années consécutives, à compter du jour de la date des présentes: faisons défenses à tous Imprimeurs, Libraires & autres personnes de quelque qualité & condition qu'elles soient, d'en introduire d'impression étrangere dans aucun lieu de notre obéissance, comme aussi d'imprimer ou faire imprimer, vendre, faire vendre, débiter ni contrefaire ledit Ouvrage, ni d'en faire aucun extrait sous quelque prétexte que ce soit d'augmentation, correction, changement ou autres, sans la permission expresse & par écrit dudit Exposant ou de ceux qui auront droit de lui, à peine de confiscation des exemplaires contrefaits, de trois mille livres d'amende contre chacun des contrevenans, dont un tiers à Nous, un tiers à l'Hôtel Dieu de Paris, & l'autre tiers audit Exposant ou à celui qui aura droit de lui, & de tous dépens, dommages & intérêts; à la charge que ces présentes seront enregistréestout au long sur le Regiftre de la Communauté des Imprimeurs & Libraires de Paris dans trois mois de la date d'icelles, que l'impression dudit Ouvrage sera faite dans notre Royaume & non ailleurs en bon papier & beaux caractéres, conformément à la feuille imprimée attachée pour modele sous le contre-scel des présentes; que l'impétrant se conformera en tout aux Réglemens de la Librairie & notamment à celui du 10. Avril 1725. qu'avant de l'exposer en vente le manuscrit qui aura servi de copie à l'impression dudit Ouvrage sera remis dans le même état ou l'approbation y aura été donnée, ès mains de notre très-cher féal Chevalier Chancelier de France le sieur de Lamoignon, & qu'il en sera ensuite remis deux exemplaires dans notre Bibliotheque publique, un dans celle de notre Château du Louvre, un dans celle de notredit très-cher & féal Chevalier Chancelier de France le sieur de Lamoignon, & un dans celle de notre très-cher & féal Chevalier Garde des Sceaux de France le sieur de Machault, Commandeur de nos Ordres : le tout à peine de nullité des présentes ; du contenu desquelles vous mandons & enjoignons de faire jouir ledit Exposant & ses ayant cause pleinement & paisiblement, sans souffrir qu'il leur soit fait aucun trouble ou empêchement : Voulons que la copie des présentes qui sera imprimée tout au long au commencement ou à la fin dudit Ouvrage soit tenue pour duement signifiée, & qu'aux copies collationnées par l'un de nos amés & féaux Conseillers Secrétaires foi soit ajoutée comme à l'original : Commandons au premier notre Huissier ou Sergent sur ce requis de faire pour l'exécution d'icelles tous actes requis & nécessaires sans demander autre permission & nonobstant clameur de haro, charte Normande & lettres à ce contraires. CAR tel est notre plaisir. Donné à Versailles le vingt-huitiéme jour du mois de Mai l'an de grace mil sept cent cinquante-trois, & de notre Regne le trente-huitiéme. Par le Roi en son Conseil.

SAINSON.

ERRATA.

A la page 66, ligne premiere, *soyons en suspens*, lisez, *soyons moins en suspens*.

Бобъ

www.ingramcontent.com/pod-product-compliance
Lightning Source LLC
Chambersburg PA
CBHW070537230426
43665CB00014B/1720